季刊考古学・別冊22

中期古墳とその時代 ―五世紀の倭王権を考える― 目次

■表紙写真■奈良県・佐紀盾列古墳群（国土地理院提供）

古墳時代中期の日本列島

大阪府
馬見古墳群（国土地理院提供）

鹿児島県
横瀬古墳（大崎町教育委員会提供）

岡山県
造山古墳（岡山市教育委員会提供）

京都府
久津川車塚古墳　長持形石棺
（京都大学総合博物館提供）

香川県
富田茶臼山古墳
（さぬき市教育委員会提供）

京都府
恵解山古墳復元葺石（右）
鉄器出土状態（下）
（長岡京市教育委員会提供）

岐阜県
野古墳群
（大野町教育委員会提供）

岐阜県
昼飯大塚古墳
（大垣市教育委員会提供）

群馬県
太田天神山古墳
（太田市教育委員会提供）

群馬県
保渡田八幡塚古墳の
形象埴輪群
（高崎市教育委員会提供）

中期古墳と東アジアの動向

千葉県
祇園大塚山古墳出土　画文帯四仏四獣鏡
（宮内庁書陵部所蔵・宮内庁書陵部編『宮内庁書陵部蔵 古鏡集成』学生社、二〇〇五より）

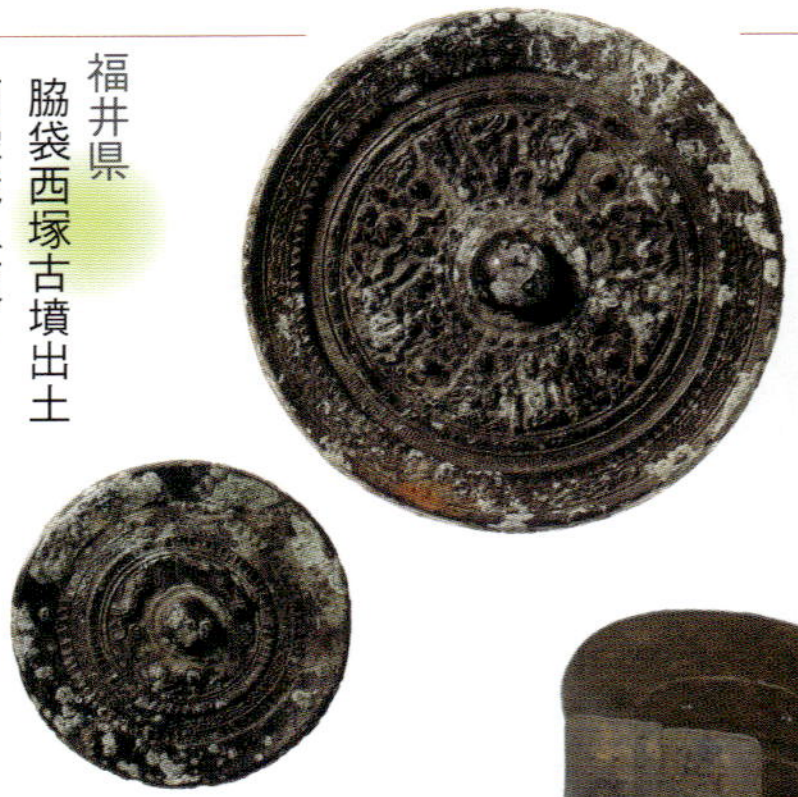

福井県
脇袋西塚古墳出土
画像鏡（右）・
旋回式獣像鏡（左）
（宮内庁書陵部所蔵・宮内庁書陵部編『宮内庁書陵部蔵 古鏡集成』学生社、二〇〇五より）

熊本県
肥後マロ塚古墳出土甲冑
（国立歴史民俗博物館提供）

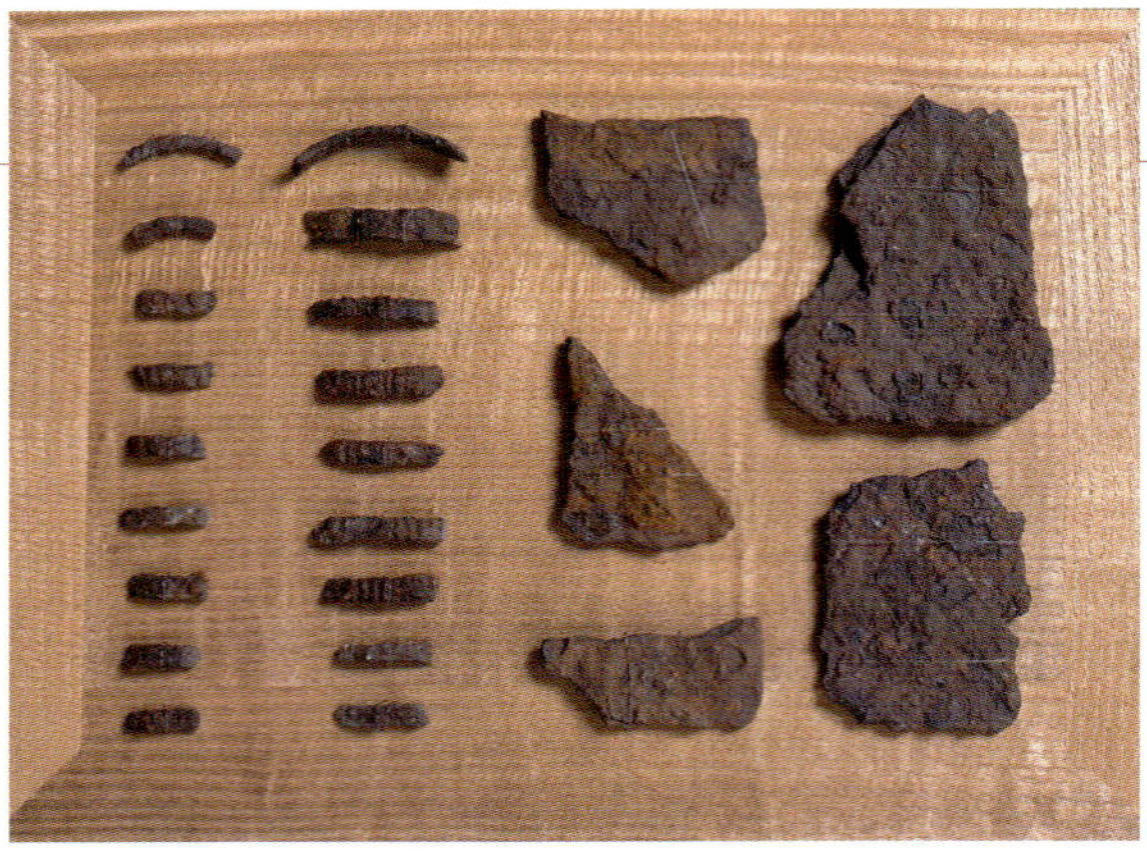

福岡県
沖ノ島祭祀遺跡二一号遺跡出土
鉄鋌・鉄釧・刀子
（大阪府立近つ飛鳥博物館提供・宗像大社所蔵）

大阪府
仁徳陵古墳
（堺市博物館提供）

文字史料から描く5世紀の大和政権

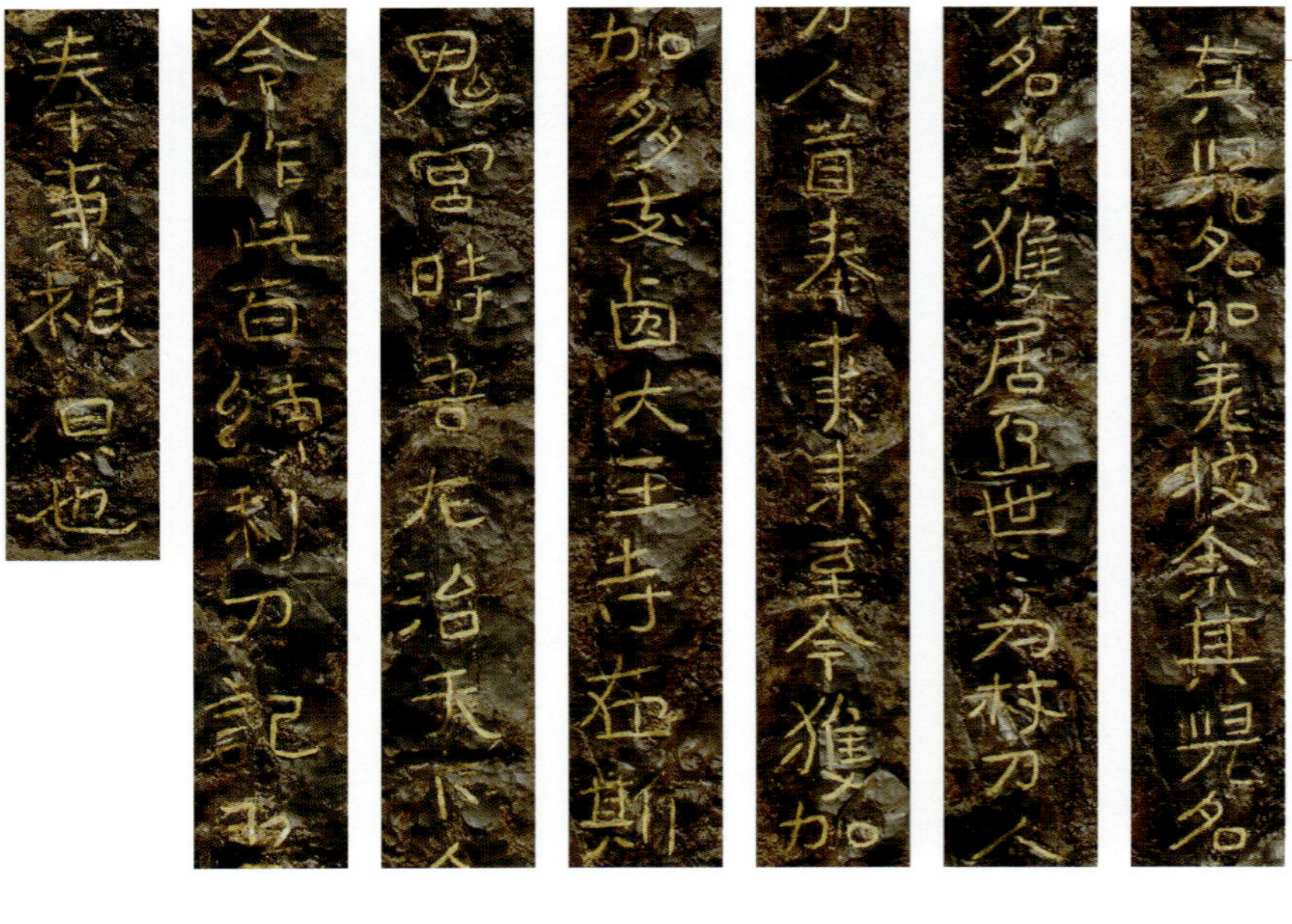

埼玉県
埼玉稲荷山古墳出土
金錯銘鉄剣　裏
（文化庁所蔵・埼玉県立さきたま史跡の博物館提供）

中期古墳とその時代

―五世紀の倭王権を考える―

総論

古墳時代中期の前方後円墳

広瀬和雄

一　はじめに

古墳時代中期はどのようにイメージされてきたのか。巨大前方後円墳や多量の武器・武具副葬などがただちに思い浮かぶが、それらは大和川水系に展開した佐紀古墳群、馬見古墳群、古市古墳群、百舌鳥古墳群での事実である。〈凝集性・巨大性・階層性〉を共通項にしたこれら中期の四古墳群は、前方後円墳などを材料にする限り紛れもなく中央を形づくっている。

いっぽう、地方でも岡山県造山古墳や群馬県太田天神山古墳などの巨大前方後円墳が造営されるものの、質量ともに「畿内」中枢とはくらべようもない。各地の首長墓系譜をあとづけると、前方後円墳の〈偏在性〉や、その系譜における〈不連続の連続性〉という、いわば「不自然さ」が注意をひく。前方後円墳造営が在地首長の自律性に基因したとみるには、いささか整合性がとりにくいケースが多々みられるのである。

「倭の五王」の時代や渡来文化の流入期といわれる古墳時代中期、それは中央と地方の関係性がいっそう明白になった時代である。本稿では古墳時代中期を等価値で、いわばフラットにみるのではなく、中央と地方にわけてそれぞれの特質を探る。政治的墳墓としての前方後円墳から古墳時代の政治構造に論究していくための、ひとつの前提的作業である。

二　中期前方後円墳の特性

古墳時代前期の代表的な墳形は前方後円墳と前方後方墳で、円墳と方墳がいわば傍系のような存在であった。中期になると一部を除いて前方後方墳がほぼ姿を消し、前代からの前方後円墳に加えて、前方部が矮小化された前方後円墳や、造り出しの付いた円墳などが一般化する。そして、墳丘も大山（仁徳陵）古墳の墳長四八六メートルをピークに、規模のバラツキがますます大きくなって、階層化の度合いが一気に拡大する。それにたいして、外部表飾の普及とともに墳丘構造は斉一度を高める。前方後円墳に限らず中期古墳の典型は、墳丘は三段築成で、葺石と円筒埴輪列をそなえ、くびれ部には造り出しを設け、盾形の周濠をめぐらす。墳頂部には家・蓋・盾・靫形など、造り出しには家・蓋・船・水鳥・囲形などの形象埴輪をならべる。もっとも、大型前方後円墳でも一部を欠落させるものはあるし、中小古墳になると外部表飾を完備させるのは限られる。ひとまず、斉一度の高いこれらを前方後円墳の畿内様式とよべば、それが各地に一気に普及したのが、中期の特徴といえようか。

そもそも、中央と地方の政治意志が複合したのが前方後円墳だが、中期古墳には共通性と階層性がもっとも強固に表出されている。すなわち、中央と地方の首長層の一体性とあいまって、中央政権の政治的意志がつよく出されているとみてよさそうだ。

さて、前期では「吉備」や「上野」などの地域や、各地の海浜型前方後円墳などを除くと、地域的かつ個性的な前方後円墳や前方後方墳が顕著にみられる。そして、それが地域首長層の政治的自律性の高さとみなされ、つづく中期の畿内様式前方後円墳の一般化を背景に、強大化した畿内勢力の政治的拡大を読みとる、という考え方が流布されてきた。はたしてそうか。

〈共通性と階層性を見せる墳墓〉の前方後円墳は、三世紀中頃から七世紀初め頃に、北海道・東北北部と沖縄を除いた日本列島でつくられた、時・空的に限定された墓制である。そのなかでの地域色であったり、特殊性であるのだが、ともすればその前提となった共通的な墓制という側面が等閑に付されがちである。

前期が強調されることが目立つけれども、後期の前方後円墳もかなり地域的色彩がつよい。栃木県の「基壇」をもった前方後円墳、埼玉県さきたま古墳群の長方形周濠、福岡県岩戸山古墳や鳥取県向山古墳群の「別区」などのほかにも、円筒埴輪・形象埴輪や葺石など外部表飾の多寡、前方部の形状などがそうである。地域性とか多様性などは、共通性との関係性や時間的流れのなかで議論しなければ、特殊性の普遍化という陥穽にはまりかねない。

それと矛盾することを言うようだが、中期の埋葬施設は長持形石棺を竪穴石槨で覆うもの、割竹形・組合せ式木棺を竪穴石槨や粘土槨で覆うもの、舟形・家形石棺や箱式石棺や木棺を直葬するものなど、前期にくらべるといっそう多様である。地域横断的なものやローカルなものもあるし、ひとつの地域のなかでもばらつきがある。技術力や労働力などの制約もふまえつつ、おおよその階層的な指標をみせるが、それは決定的にはなっていない。たとえば、京都府離湖古墳は長辺四三メートルの方墳にすぎないが長持形石棺をもつ。

有力古墳の副葬品で強調されるのは武器・武具で、首長層の武人的性格の強化が説かれる。そして、前期首長墓の祭祀的・宗教的性格と対比させられがちである。確かにその側面は否めないが、前期古墳でも奈良県メスリ山古墳の鉄槍二一二本以上、マエ塚古墳の鉄剣一一九本のように、武力的色彩が希薄だったわけではない。武器・武具の大量副葬は、大王を中心とする汎列島的首長層の政治的共同体の再生産に、武力行使が不可欠であった事情を表わしている。

三 「畿内」の中期前方後円墳

(一) 大和川水系の四古墳群

古墳時代の政治構造を通説のように「首長同盟」とよび、それを主宰した首長層を「畿内政権、畿内王権、畿内勢力」などとよぶとき、具体的にはどの範囲の首長層をいうのか。旧国の「山城」や「和泉」は当初から「畿内」なのだろうか。この問いは地方でもおなじである。律令期の国制をそのまま古墳時代まで遡及させたり、方法であったはずの地域設定としての旧国がそのまま歴史的地域に等値される、という傾向がつよい。そこには、古墳時代は律令国家の形成過程だ、前者から後者へと政治社会はスムーズに移行している、との歴史の見方が横たわっている。

「畿内」とよばれた地域は大和川水系と淀川水系からなる。大和川と淀川は大阪湾へ流れ込み、その流域平野も近接していて、地形的には河川つながりの地域を形成している。そして、大和川の多くの支流域に展開する奈良盆地は、大阪平野を経由しないと外部にはつながらないという地政学的位置を占めている。この大和川水系の中・南河内地域と大和地域に、巨大前方後円墳をはじめとした中期前方後円墳が集中している。すなわち大阪府の百舌鳥古墳群と古市古墳群、奈良県の佐紀古墳群と馬見古墳群の四古墳群がそうだが、古墳の基数、墳丘規模、副葬品の質量などで、それらは他地域との簡単な比較を拒むほどの圧倒的優位をしめす。いっぽう、淀川水系では大阪府太田茶臼山（継体陵）古墳、京都府恵解山古墳、同久津川古墳群などがみられる程度である。摂津・山城・北河内地域では、長期につづく古墳群は形成されないし、四古墳群のような複数系譜型古墳群は認めがたい。

大和川水系に営まれた四古墳群（図1）には、〈凝集性・巨大性・階層性〉という共通した特徴がある。[註1] 第一、限られた地域に一定の期間、多数の古墳が凝集する。百舌鳥古墳群では四キロメートル四方に、四世紀後半頃から五世紀末頃までの間に合計一〇八基が築造される（図2）。前方後円墳三九基、円墳六〇基、方墳九基。墳丘の長さが二〇〇メートル以上の前方後円墳が四基、一〇〇メートル以上が七基、直径五〇メートル以上の円墳が五基、三〇～四九メートルが七基、一辺三〇メートル以上の方墳が二基。

第二、百舌鳥古墳群四基、古市古墳群六基、佐紀古墳群八基、馬見古墳群五基と、四古墳群には墳長が二〇〇メートルを超える巨

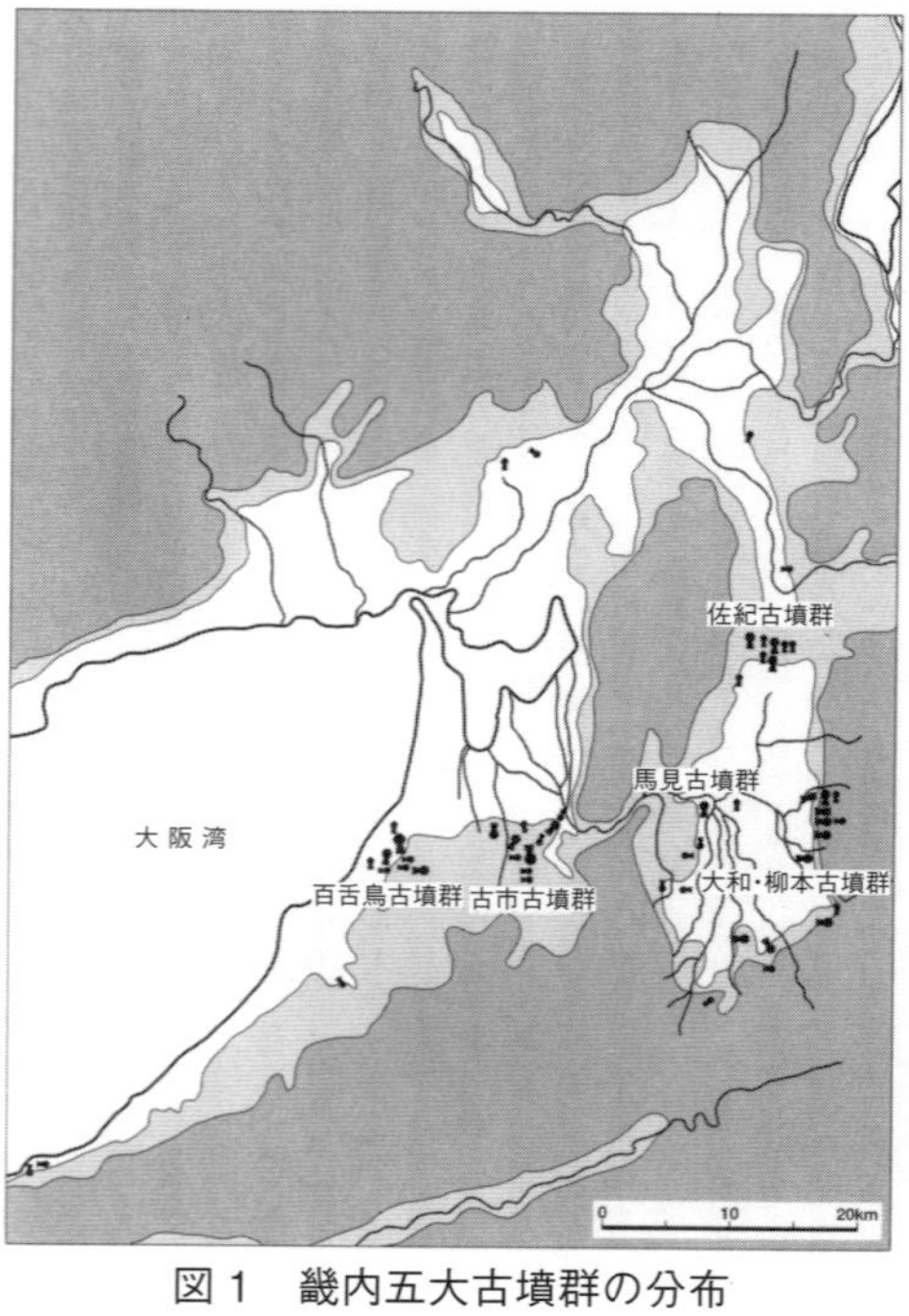

図１　畿内五大古墳群の分布
（註４文献より）

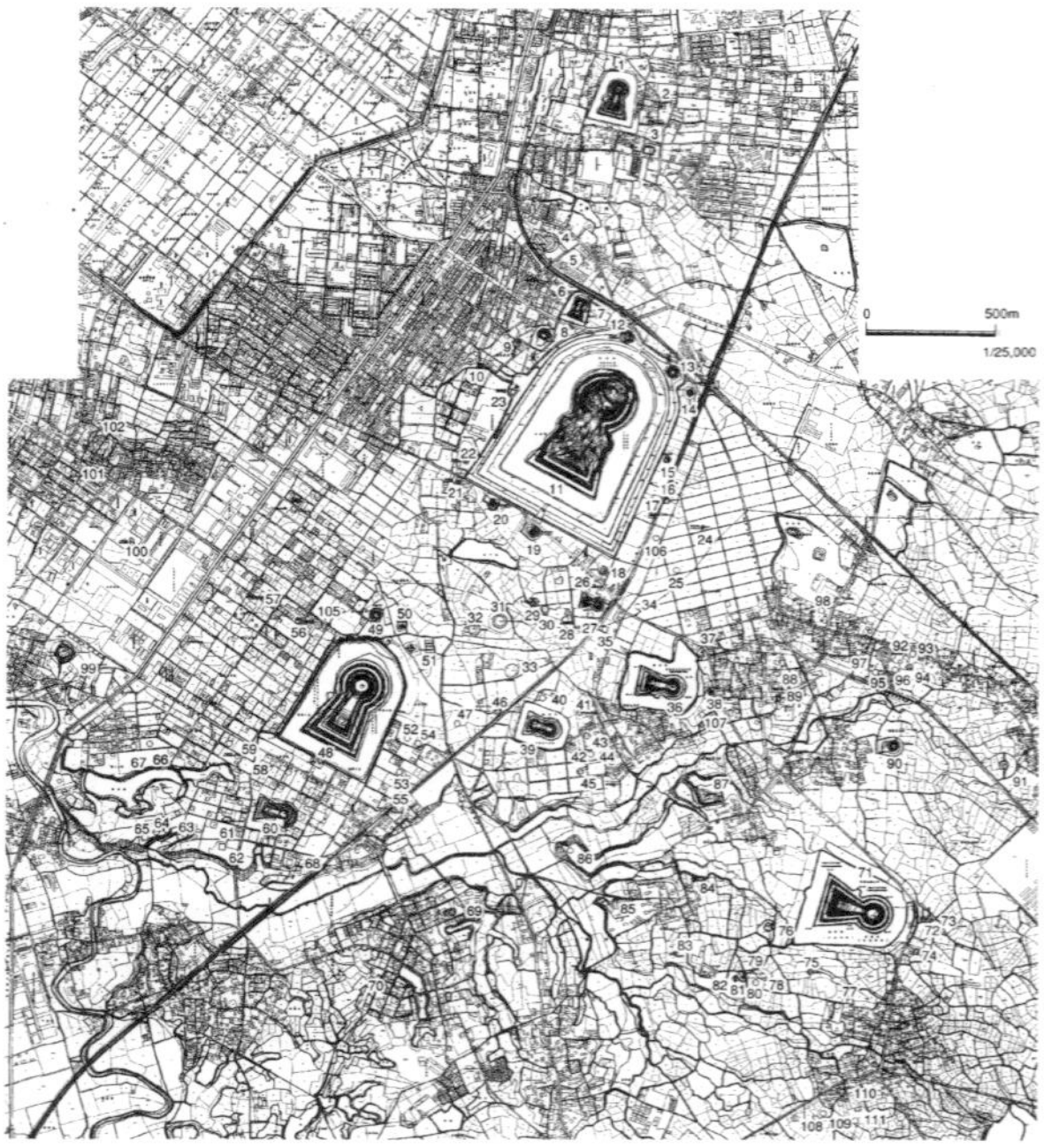

図２　百舌鳥古墳群分布図（『近畿地方における大型古墳群の基礎的研究』研究代表者白石太一郎、2008より）

大前方後円墳が二三基もある。大王墓として大方の一致をみる大山（仁徳陵）古墳、石津丘（履中陵）古墳、誉田山（応神陵）古墳の巨大性は、この頃の東アジア世界では圧倒的だ。幅が広い盾形周濠に囲繞された装飾性豊かな墳丘は、〈荘厳性・隔絶性・威圧性〉をそなえた見せる墳墓としての効果を、絶大なものに仕上げている。

第三、累代的に造営された巨大前方後円墳を中核に、大・中・小型の前方後円墳や円墳や方墳などが共存して階層的構成をみせる。「陪冢」にも外表施設が備わって巨大前方後円墳の威厳性を高めるが、そこでは武器・武具などの大量副葬がよく知られている。大阪府アリ山古墳の鉄剣七七本以上、鉄鏃一六一二本、同野中古墳の甲冑一一組、鉄刀一五四振、奈良県高塚古墳の鉄鋌大二八二枚、小五九〇枚などである。墳長一六八メートルの大型前方後円墳、堺大塚山古墳（以下、墳長は数字で表わす）の鉄刀剣約一〇〇、鉄刀一四、鉄剣九九、鉄矛二二などをはじめ、ほかの中小古墳などでも鉄鋌や農工具などの副葬が傑出している。大量の武器・武具の保有―中央の中央たる所以である―は、鉄素材の獲得や鍛冶技術など、鉄製品再生産システムが確立していたことを物語る。

さて、古墳時代の王権とかかわって重要なのは、巨大前方後円墳だけが絶対的、かつ排他的な存在ではなく、おおむね階層性の範疇におさまるという事実である。分布状態においても中小古墳と混在しているし、周濠・埴輪列・葺石などの外部表飾や副葬品の組合せなどもおなじである。最上位の前方後円墳を大王墓とみなしても、それだけが超越しているわけではない。大王と首長と中間層の墳墓の境界が明瞭に識別できない、相対的な存在としかいいようがない事実がそこにはある。すなわち、墳長超二〇〇メートルの巨大前方後円墳を造営した最有力首長を頂点にして、一〇〇メートルクラスの前方後円墳を築造した数人の中小首長層、円墳や方墳などをつくった多数の中間層が共同墓域を形成し、国家中枢を担う一大政治集団を、政治的モニュメントで累代的に内外の人びとに見せつづけたのが、これら四古墳群なのである。

（二）密接不分離の佐紀・馬見・古市・百舌鳥古墳群

〈凝集性・巨大性・階層性〉という共通した内容をもった四古墳群は、その形成期と終焉期にバラツキはあるものの、四世紀後半頃から五世紀中頃までは平行して古墳が造営される。巨大前方後円墳を中核にして、中小の前方後円墳や帆立貝式古墳や円・方墳などが築造された複数系譜型古墳群・階層構成型古墳群が四古墳群なのである。つまり、葬送観念が共有された共同墓域という形で、多数の首長層・中間層がイデオロギー的一体性、集団的帰属意識としての〈われわれ意識〉を表明しているわけだ。

第一、百舌鳥古墳群と古市古墳群にはひときわ巨大な前方後円墳があって、各時期の大王墓とみなされる。五期の仲津山古墳（二九〇）、石津丘古墳（三六〇）、六期の誉田山古墳（四二五）、大山古墳（四八六）、七期のニサンザイ古墳（二九〇）、岡ミサンザイ（仲哀陵）古墳（二四二）。ただ、おなじ時期に佐紀古墳群と馬見古墳群でも―奈良盆地のこれらの終焉時期は、大阪平野のそれよりもやや早い―墳長超二〇〇メートルの巨大前方後円墳が造営されつづける。

第二、四期（四世紀後半から末頃）の巨大前方後円墳は、百舌鳥古墳群を除く三古墳群に八基、併存している。佐紀古墳群の佐紀陵山（日葉酢媛陵）古墳（二〇六）、宝来山（垂仁陵）古墳（二二七）、佐紀石塚山（成務陵）古墳（二一八）、五社神（神功陵）古墳（二七五）、馬見古墳群の島ノ山古墳（一九五）、築山古墳（二一〇）、巣山古墳（二〇四）、古市古墳群の津堂城山古墳（二〇八）。これらは周濠の規模や形状、造り出しや「陪冢」の有無、円筒埴輪や形象埴輪などで二～三期に細分できそうだが、古市・百舌鳥古墳群の最初期、大阪平野での大型古墳群の形成が、大王墓の造営を契機にしたかどうかは流動的である。（註2）五期でも仲津山古墳（二九〇）と市庭古墳（二五〇）との墳丘規模の差異は決定的とはいえないし、吉備の造山古墳（三五〇）はそれらをはるかに凌駕し、石津丘古墳（三六〇）と拮抗する。それはともかく、大和川水系に営まれた四古墳群は相即不離の関係にあって、そこから古市古墳群と百舌鳥古墳群だけを抽出して中央政権を論じることは事実との整合性をもたない。（註3）

第三、四世紀後半頃から五世紀中頃の中央政権は、大和川水系の四古墳群を営造した、大和地域と中・南河内地域の四組の首長層が共同統治したとみたほうが合理的である。（註4）それぞれは、巨大前方後円墳を造営した最有力首長が、多数の中小首長層や中間層を率いた一大政治集団であった。そのなかには大和川水系に限らず、淀川水系や他地域の首長層、渡来人などもいたと推測しうるが、その具体相は今後の課題である。第四、先行した大和・柳本古墳群もあわせた畿内五大古墳群は、〈目で見る王権〉として意図的に配置された。大和政権の政治拠点、奈良盆地への北方入口に佐紀古墳群、西方入口に馬見古墳群、さらに西方入口に古市古墳群と百舌鳥古墳群。西方は百舌鳥・古市・馬見古墳群の三重構造だから、ここが重視されたことは一目瞭然である。さらに百舌鳥古墳群は、大阪湾への北方出入り口の明石海峡を見下ろす地点の兵庫県五色塚古墳、南方の紀淡海峡の大阪府西陵古墳、同宇度墓古墳とあいまって、〈巨大前方後円墳の環大阪湾シフト〉をとっている。対朝鮮半島の政治的配置であった蓋然性が高い。

第五、これらの造営の開始と終焉はバラツキがある。詳細は別稿に委ねるとして、古市古墳群は津堂城山古墳という巨大前方後円墳の造営を契機とする。いっぽう、百舌鳥古墳群は大阪湾に面した浜堤につくられた長山古墳（約一〇〇）や、おなじく低地に立地した乳の岡古墳（一五五）―長持形石棺を粘土槨で被覆するという傍系の埋葬施設をもつ―を嚆矢とする。しかし、それらは同時期の佐紀・馬見・古市古墳群の前方後円墳の規模に遥かに及ばない。

四　地方の中期古墳

（一）首長墓移行の三つの型

地方の首長墓系譜は、前期から中期への移行期には特徴的なありかたをみせる。おおよそ次の三類型が認められる。

A．墳形変更型　前期には前方後方墳が卓越した東海地方や埼玉県や栃木県などの東国でも、中期になるとほぼ姿を消す。それに代替するかのように増加するのは、前方後円墳はもちろんのこと、前方部の矮小化された前方後円墳や造り出しの付いた大型円墳などである。多摩川の水運を掌握した首長層は一期の東京都宝萊山古墳（九七）以降、前方後円墳が四代つづくが、五期の同野毛大塚古墳（六八）になって前方部が短小な前方後円墳に墳形が変更される。この古墳には四埋葬施設あわせて鉄刀三三、鉄剣一〇、鉄槍一四、鉄鏃二四三、甲冑二組と東国でも屈指の鉄製武器・武具が副葬されているので、みずからの意志で劣位の墳形を選択したとは考えにくい。

B．途絶型　前期に安定した首長墓系譜が、四期と五期の間に断絶してしまうケースが多い。[註5]たとえば、那須地域では六代つづいた前方後方墳が四期で終焉を迎えるが、最後の栃木県上侍塚古墳は墳長一一四メートルで六基のなかで墳丘規模では群を抜く。ここでも野毛大塚古墳とおなじような在地首長の意志を超えたような事態がある。駅館川に面した大分県川部・高森古墳群では、三角縁神獣鏡など舶載鏡五面を副葬した一期の赤塚古墳（五七・五）にはじまって、五代におよぶ前方後円墳が安定した首長墓系譜を形成するが、五期にはつづかない。六世紀になって鶴見古墳（三一）一基だけがつくられる。同豊後大野市でも狭い谷底平野に、小坂大塚古墳（四三）から道の上古墳（七三）にかけて五基の前方後円墳が、一代一墳的に築造されるが、生産基盤はけっして広くはない。「もの」・人の交通の要衝を押さえた首長のイメージである。前期末には途絶してしまうが、ここでも五世紀後半ごろには一代に限って、竜ヶ鼻古墳（三二）が築造される。こうした事例はひろく日本列島で枚挙にいとまがないといった情況である。

C．統合型　宮崎県西都原古墳群には墳長四〇～八〇メートルほどの前期前方後円墳が二〇数基、集中してつくられている。複数の首長が共同墓域を形成した複数系譜型古墳群だが、五期になると女狭穂塚古墳（一七六）、男狭穂塚古墳（一五五）の一系譜に統合される。[註6]その後、首長墓は途絶して、後期後半まで空白期がみられる。また、香川県の津田湾を眼下におさめた丘陵―直線距離約三キロメートルの狭い範囲―には、墳長三〇～六〇メートルほどの前期の前方後円墳一二基と円墳三基が築造されている。海上交通に携わった複数の首長が同時平行的に造墓した複数系譜型古墳群だが、五期になるとやや内陸の大型前方後円墳、富田茶臼山古墳（一四一）に統合される。[註7]ただ一代限りで、その後はこの地域では首長墓が造営されない。したがって、中期初め頃の「首長墓の統合」を、在地首長層の自律的な動きとみるのには躊躇せざるを得ない。

（二）〈不連続の連続性〉の地方首長墓

数代におよぶ首長墓で形成された中期の古墳群は、三重県美旗古墳群、岐阜県野古墳群、福井県脇袋古墳群などがあるものの、前期にくらべると少ない。地域を統治した前期首長の系譜はどうなったのか。有力首長が没落したのか、離れた地域の首長に屈服し、支配されたとみるのか。「前期から中期へ発展した」、「地域に首長が誕生すると前方後円墳を構築した」といった言説を、素直には受け入れられない事実がそこにはある。

第一、前述した統合型の大型前方後円墳で、安定して数代つづくものはない。第二、おなじく不安定な首長墓の代表格として単独墳がある。安芸地域最大の前方後円墳、五期の広島県三ツ城古墳（九二）をはじめ、茨城県愛宕山古墳（一三七）、千葉県弁天山古墳（八七・五）、埼玉県雷電山古墳（八六）など少なくはない。

五期の三重県御墓山古墳（一八八）や六期の兵庫県雲部車塚古墳（一四〇）などは、日本海や東海・東国から政治中枢への陸路を扼した大型前方後円墳だが、その偉容を見ないと通過できないような平野が狭まった地点にある。周辺にはまとまった可耕地はない、単独で造営されているなど、在地首長墓としては「不自然」である。また、かつてあったであろう港津に望んだ海浜型前方後円墳も、単独墳であったり、前後の前方後円墳などと不連続なものが目に付く。豊前地域では周防灘に面して一期の福岡県石塚山古墳

（約一三〇）、七期の同御所山古墳（一一九）、八期の同番塚古墳（約五〇）が近接して築造される。周防灘と別府湾に三方を囲まれた台地には、三期の大分県小熊山古墳（一二〇）と五期の造り出しを付けた大型円墳の同御塔山古墳（七五）が営造される。

　上記したような「不自然な」、安定しない首長墓系譜は、在地首長の意志だけでは説明しにくい。いったん途切れながらも前代と近接した場所に再び首長墓が築造されるのは、その空間に特定の意義があった、そこには〈場〉の論理があった、とみたほうがわかりやすい。首長層の交通ネットワークを中央政権が掌握し、各地域での拠点が重要度を増したとき、それらが造営されたとみておきたい。

　第三、中期の前方後円墳はけっして多くはない。一例を、兵庫県の播磨地域にみておこう（図3）。一期から多数の中・小型の前方後円墳や前方後方墳が、ほとんどの河川流域で一代、もしくは数代にわたって造営される。前期では一期の丁瓢塚古墳（一〇四）が最大である。ところが、中期になると前方後円墳は激減し、中・小型の帆立貝式古墳や円墳が目に付く。それもおおむね一代限りだが、長持形石棺を内蔵した前方後円墳の壇場山古墳（一四三）がひときわ目を引く。おなじく長持形石棺をもった同時期の方墳、山之越古墳が隣接するが、それらは市川流域では突如、出現し、その後につながらない。ちなみに、中期で首長墓系譜をなすのは、行者塚古墳（九九）、人塚古墳（六〇）、尼塚古墳（五一）からなる西条古墳群ぐらいである。後期になると再び各流域で小型前方後円墳がつくられるが、これも一～二代限りである。(註8)

　首長墓系譜の連続・不連続、ことに中期の空白期をどう理解するかが大きな問題となる。はたして前・後期首長と中期首長の領域はおなじなのかどうか。それと関連して、一代限りの大型前方後円墳はいかなる背景をもつのか、などの課題が出てくるが、それらはひとえに中期の在地首長墓の「不自然さ」に基因しているといえようか。

　第四、そうした動向に反して、中期前方後円墳が偏在するのが九州の宗像地域や大隅地域である。たとえば、前者は玄界灘に沿った広い入海に面して、四世紀末から六世紀末頃の三〇基もの前方後円墳が築造される。その半数近くが中期なので(註9)、複数の首長が一定期間、同時平行的に前方後円墳を造営したのは確実である。近隣に広大な生産基盤は見あたらない。おなじ頃からの沖ノ島祭祀や地政学的位置を考えると入海を海運拠点として、朝鮮半島での政治行動と密接不分離の関係にあったのは動かない。先述した御所山古墳の約八キロメートル南方で、五世紀代を中心にした海岸線沿いの福岡県稲童古墳群の小型古墳も、このような歴史情勢の一端を担ったようだ(註10)。一五号墳（六）から方形板革綴短甲、二一号墳（二二）から横矧板鋲留眉庇付冑、三角板鋲留短甲、横矧板鋲留短甲、八号墳（二〇）から横矧板鋲留衝角付冑、横矧板鋲留短甲などが出土しているが、中間層墓としての一般的な動向とは言いがたい。

　第五、第三の特徴と相容れないのが、三基の巨大前方後円墳―岡山県造山古墳（三五〇）、同作山古墳（二八六）、同両宮山古墳（二〇六）―をつくりえた備前・備中地域の政治的位置である。ことに五期の造山古墳は、おなじ頃の大王墓と目された仲津山古墳（二九〇）よりも大きいし、前述したように石津丘古墳（三六〇）と拮抗した墳丘をもつ。詳細な検討(註11)をふまえつつ、畿内中枢と比較しつつ正当な評価を与えるのが喫緊の課題である。

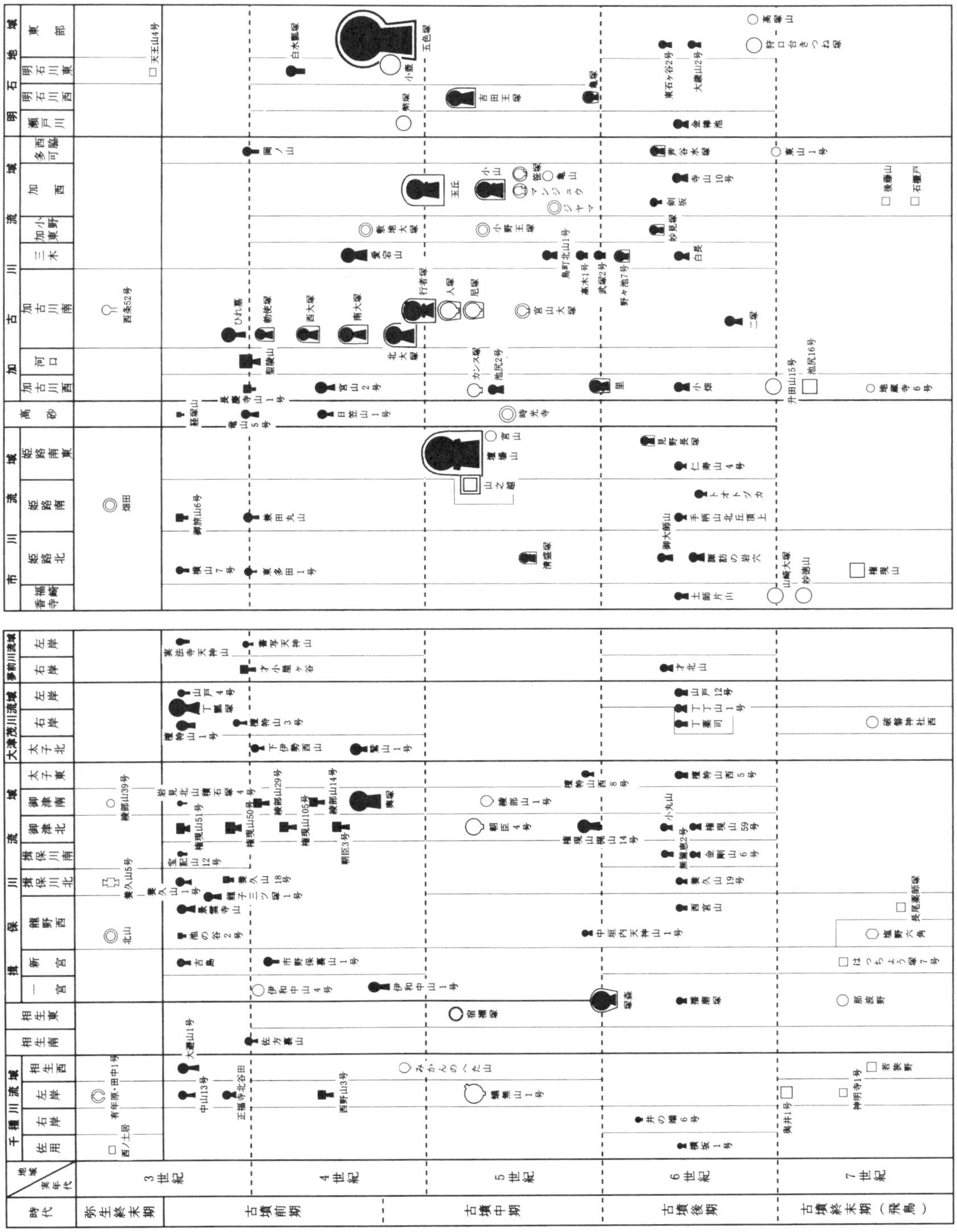

図3　播磨の主要古墳編年（註8文献より）

五　古墳時代の中央と地方

前方後円墳などの中期首長墓をみると、質量ともに大和川水系のそれが卓越した優勢的地位を占めていて、追随する地域が認めがたいのは二・三で検討を加えたとおりである。地方の首長墓系譜の不安定さは、中央とはきわだった違いをしめす。太田天神山古墳（二一〇）などがつくられた上野地域と、三基の巨大前方後円墳を擁した備前・備中地域などを除くと、中期の有力首長墓が継続的につづくところは希少である。つまり、政治権力の大きさと首長層の結集度の強さ、それを支えた武器・武具保有度の高さなど、大和川水系の有力首長層が卓越していた。〈もの・人・情報の再分配システム〉の掌握をとおしての、いわば「一人勝ち」状態であった。各地の首長が同盟的に連携していた、という漠然とした関係はなく、〈中央―地方の関係〉が貫徹されていたとみるのがふさわしい。

さて、地方の首長墓の多くは前期末、もしくは中期初めに大きな転換点を迎える。数代つづいた首長墓系譜の途絶、劣位の墳形への変化、複数の首長墓の統合などだが、それらが在地首長の側に基因しないことを、野毛大塚古墳や下侍塚古墳などを一例として述べた。統合型前方後円墳や海浜型前方後円墳も含めて大型の単独墳が多い、前期にくらべて前方後円墳などが少ない、といった首長墓系譜の不安定さや「不自然さ」をもたらしたのも、在地首長の自律性では説明しにくい。他律的意志の発動をみたほうが理解しやすい。もし、それらが在地の動向に基因したのであれば、各地の首長層はきわめて不安定な存在であったことになって、大和川水系の安定性との対比がいっそう色濃くなってしまう。

中期の前方後円墳は多くはない。中期後半はいっそう希薄である。古墳時代前期から中期へと順調に「発展」をとげた、と言い切れる地域は数少ない。東国などでは空白期をはさんで、後期後半になると前方後円墳が多数つくられるが、在地の運動だけではそうした〈不連続の連続性〉とでもいうような現象は理解しにくい。そのような跛行的な首長墓系譜のいっぽうで、前方後円墳・帆立貝式古墳・大型円墳は外表施設を整え、ビジュアル度を高めた畿内様式になかば統一される。畿内中枢の主導性が発揮されたかのようだ。

上述したような事実を統一的にとらえると、地方首長墓は中央政権の地方政策を体現している、との解釈に到達する。すなわち、政治的墳墓である前方後円墳は、古墳時代の政治秩序全般を表わしたのではないし、在地首長の自発的意志でつくりうる政治的モニュメントでもなかった。いわば、中央政権の「認可制」であった。古墳時代の地方首長層は、前方後円墳などで中央勢力との強い結びつき―各地の首長層は〈もの・人・情報ネットワーク〉の利益共同体に参画していた―を見せ、いっぽうでは前代とのつながりもそれで見せつけた。空間的かつ時間的な前方後円墳連鎖をとおして、地方首長層はその政治的正統性を内外の人びとに示威した。地方の人びとは、みずからを統治した首長墓の後景に中央政権を意識したのだが、それは具体的には中央政権の地方政策をとおしてであった。

前期末・中期初頭の中央・地方首長墓にあらわれた幾多の変化は、中央政権の地方政策に基因する。それは広域におよぶ地方首長層の再編成や、巨大前方後円墳の環大阪湾シフトなどと関連づけると、対高句麗戦争を契機とした対外政策が基底的要因にあったとみても大過はないであろう。広開土王碑文の記述にもある朝鮮半島への派兵は、西日本のみならず東国にも波及し、地方首長層の政治的再編成が惹き起こされたようだ。中央では四有力首長による共同統治体制が確立され、地方では首長の交代、地位の変更、首長層の統合など、既往の統治方式が見直されたのである。

六　おわりに

巨大前方後円墳と多数の中小古墳が一体となった佐紀・馬見・古市・百舌鳥の四古墳群。それを擁する大和川水系に比肩しうるような地域は見あたらない。中央と地方の関係には歴然たるものがあったが、彼我の政治秩序はいかなる構造をもっていたのか。前方後円墳の共通性と階層性という属性をみる限り、中央政権の地方統治方式は強権的側面と、互酬的・相互的な側面とをあわせもっていたが、どちらが前面に出るかは中央と地方の関係性だけでなく、そのときどきの国際的関係によっても規定されたようである。

いったい、前方後円墳に表象された王権の特質はなにか。おなじ頃の新羅慶州古墳群との比較が有効である。高い墳丘をもった皇南大塚や天馬塚古墳などの円墳・双円墳は、分厚い礫石を積み上げた積石木槨を備え、金製の冠・耳飾り・腰帯・沓などを副葬していて、「王（一族）墓」群とみなしうる。それらと、低墳丘で竪穴石槨などに鉄製武器や陶質土器などしか副葬しない「中間層墓」とは、墳丘規模・埋葬施設・副葬品において、そして墓域でもほぼ二元的に区別されている。同一の古墳群を形成しながらも、その構成要素の多くが相対性の範疇におさまってしまう大和川水系の四古墳群と、二元的な装いをみせる慶州古墳群とでは、王権構造に明らかな差異が認められる。これらふたつの課題への論究は、別稿に期したい。

（註1）今尾文昭氏は、佐紀古墳群の特徴に「巨大性・階層性・継続性・集中性とその累積」を挙げる（今尾文昭『ヤマト政権の一大勢力・佐紀古墳群』新泉社、二〇一四）。

（註2）このあたりの事情について、坂　靖氏は「唯一の「大王」が完全に覇権を握るような状況は、決してなかった」と言う（坂　靖「各地の古墳Ⅳ　畿内」『古墳時代の現状と課題　上―古墳研究と地域史研究』同成社、二〇一二）。

（註3）広瀬和雄「畿内の王権と巨大前方後円墳」『歴史読本　特集・古代王権と古墳の謎』一月号、二〇一五

（註4）広瀬和雄『前方後円墳国家』角川選書、二〇〇三

（註5）都出比呂志「古墳時代首長墓系譜の継続と断絶」『待兼山論叢』二二、史学篇、一九九八

（註6）柳沢一男「日向の古墳時代前期の首長墓系譜とその消長」『宮崎県史研究』九、一九九五

（註7）大久保徹也「津田湾・津田川流域の前半期諸古墳の築造状態とその評価」『津田古墳群調査報告書』さぬき市教育委員会、二〇一三

（註8）岸本道昭『古墳が語る播磨』神戸新聞総合出版センター、二〇一三

（註9）花田勝広「筑紫宗像地域と首長権」『地域相研究』二〇、一九九一

（註10）橋本達也「稲童一号墳の眉庇付冑について」『稲童古墳群』行橋市教育委員会、二〇〇五

（註11）草原孝典「造山古墳の基礎的考察」『岡山市埋蔵文化財センター研究紀要』六、二〇一三

第一章　古墳時代中期の日本列島

九州

重藤輝行

一　はじめに

古墳時代中期、五世紀を前後する頃は、東アジア世界との関係で列島の社会に様々な変革が生じた時期である。大仙陵古墳、誉田御廟山古墳という全長四〇〇メートルを超える超大型古墳はその象徴的な存在であるが、九州において古墳時代を通じて大型の古墳がもっとも活発に築造されたのもこの時期である。

当該期の九州では、各種の副葬品や埋葬施設に九州島内外の活発な地域間交流がうかがわれる。本稿で与えられた課題である九州の首長墓系列の動向も、大型古墳の築造、活発な地域間交流から特徴づけることができると考えられる。本稿ではこれらの点に焦点をあてて、九州の古墳時代中期を論ずることにしたい。また、九州の古墳時代中期の様相は古墳時代前期後半からの連続として理解できる側面もあるし、画期的な変化を伴う側面もある。一方、古墳時代中期の首長墓系列が古墳時代後期へとつながる地域も多く、装飾古墳などの地域性も古墳時代中期後半から後期にかけて連続している。以下ではそのような観点から、古墳時代前期後半、古墳時代後期前半の様相にまで少し踏み込んで、論ずることにしたい。

二　首長墓の動向

一九九〇年代以降、九州各地で首長墓の確認調査、測量調査などが着実に進んできている。中でも、日向、大隅の首長墓の確認調査、編年的研究が進展し、九州北部を凌駕する規模の大型古墳が各時期に築造されていることが明らかになった。九州各地の首長墓系列についても研究の蓄積が進んできている。[註1]

九州では各地に前方後円墳、円墳からなる首長墓系列が確認できるが、図1・1〜6は筆者の見解や近年の首長墓系列の研究に基づいて、全長六〇メートルを超える前方後円墳（帆立貝形古墳含む）の分布を示したものである。ここで主として検討の対象とするのは古墳時代中期（前方後円墳編年四〜八期）であるが、その前後との連続性を確認するために、古墳時代前期後半（前方後円墳編年三期）と後期前半（前方後円墳編年九期）もあわせて表示している。

三期は糸島半島の筑前一貴山《いきさん》銚子塚《ちょうしづか》古墳などの玄界灘沿岸地域と、天神山古墳、向野田《むこうのだ》古墳が所在する肥後の宇土半島を中心とした有明海沿岸地域で活発に大型の前方後円墳が築造される。また、南九州では日向の持田《もちだ》古墳群、川南《かわみなみ》古墳群、西都原《さいとばる》古墳群、

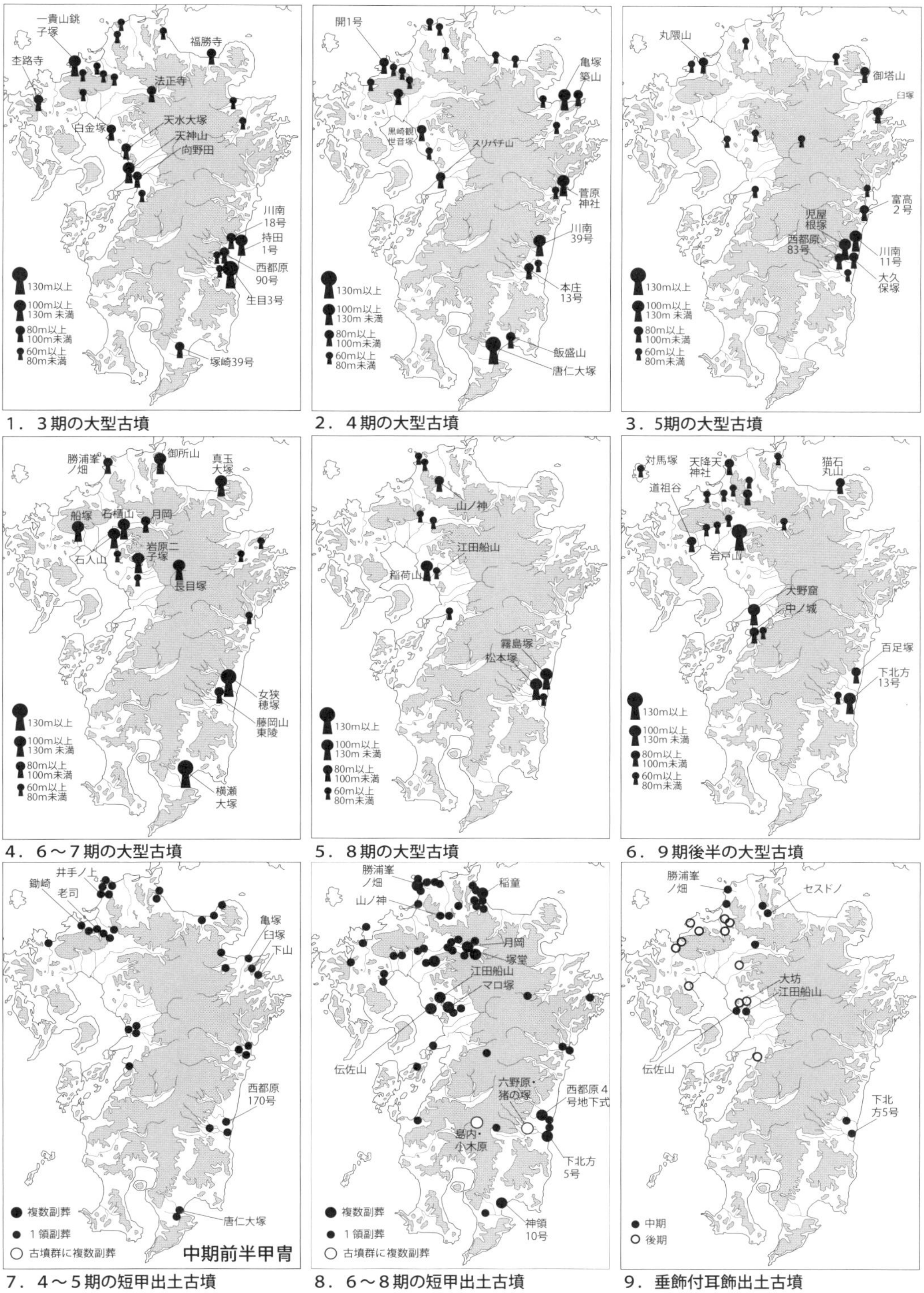

図１　九州における大型古墳・短甲・垂飾付耳飾の分布（筆者作成）

生目《いきめ》古墳群が古墳築造の最盛期に相当し、大型古墳が多い。なかでも全長一四三メートルの生目三号墳は当該期の九州最大の前方後円墳である。

四期は、三期から連続して唐津平野から福岡平野にかけての玄界灘沿岸に大型古墳が多く、北部九州の最古期の横穴式石室として著名な肥前谷口《たにぐち》古墳、筑前鋤崎《すきさき》古墳、筑前老司《ろうじ》古墳もこの時期に相当する。有明海沿岸地域でも、肥前の銚子塚古墳や筑後南部の黒《くろ》崎観世音塚《さきかんぜおんづか》古墳など一〇〇メートル近い前方後円墳が築造されている。しかし、この時期は大型古墳の築造という点では九州東部、九州南部が玄界灘沿岸地域、有明海沿岸地域よりも活発である。大分平野に全長一二〇メートルの亀塚古墳、全長九〇メートルの築山《つきやま》古墳、日向北部に全長一二〇メートルの菅原神社古墳、日向中央部に全長一一六メートルの川南三九号墳がある。さらに、当該期の九州最大の前方後円墳は、大隅の肝属平野に所在する全長一五四メートルの唐仁大塚《とうじんおおつか》古墳である。ただ、三期以前に複数系列で首長墓が造営されていた西都原古墳群では前方後円墳の築造が低調で、生目古墳群でも一〇〇メートルを超える前方後円墳が見られなくなる。(註2)この西都原古墳群、生目古墳群に替わって、川南古墳群に日向を代表する大型前方後円墳が築造されるようになったと言える。

五期になると、前代まで活発に大型前方後円墳を築造していた玄界灘沿岸地域、有明海沿岸地域で、全長六〇メートルを超える前方後円墳の築造が低調となる。これに対して、九州東部、九州南部では活発な大型古墳の築造が連続している。川南古墳群では、全長一一七メートルの川南一一号墳を築造するなど四期につづき日向最大の古墳を築造している。西都原古墳群に近接する茶臼原《ちゃうすばる》古墳群、祇園原《ぎおんばる》古墳群では一〇〇メートルを超える大久保塚古墳、児屋根塚《こやねつか》古墳が当該期と推測され、当該期頃と目される古墳の最大規模が全長八四メートルの前方後円墳、西都原八三号墳にとどまる西都原古墳群を凌駕している。日向では、地域最大の首長墓が、四期以降、流動化する様相がうかがえる。

六～七期には日向、西都原古墳群において、男狭穂塚《おさほづか》古墳、女狭《めさ》穂塚《ほづか》古墳と相次いで全長一七〇メートルを超える九州最大の前方後円墳が築造される。有明海沿岸地域、九州東部でも豊後北部～豊前の周防灘沿岸で全長一〇〇メートルを超える前方後円墳が築造され、九州全体をみても最も大型古墳の築造が活発な時期と言える。有明海沿岸地域、筑後川流域では、前後する時期に肥前船塚《ふなづか》古墳、筑後石櫃山《いしびつやま》古墳、筑後石人山《せきじんさん》古墳、肥後北部岩原《いわばる》二子塚《ふたごつか》古墳、阿蘇盆地の長目塚《ながめづか》古墳という全長一〇〇メートルを超える前方後円墳が築造される。金銅装眉庇付冑など多数の甲冑を副葬した、墳丘全長一〇〇メートル近い筑後月岡《つきのおか》古墳の存在も同様の脈絡で理解できよう。

これらの有明海沿岸地域、筑後川流域の大型古墳の中で、最大規模のものは全長一二〇メートルの石人山古墳であり、蓋石に直弧文を浮彫りした横口式石棺、武装石人の存在でもひときわ目を引く。有明海沿岸地域、筑後川流域で覇を競うかのように有力首長が一〇〇メートルを超える前方後円墳を築造する中で、その頂点に立つ存在と言っても過言ではなかろう。この時期には石人山を頂点として、有明海沿岸地域の首長間同盟が成立したと考える見解もある。(註3)一方で、それまで大型古墳の築造が活発でなかった筑前津屋崎《つやさき》古墳群で大型古墳の築造が進むのも、勝浦峯ノ畑《かつうらみねのはた》古墳などが築造される七期末頃からである。

八期の豊前、筑前、筑後、肥前、肥後では七期から継続する首長墓系列が多いが、全長六〇メートルを超える前方後円墳は少ない。九州東部の豊後から日向北部では、七～八期以降の前方後円墳の築造そのものがほとんど見られなくなる。ただ、九州南部では日向の松本塚古墳や祇園原古墳群中の霧島塚《きりしまづか》古墳がこの時期であり、女狭穂塚古墳など六期以前からの連続的な流れをうかがわせる。このような築造動向の中で、甲冑や朝鮮半島系の装身具、馬具を集中的に副葬する肥後江田船山《えたふなやま》古墳の築造がこの時期に相当する。また、近接する菊池川流域の肥後稲荷山《いなりやま》古墳は当該期の築造で、全長一一〇メートル前後と推測されており注目される。

六～七期には一〇〇メートル級の前方後円墳が有明海沿岸地域に広がり、石人山古墳がその頂点に立つ存在であった。ただし、八期には再び大型古墳の築造が停滞し、石人山古墳被葬者の権威は直系首長には継承されなかったようである。有明海沿岸地域の首長間同盟が存続したとすれば、古墳の規模から菊池川流域の稲荷山古墳にその盟主の座は移動した可能性などを想定すべきかもしれない。

図1には、中期の動向と比較するために、後期前半、とくに前方後円墳編年九期後半の大型古墳の築造状況も示した。現状の古墳編年、年代論からすれば五二七（継体二一）年の筑紫君磐井の乱の直後に相当し、磐井の墓と考えられる筑後岩戸山《いわとやま》古墳も合わせて示している。当該期の前方後円墳の中で九州最大のものは、全長一三八メートルの岩戸山古墳であるが、全長一二三メートルの大野《おおの》窟《いわや》古墳や野津《のつ》古墳群中の全長九八メートルの中ノ城《なかのじょう》古墳など肥後南部の氷川流域での築造が活発化する。また、全長八〇メートルを超えるものは少ないが、佐賀平野にも大型古墳の集中が見られる。日向では全長一〇〇メートルの前方後円墳、下北方一三号墳が最大規模であり、日向祇園原古墳群中の全長八四メートルの前方後円墳、百足《むかで》塚《づか》古墳がこれに次ぐ。

一方、当該期において注目されるのが、玄界灘沿岸地域、とりわけ博多湾沿岸の状況である。津屋崎古墳群、遠賀川流域は八期に続き大型古墳の築造が継続しているが、六期以降大型古墳が築造されなかった博多湾沿岸地域にも全長六〇メートルを超える今宿大塚古墳、東光寺剣塚《とうこうじけんづか》古墳、鶴見塚《つるみづか》古墳が築造される。磐井の乱後に磐井の子である葛子は糟屋屯倉を献上したと記録され、五三六（宣化元）年には那津官家の修造記事がある。それらに伴う対外交渉窓口の変化などにより再び、博多湾沿岸地域の有力者がその立場を増大させたことを推測させる。壱岐で大型古墳の築造が活性化するのもこの時期以降のことで、全長六五メートルの対馬塚《つしまづか》古墳がある。

以上のように時期を追って大型古墳の築造動向をみてみたが、地域別にその流れをまとめてみよう。筑前北部～肥前北部の玄界灘沿岸地域では、三～四期には大型古墳の築造が活発であるが、六～八期は津屋崎古墳群を除くと低調である。三～四期には沖ノ島祭祀が開始され、後述するように福岡平野、唐津平野では朝鮮半島から他地域に先駆けて四期に横穴式石室が導入される。玄界灘沿岸地域の大型古墳の築造動向は、このような地域間関係を背景としたものと考えられる。

豊前～日向北部の九州東部では、一～二期には豊前石塚山《いしづかやま》古墳や豊後小熊山《こぐまやま》古墳という沿岸部に全長一〇〇メートルを優に超える大型前方後円墳を築造しており、大分平野の亀塚古墳、築山古墳、日向北部の菅原神社古墳の存在は、その延長にあると考えられる。この時期の九州東部の大型古墳の動向について、海部の海運、水軍が朝鮮半島情勢へ関与したり、九州南部への交流のルートに位置し、南海産貝輪の入手にも大きく関わったとする意見もある。[註4]ところが、六期以降は、この地域では大型前方後円墳がほとんど見られなくなり、玄界灘沿岸地域の動態と一致している。

肥前東南部・筑後川流域も含めた筑後・肥後の有明海沿岸地域では、三〜九期の全時期を通じて、活発に大型古墳を築造している。ただし、三期には肥後中部を中心とした肥後地域、六〜七期にははは石人山古墳を頂点とする肥前東南部・筑後・肥後北部、八期には江田船山古墳など肥後北部、菊池川流域に重心があるかのようである。九期には佐賀平野や氷川流域の野津古墳群が台頭するなど、一様ではない。

日向南部〜大隅の九州南部では前期の西都原古墳群、生目古墳群以来、活発に大型古墳の築造を行なっており、四〜五期もその傾向の連続性が見られる。六〜七期には九州最大の女狭穂塚古墳、男狭穂塚古墳を相次いで築造し、一見するとその傾向は連続しているかのようである。しかし、有明海沿岸地域とは異なり、八期以降には大型古墳の築造が数、地域とも限定されるようになる。

三　大型古墳の築造動向と地域間関係、対外交渉

ここでは、古墳時代中期に特徴的な副葬品である短甲からヤマト政権との関係を考えるとともに、垂飾付耳飾の分布から対外交渉の問題を考え、先の大型古墳の動向と対比してみることにしたい。

宇野慎敏は古墳時代中期以降の甲冑について、九州では朝鮮半島情勢に対する前線基地として甲冑が豊富であるが、三角板革綴短甲以前の段階と、鋲留短甲出現以降で分布の異なることを指摘している。[註5]

図1・7は橋本達也・鈴木一有による集成によって、[註6]四・五期、中期前半の短甲の分布を示したものである。これを見ると福岡平野、宗像地域、豊前—豊後—日向—大隅の沿岸部、宇土半島基部という集中域が指摘できる。玄界灘沿岸、九州東部、九州南部の沿岸部に多いことは、当該期の大型古墳の分布状況と比較的合致していると言える。

一方、図1・8は六〜八期、中期後半の短甲の分布を示したものである。宗像地域は中期前半に引き続き集中しているが、この時期には稲童古墳群を始めとする豊前北部、月岡古墳・塚堂古墳を中心とする筑後川流域での集中が注目される。一方、中期前半と比べ、中期後半の福岡平野、豊後沿岸部では短甲出土古墳は少ない。先に述べたような当該期の大型前方後円墳の不在と符合していると認識できる。

筑後川流域では、複数領の短甲を所有する月岡古墳、塚堂古墳の周辺に一領の短甲を保有する古墳が周辺に分布しており、藤田和尊は、甲冑を集中的に管理し、配下に再配布していたと想定している。[註7]同様に、筑前宗像地域でも複数領の甲冑を所有する勝浦峯ノ畑古墳などを頂点とし、周辺へと再配布した状況が推測される。これに対して、肥後北部江田船山、マロ塚、伝佐山は複数量の甲冑をそれぞれ出土しているが、周辺での出土は少なく、筑後川流域、宗像地域とは保有状況の違いが推測される。また、日向にも集中するが、六野原古墳群、えびの市島内・小木原地下式横穴墓群などの複

数の甲冑出土古墳が存在する墳墓群が出現する点が特徴的である。

一方、古墳時代中期後半以降の朝鮮半島系の威信財のひとつ金製、金銅製などの垂飾付耳飾の分布を中期（八期以前）と後期（九期以降）に分けて示したものが図1・9である。中期後半には宗像、遠賀川流域、筑後川流域、肥後北部、日向に分布しており、図1・4・5に示した六～八期の大型前方後円墳の分布と合致している。杉井健は、筑後川流域、津屋崎古墳群の大型古墳からなる有力な首長墓系列の形成が、朝鮮半島からの渡来文化の受容と合致することを指摘していて（註8）、中期後半の垂飾付耳飾の分布状況はそれを裏付ける。

続く古墳時代後期になると、肥後地域では古墳時代中期以来継続的に分布するが、宗像、遠賀川流域の分布は見られず、これに替わるように唐津平野から福岡平野にかけての玄界灘沿岸地域に新たな集中域が見られるようになる。これは六～八期に大型古墳の築造が低調であった福岡平野周辺で、新たに九期に大型古墳が築造されるようになることと符合する。また、那津官家の修造記事も考慮するならば、後期における垂飾付耳飾の分布は、対外交渉の窓口の変化と連動したものと推測しておきたい。

以上のように、中期後半には、朝鮮半島との対外交渉の活発な地域に垂飾付耳飾が分布しており、先の短甲の分布とも合致する。朝鮮半島に対する兵站基地として甲冑が配布されたというよりは、朝鮮半島との対外交渉に関与することで権威を高め、畿内政権からも認められた首長層に重点的に短甲などの威信財が配布され、その死に際して大型古墳を築造した可能性を考えたい。垂飾付耳飾は朝鮮半島からの入手（註9）とすべきか、国産を含む（註10）とすべきかの判断は難しいが、朝鮮半島との対外交渉への関わりを象徴するような威信財と考えてよいと思われる。

四　中期の埋葬施設と有明海沿岸の動向

九州は、他地域に先駆けて古墳時代中期初頭には横穴式石室を導入するとともに、九州内外との横穴式石室の系統的な関係をもつことが明らかにされている。（註11）また、石障系石室とも呼ばれる肥後の横穴式石室についても、谷口古墳、老司古墳、鋤崎古墳を初現とする北部九州型横穴式石室とほぼ同時期にまでさかのぼり、羨道の発達、前室を形成する複室構造の横穴式石室の成立は肥後、筑後南部～肥前が先行し、九州北部に影響を与えた可能性が高くなっている。（註12）一方、横穴式石室以外では、阿蘇溶結凝灰岩製の舟形石棺などの地域性と他地域への搬出状況の解明が進んでいる。（註13）これらを参考に三～九期の古墳の編年的位置づけと、埋葬施設に見られる地域間関係を示したものが図2である。

四期になると谷口古墳において北部九州型横穴式石室が出現し、四期のうちには老司古墳、鋤崎古墳においてほぼ定型化していく。肥後における横穴式石室の起源を遺物から確かめられる事例は少ないが、石室玄門部の構造から肥後南部では大鼠蔵尾張宮《おおそぞうおわりのみや》古墳などにおいて鋤崎古墳からさほど遅れることなく成立したものと考えられる。このような横穴式石室の出現は、漢城期百済との関連が想定されている。ただ、埋葬施設における地域間関係としては、三期に讃岐の影響のもと南肥後で舟形石棺が成立し、すでに三期中には南肥後から肥前、さらには山城へと舟形石棺の搬出が行なわれている。三～四期の有明海沿岸地域での大型古墳の築造動向を考慮すると、横穴式石室の出現に先立つ時期からの地域間関係の活性化を物語る

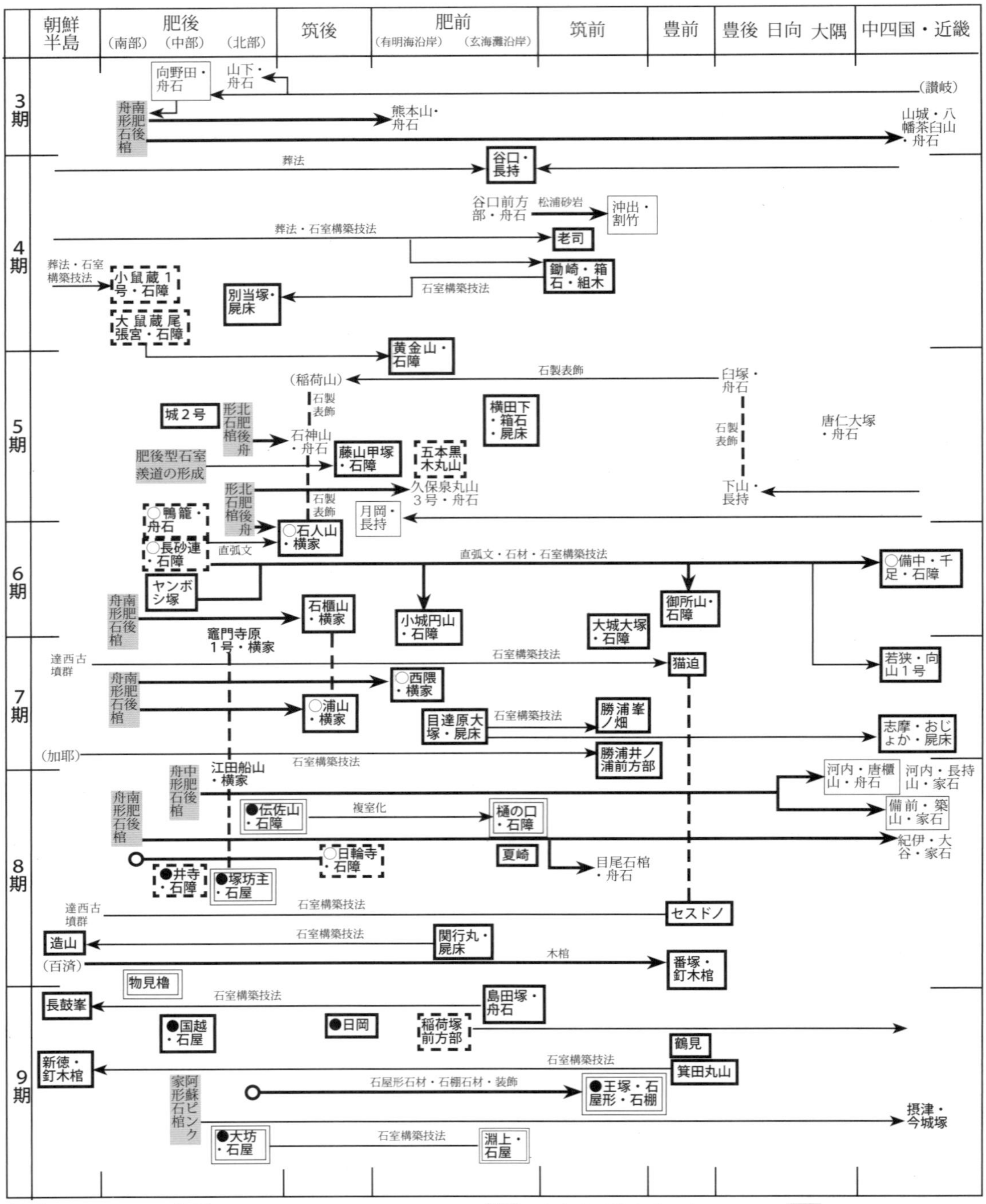

□；竪穴式石槨　■；玄室長方形横穴式石室　⬚；玄室方形横穴式石室　▣；複室横穴式石室

古墳名太字は横穴系埋葬施設、細字は竪穴系埋葬施設

○；線刻・浮彫装飾古墳　●；彩色装飾古墳　割竹；割竹形石棺　箱石；箱式石棺　組木；組合式木棺

舟石；舟形石棺　長持；長持形石棺　横家；横口式家形石棺　家石；家形石棺　石屋；石屋形

図２　九州における中期の古墳埋葬施設の編年と地域間関係（筆者作成）

のではないかと考えられる。

五～六期には肥前、筑後において藤山甲塚《ふじやまかぶとつか》古墳、五本黒木丸山《ごほんくろきまるやま》古墳、横田下《よこたしも》古墳など短い羨道の取り付く横穴式石室が成立する。これらは藤山甲塚古墳の石障、五本黒木丸山古墳における方形玄室プランに示されるように肥後地域との影響が想定され、この頃には肥後型石室における羨道の定型化も進んでいたと推測される。このような一群の石室は筑肥型として分類され、六期前後に備中千足古墳や、志摩おじょか古墳など、遠隔地に拡散したものと考えられている。[註14]また、阿蘇溶結凝灰岩製の石製表飾は豊後の臼塚《うすづか》古墳の石甲に起源があると考えられるが、有明海沿岸地域では五期に筑後南部の稲荷山所在古墳、石神山《せきじんさん(やま)》古墳に導入され、六期の石人山古墳へとつながる。横口式家形石棺も石人山古墳に始まっている。このような関係が、石人山古墳を中心とする六～七期の、一〇〇メートル超の大型前方後円墳の集中する有明海沿岸地域の大型古墳被葬者層の背後にあるネットワークと考えられる。一方で、そのような有明海沿岸の埋葬施設の地域間関係に対して、長持形石棺を採用した月岡古墳は異質な存在であるとも言える。

六～七期以降、横穴式石室は勝浦峯ノ畑古墳、御所山《ごしょやま》古墳、猫迫《ねこさこ》古墳など筑前東部の宗像地域、遠賀川流域、さらには豊前に拡散する。その際は、先の筑肥型などの西北九州の横穴式石室や加耶の竪穴系横口式石室が影響を与えたと考えられる。

八期の伝佐山《でんざやま》古墳は、複室構造の横穴式石室の祖形として想定されている事例である。前門にも仕切石を設け、六世紀に定型化する複室構造の横穴式石室の先駆的な形を示すとともに、石障系石室との連続性も見られ、肥後北部、菊池川流域で複室構造の横穴式石室が成立したものと考えられている。複室構造の横穴式石室は八期には唐津平野の樋《ひ》の口《くち》古墳など肥前地域に影響を与えた可能性が高い。さらに九期以降、九州北部の広域に拡散し、装飾古墳もこの形態を取るものが多い。また六～七期の肥後の舟形石棺製作地は、筑後南部に横口式家形石棺、舟形石棺を搬出していたと考えられるが、八期の前半には中肥後型舟形石棺が河内や備前に、南肥後型舟形石棺が紀伊に搬出されるなどのより広域的な石棺の移動が行なわれるようになる。これらの石棺の製作と搬出には、肥後北部の江田船山古墳など菊池川流域の首長層、あるいは肥後南部の氷川流域の首長層が深く関わったものと考えておきたい。

このように古墳時代中期の九州の埋葬施設には九州内外の地域間関係がうかがえ、中でも有明海沿岸地域の動向が際立つ。これは四期、六～七期の有明海沿岸地域の活発な大型古墳の築造、あるいは中期後半の甲冑などの副葬品の集中とも合致している。古墳時代中期の有明海沿岸地域の首長層の国内はもとより、朝鮮半島にまで広がる交流関係、活動範囲を物語るものと考えられる。畿内を中心とした政治的関係だけではなく、九州地域の首長層の独自的な動きを考慮する必要があろう。

五　おわりに

大型古墳の築造は、ヤマト政権と地方との関係の基礎にある画一性と階層性を表示するものとして理解されるが、[註15]九州ではこれに加えて、玄界灘沿岸地域や有明海沿岸地域の動向のように朝鮮半島との対外交渉、九州島内外の首長間関係の形成も大型古墳築造の背景になった可能性が指摘できる。このような点が、九州の古墳時代中期の大きな特質と考えられる。

ただし、地域間関係は有明海沿岸地域がとくに活発ではあるが、肥前、筑後、肥後のいずれかの地域に核があるのではない。石人山古墳を中心とした六～七期の動きも、八期になると肥後北部に取って代わられるかのようである。また、玄界灘沿岸地域や九州東部の大型古墳の築造の動向も、同様に地域内でのネットワークの不安定性や、核の不在を物語ると解釈できる。このような点から、有明海沿岸地域の首長層のネットワークも中心をもつようなものではなく、その時点、時点での地域内、さらには列島内外の動静に左右される不安定なものであったと考えておきたい。

本稿では一部の副葬品、埋葬施設を取り上げたが、さらに各種の副葬品や埋葬施設の様相から、その背後にある首長の動向や人間関係を具体的に解明し、列島の古墳時代史に位置づけていくことが、九州の古墳時代中期の研究の今後の課題となるだろう。

（註1）宇野愼敏「古墳時代における畿内と九州―四・五世紀の有力首長にみる変革とその背景―」『財団法人由良大和古代文化研究協会研究紀要』一六、二〇一一、一・六七頁、蔵冨士寛・橋本達也「九州」広瀬和雄・和田晴吾編『講座日本の考古学』七、青木書店、二〇一一、一〇三・一四六頁、下原幸裕「北部九州」土生田純之・亀田修一編『古墳時代研究の現状と課題』上、同成社、二〇一二、一七・三六頁、重藤輝行「地域の展開　北部九州」一瀬和夫・福永伸哉・北條芳隆編『古墳時代の考古学』二、同成社、二〇一二、一一八・一二八頁　ほか

（註2）前掲註1蔵冨士・橋本二〇一二、一三一頁

（註3）森貞次郎「装飾古墳の発生まで」鏡山　猛・田村圓澄編『古代の日本』三、角川書店、一九七〇、一一二・一二五頁、柳沢一男「石製表飾考」『岡崎敬先生退官記念論集　東アジアの考古と歴史』下巻、同朋舎、一九八七、一六九・二二二頁

（註4）清水宗昭「古墳時代九州の超広域盟主墳について」『別府大学文化財学論集』Ⅰ、二〇一一、五三・七二頁の三四頁、橋本達也「九州南部と古墳文化」一瀬和夫・福永伸哉・北條芳隆編『古墳時代の考古学』七、二〇一二、一三三・一四五頁の一四三・一四四頁

（註5）宇野愼敏「北部九州における古墳時代中期の甲冑出土古墳にみる四つの画期とその背景」『関西大学考古学研究室開設五拾周年記念考古学論叢』関西大学考古学研究室開設五拾周年記念考古学論叢刊行会、二〇〇三、三三五・三五一頁

（註6）橋本達也・鈴木一有『古墳時代甲冑集成』大阪大学大学院文学研究科考古学研究室、二〇一四

（註7）藤田和尊「古墳時代における武器・武具保有形態の変遷」『橿原考古学研究所論集』八、吉川弘文館、一九八九、四二五・五二七頁の四八一頁

（註8）杉井　健「朝鮮半島系渡米文化の動向と古墳の比較研究試論―九州本島北部地域を題材として―」『考古学研究』四七―四、二〇〇一、九〇・一〇四頁の九八頁

（註9）高田貫太「五、六世紀の日朝交渉と地域社会」『考古学研究』五三―二、二〇〇六、二四・三九頁の三三頁など

（註10）宇野愼敏「日本出土冠帽とその背景」『乙益重隆先生古稀記念論文集　九州上代文化論集』一九九〇、二七一・二九六頁

（註11）柳沢一男「竪穴系横口式石室再考―初期横穴式石室の系譜―」『森貞次郎博士古稀記念古文化論集』下巻、一九八二、一〇五一・一一〇九頁、土生田純之「九州の初期横穴式石室」『古文化談叢』一二、一九八三、二五三・二九二頁、森下浩行「九州型横穴式石

室考―畿内型出現前・横穴式石室の様相―」『古代学研究』一一五、一九八七、一四・三六頁、杉井　健編『九州系横穴式石室の伝播と拡散』中国書店、二〇〇九など

（註12）高木恭二「横穴式石室の地域性―九州地方―」『季刊考古学』四五、一九九三、五一・五四頁、柳沢一男「横穴式石室の導入と系譜」『季刊考古学』四五、一九九三、二八・三二頁、古城史雄「肥後における初期横穴式石室出現の背景」『先史学・考古学論究』Ⅴ、龍田考古会、二〇一〇、五七九　五九六頁

（註13）高木恭二・渡辺一徳「二上山ピンク石製石棺への疑問―九州系舟形石棺から畿内系家形石棺への推移―」『乙益重隆先生古稀記念論文集　九州上代文化論集』一九九〇、二三九・二七〇頁、林田和人「東九州の舟形石棺」『宮崎考古』一四、一九九五、三三・五二頁、若杉竜太「九州石棺考」『先史学・考古学論究』Ⅱ、一九九七、七一・一三二頁、石橋　宏『古墳時代石棺秩序の復元』六一書房、二〇一三

（註14）前掲註12柳沢一九九三に同じ

（註15）広瀬和雄・岸本道昭・宇垣匡雅・大久保徹也・中井正幸・藤沢敦『古墳時代の政治構造　前方後円墳からのアプローチ』青木書店、二〇〇四、二七〇頁

四国・山陰・山陽
—大形前方後円墳の築造動向から—

大久保徹也

一　はじめに

筆者は、なによりも各地の築造動向を貫くような広域的連鎖の傾向が、前後の時期に比べ格段に強まる点こそが古墳時代中期を特徴づけると考えている。このことは大形古墳の様態についてもあてはまる。本稿では、大形前方後円墳の築造動向から前後とは異なる古墳時代中期の特色を浮彫にしてみたいと思う。ここでは、中期前葉～後葉（集成五～七期）の概ね八〇メートル級以上大形前方後円墳の消長に注目する。つまり瀬戸内海最奥部に営まれた二つの古墳群（古市古墳群・百舌鳥古墳群）で、交互的に列島最大規模の巨大古墳を築造した期間—仲津山古墳から土師ニサンザイ古墳の間—を取り上げることとする。[註1]なお、必要に応じて少し遡って前期の大形墳築造動向にも論及するつもりだ。

また中国・四国地域の動向を取り上げるわけだが、山陰地域の動向は少なくとも東方の丹後・丹波・但馬地域のそれと時期によっては不可分な関係にある。西部瀬戸内沿岸や四国東岸地域では、対岸地域と共に一体的に捉えなければ消長の特質を見失ってしまうこととなろう。したがって現在的な地域区分—中国・四国—に隣接地域を含み込み検討することとしたい。その上で全体を四つに大別し、必要に応じてこれを区分する。以下では丹後～石見の日本海沿岸とその後背地帯を第一地帯、瀬戸内海東部、つまり播磨灘～備讃瀬戸海域両岸地帯とその後背地域を第二地帯、紀伊水道の東西両岸を第三地帯、そして燧灘～周防灘・別府湾沿岸を第四地帯と称しておく[註2]（図1）。

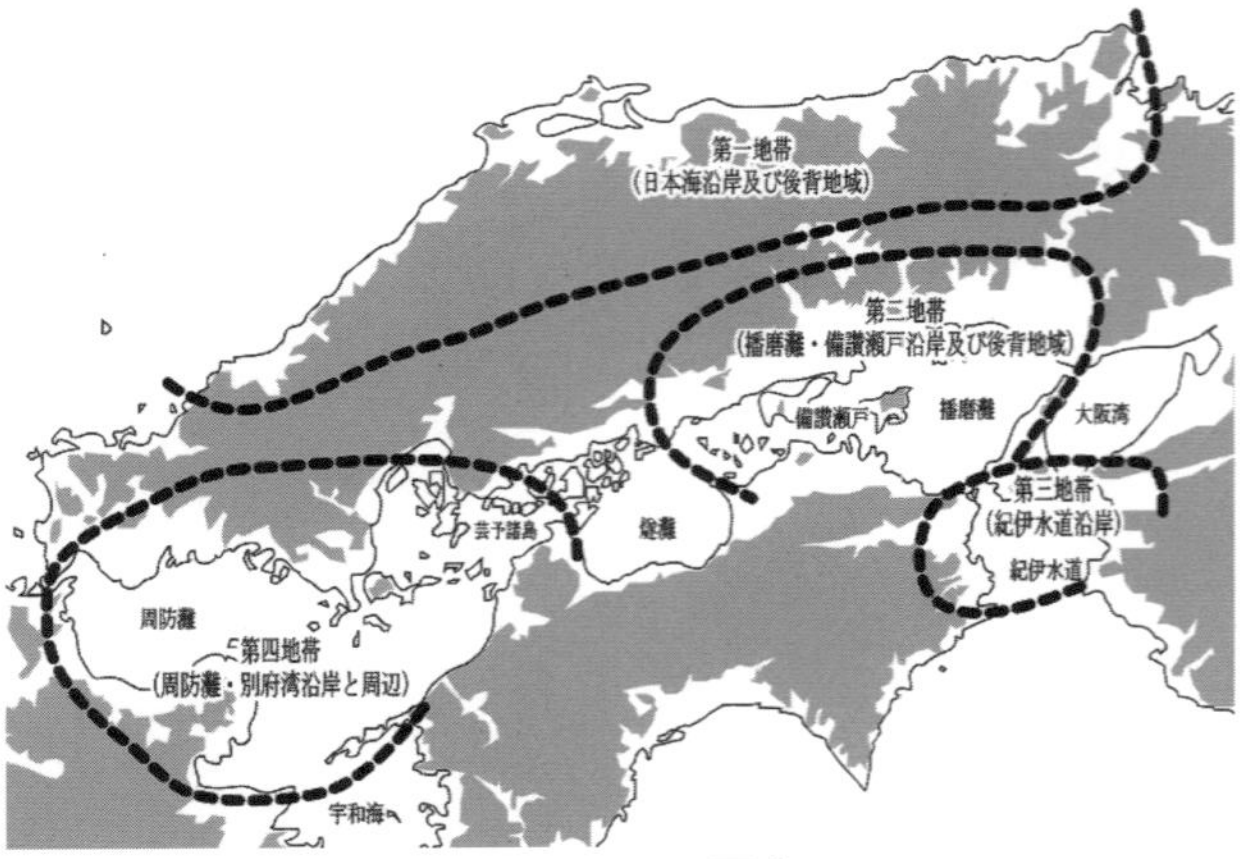

図１　エリア区分

二　第一地帯（日本海沿岸地帯）

大形前方後円墳の築造は丹後半島に始まる。前期半ばの白米山《しらげやま》古墳（九二メートル〈以下数値のみ示す〉、二～三期）↓蛭子山《えびすやま》古墳（一四五、三期）↓網野銚子山古墳（一九八、四期古）↓神明山《しんめいやま》古墳（二〇〇、四期新）の四基が重要だ。一段階先行して、楕円形ないしは不整円形基調の温江丸山《あつえまるやま》古墳（楕円長径六五、二～三期）など有力古墳は存在するが、墳丘形態などの様式整備の点で上記諸墳の画期性は高い。前期後葉～末に半島西岸の潟湖岸に築かれた、網野銚子山古墳と神明山古墳はさらに巨大化を遂げ、明石海峡部の五《ご》色塚《しきづか》古墳と同様に該期の列島最大規模墳に匹敵ないし準じた規模に達する。

この時期に山陰東部でも連鎖するように、大形前方後円墳の出現をみる。湖山池、東郷池、二つの潟湖周辺に営まれた九〇～一〇〇メートル級前方後円墳だ。造営地点も丹後半島と共通し彼我の一体的関係を示唆させる。前者、湖山池周辺では古郡家《ここおげ》一号墳（九〇、四期）、里仁《さとに》二九号墳（八一、四～五期）、桷間《かくま》一号墳（九二、五期）を、後者、東郷池周辺では馬ノ山四号墳（一〇〇、四期）、宮内狐塚古墳（九五、四～五期）、北山古墳（一一〇、五期）というように大形前方後円墳を各々三基、継起的に築く。また中海・宍道湖沿岸を越えて、さらに西方の石見西部でも同様の展開がみられる。造墓地点は隔たるが、大元《おおもと》古墳（八八、四期新）と周布《すふ》古墳（七四、四期新～五期）の二基が相次いで築かれる。とくに後者は、丹後・山陰東部地域と同じように潟湖に面した丘陵に位置する。

丹後半島では、内陸部に後退して規模を半減させた黒部銚子山古墳（一〇五、五期）を以て、大形前方後円墳の築造を終える。この動きと同調するように、山陰沿岸部の大形前方後円墳も五期のうちに姿を消す。

代わって、但馬の円山川中流域に池田古墳（一四一、五期）が登場する。墳丘規模の点では、前期末葉～中期初頭の網野銚子山古墳、神明山古墳の七割程度に過ぎないが、この段階の第一地帯最大の前方後円墳だ。墳丘上半は失われているが両側の造出しが確認され、盾形の周濠とその外縁に周堤がめぐる。それらの全長は少なくとも一七〇メートルを越えそうだ。続く中期中葉（集成六期）には、大形前方後円墳の築造が一旦中断する。この時期を中心に丹波北部の私市円山《きさいちまるやま》古墳（円、七一、六期）、聖塚《ひじりづか》古墳（方、五四、五～六期）、但馬の茶すり山古墳（円、墳長径九一、五～六期）などの大形円（方）墳が展開する。そして七期には、周濠・周堤を完備した雲部車塚《くもべくるまづか》古墳（一五八）、船宮《ふなのみや》古墳（九一）が再登場する。前者の周堤外縁には小形墳が配される。

五期に大形前方後円墳の築造を終えた石見西部では、六期に大形の造出し付円墳、スクモ塚古墳（五五、六期）を築いた後、後期前葉までほぼ空白となる。

これらに対して、中海・宍道湖沿岸（出雲地域）は著しく様相を異にしている。前方後円（方）墳は二期に出現するものの、前・中期を通じてせいぜい墳長六〇メートル・円丘部径三〇メートル未満の中・小形墳で推移する。前期中葉～後半には中海南岸、荒島丘陵の二つの大形方墳、大成《おおなる》古墳（辺六〇、二～三期）、造山《つくりやま》一号墳（辺六〇、三～四期）が他を圧倒する。他の多くで前方後円墳の大形化が進む前期末～中期前葉には五〇メートル級大形円墳、次いで中葉か

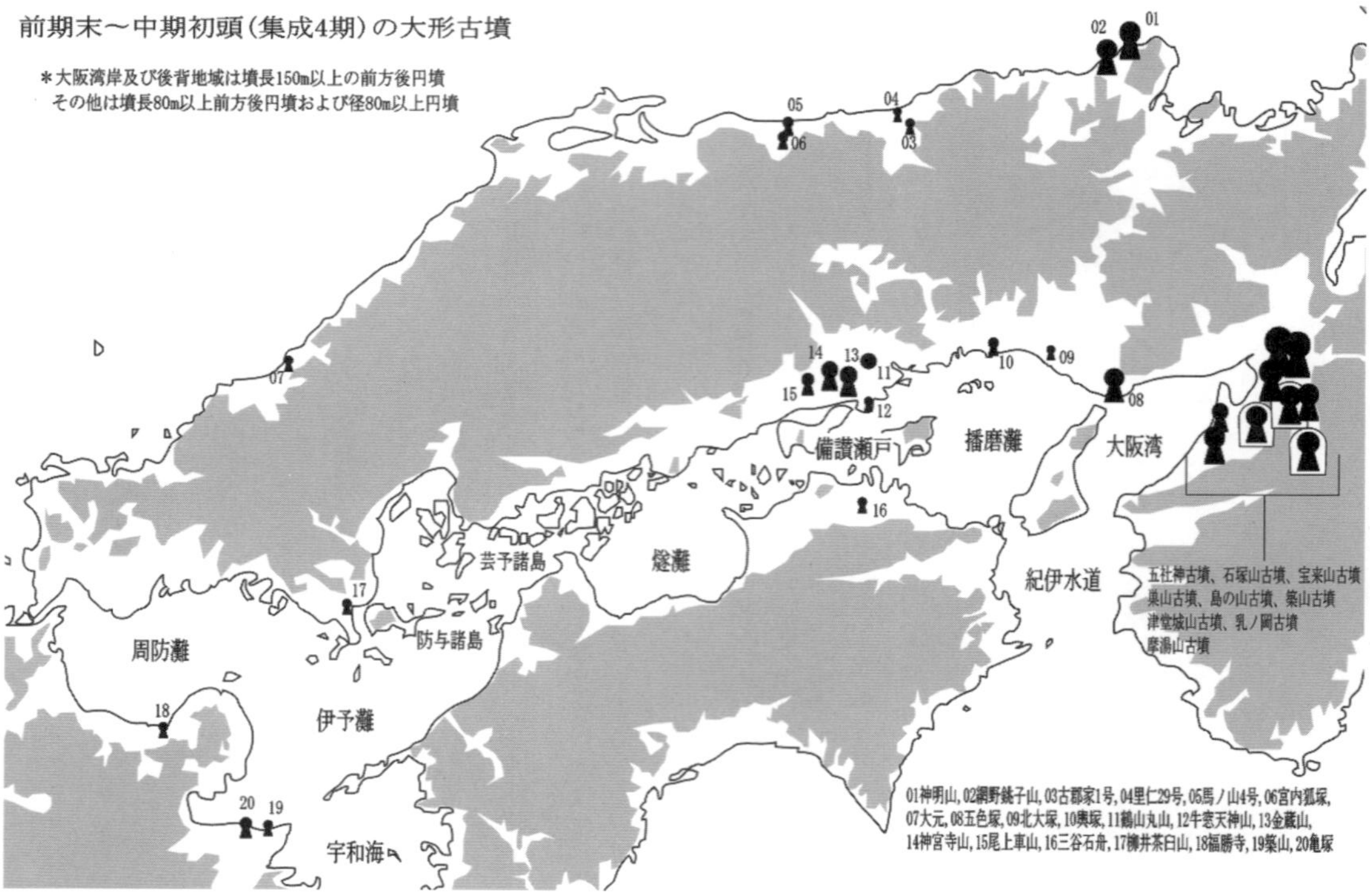

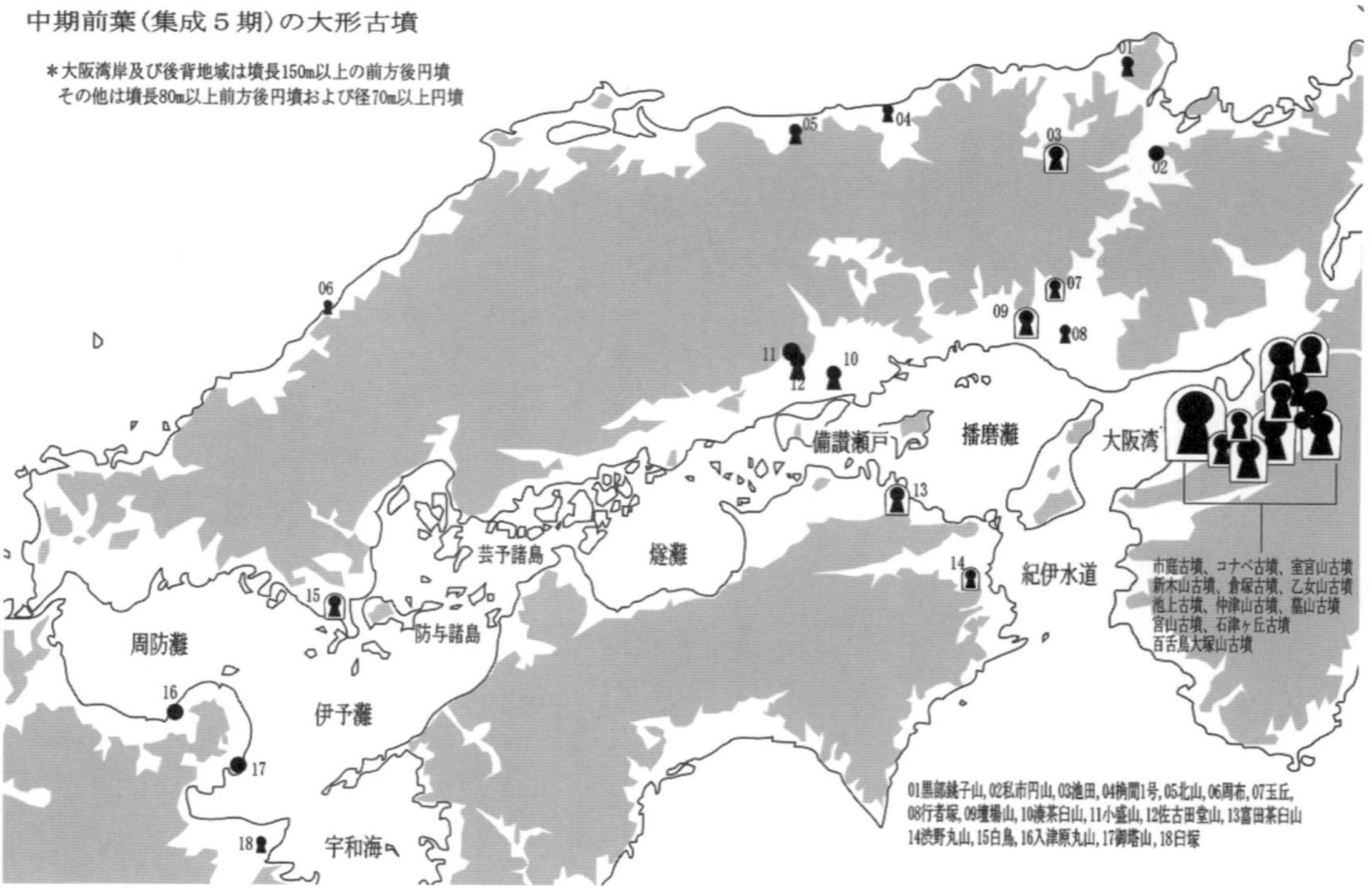

図２　前期末～中期初頭・中期前葉（集成４・５期）の大形古墳

ら後葉には同程度の大形方墳と変化し、また最大規模墳の造営地点も中海南岸→宍道湖北岸→中海・宍道湖境界部、と移動する。この間、大形墳の規模に目立った変化は見いだせず、また明確な断絶時期も読み取れない。一貫した円・方墳優位と連続性がこの地域の特性といえよう。なお出雲西部の斐伊川左岸では有力な円・方墳が分布せず、前期末～中期前葉の間に、中形前方後円墳、大寺《おおてら》一号墳（五二、四期）、北光寺《ほっこうじ》古墳（六四、五期）がある。山陰東部沿岸および石見地域と連動するものであるかもしれない。

三　第二地帯（播磨灘～備讃瀬戸両岸地帯）

北岸では前期前半段階から、一〇〇メートル級もしくはそれを越える大形前方後円墳が築かれる。浦間茶臼山古墳（一三八、一期）はこの時期、畿外諸地域で最大の規模を有する箸墓古墳の１／３サイズ相似形墳である。旭川河口部左岸、網浜茶臼山《あみのはまちゃうすやま》古墳（九二・一期）、足守川左岸の中山茶臼山古墳（一〇五、二期）、揖保川・市川間の丁瓢塚《よろひさごづか》古墳（一〇四、一～二期）、中国山地帯では吉井川水系の植月寺山古墳（九二、一期）、美和山一号墳（八〇、二期）というように各所で一〇〇メートル級前方後円（方）墳の築造をみる。このことも畿外諸地域では異例な現象といえる。ただしいずれも次期に同格墳が続かない。前期中葉（概ね集成二～三期）の一時期は、大形前方後円墳の空白期が設定できそうだ。大形前方後円墳の築造の再開は、ほぼ四期にずれ込むとみられる。以下、播磨灘北岸、播磨灘～備讃瀬戸南岸、備讃瀬戸北岸の順に動向を概観する。（註3）

四期には明石海峡を扼する位置に、大阪湾北岸（六甲山麓）の前期古墳諸系列を統合・総括するような巨大前方後円墳、五色塚古墳（一九四）と大形円墳の小壺古墳（円、六七）が登場する。丹後半島の巨大前方後円墳を想起させる存在だ。五色塚古墳の場合、網野銚子山古墳→神明山古墳のような後継する同格墳を見出せず継続性を欠くが、第一地帯で推測したのと同じように、このエリアにおける大形前方後円墳築造の再興、あるいは活性化の契機として作用した可能性を考慮したい。

加古川流域左岸では、これと相前後して日岡山丘陵で八〇～九〇メートル級前方後円墳が継起的に築かれる。日岡山古墳、南大塚古墳、北大塚古墳だ。では一時期遅れて左岸の行者塚《ぎょうじゃづか》古墳（九九、五期）と右岸の玉丘古墳（一〇九、五期）が相次いで築かれる。揖保川河口右岸に輿塚《こしづか》古墳（九九、四期）が、次期の玉丘古墳に直続する時期に市川右岸で壇場山《だんじょうさん》古墳（一四七、五期）が築かれる。五期の玉丘古墳、壇場山古墳は平坦地にあって造出しを備え三段築成。盾形の周濠・周堤を具えその外周に小形方墳が伴う。墳丘規模と共に先行する諸古墳とは一線を画する様相だ。

播磨灘～備讃瀬戸南岸（讃岐中・東部）では、前期前半段階（集成一～二期）に北岸地域ほどに目立つ大形古墳はない。高松茶臼山古墳（七五、二期）、猫塚古墳（双方中円、九八、二期）が最大規模墳といえるが、主丘部サイズは径三〇～四〇メートル級にとどまる。顕著な大形化は三期の快天山《かいてんやま》古墳（一〇〇）から始まる。四期新段階の三谷石舟《みたにいしふね》古墳（九〇）を経て、五期に墳長一四一メートルの富田茶臼山古墳に至る。快天山古墳、三谷石舟古墳の五〇～六〇メートル級の円丘と立体的に造形する前方部が続く墳丘形態は、先行諸墳から大きく隔たる。さらに富田茶臼山古墳は後円部径八八メートル・高さ一六メートル、前方部幅八〇メートル・高一三メートルの

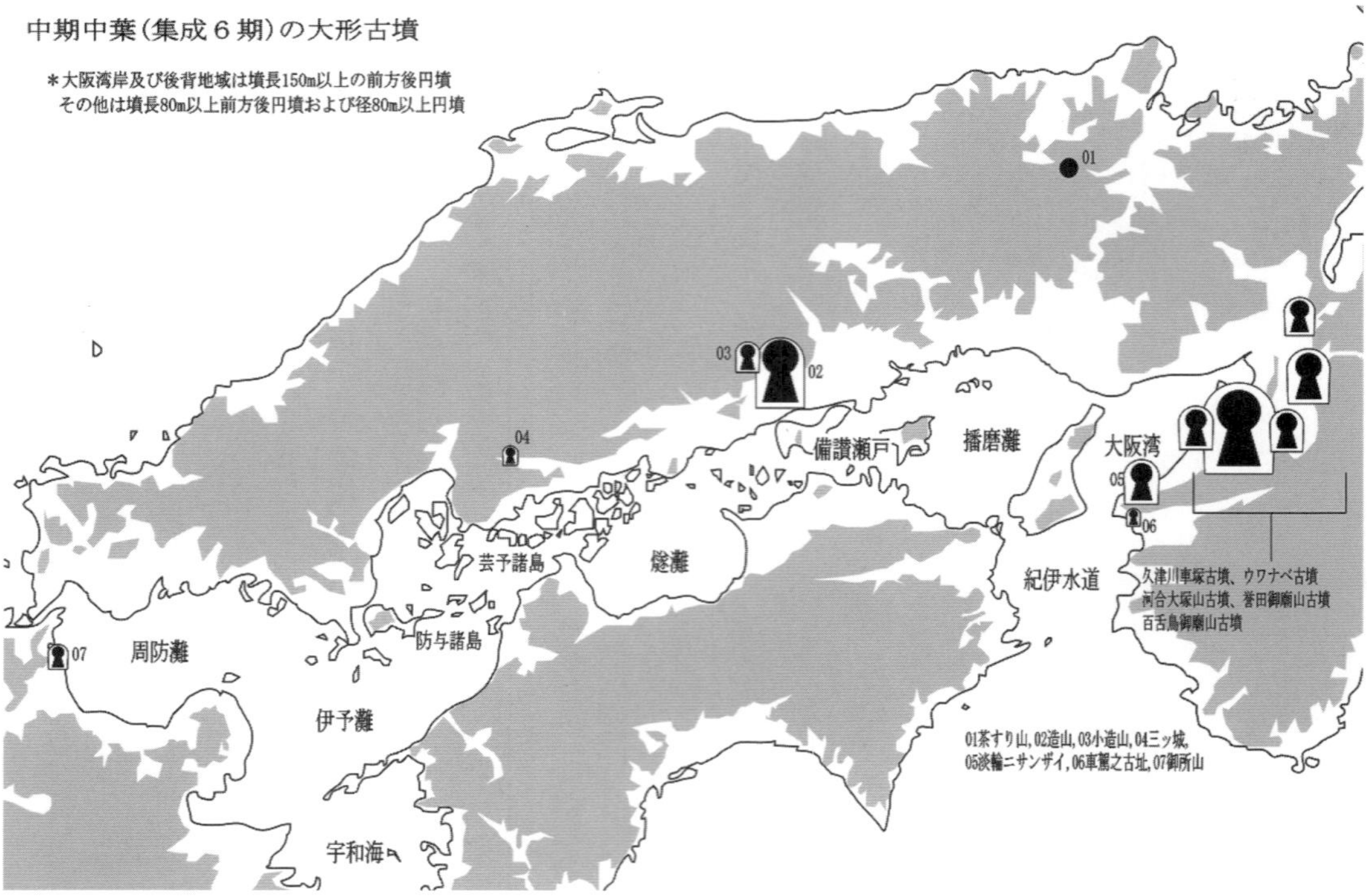

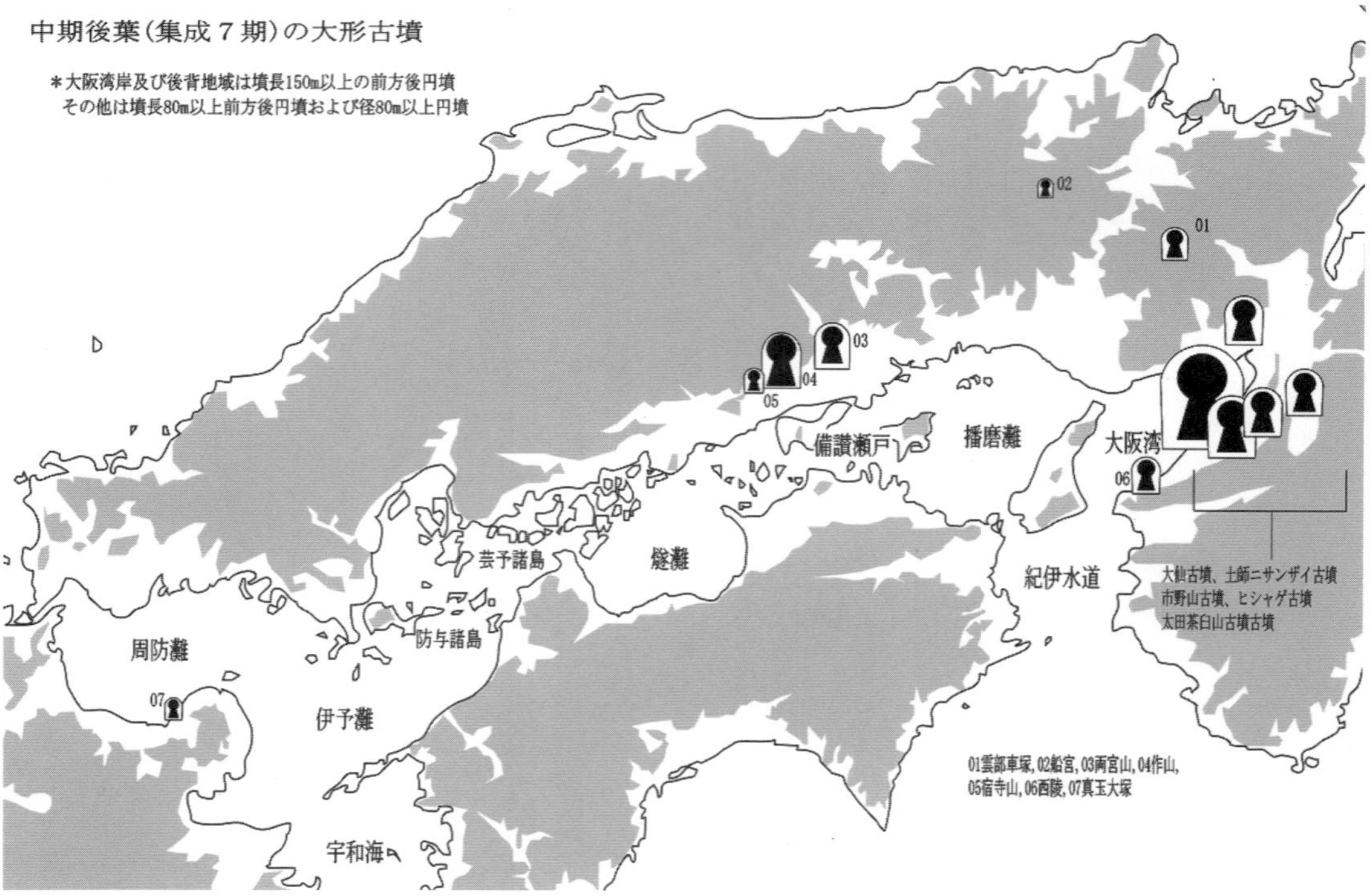

図３　中期中葉・後葉（集成６・７期）の大形古墳

三段築成の墳丘をもち、北側面に造出しを付した可能性がある。外縁に幅一六〜三〇メートルの周堤ないし整地帯がめぐる盾形周濠を備え、総長は二一五メートルに達する。また整地帯に接して、少なくとも二基の小形方墳を伴う。快天山古墳と三谷石舟古墳は刳抜式石棺（快天山古墳・三谷石舟古墳）、立体的に造形した前方部形状（快天山古墳・三谷石舟古墳）、円筒埴輪の採用と墳丘多重配列（快天山古墳）、埋葬施設の南北軸設定（快天山古墳一〜三号石棺、三谷石舟古墳は不明）といった革新的様相が観察される一方で、丘陵部で後円部側を平地に向ける形状と周濠などの墳丘外方整備を欠落させる先行時期の様相を保持している。その点で富田茶臼山古墳は、およそ一・五倍に達する墳丘規模の拡張にとどまらず外観整備の充実の点でも飛躍が大きい。

しかし以後、同格の大形前方後円墳に限らず前方後円墳そのものが姿を消す。後期中葉に一部で再度前方後円墳が登場するまでの間は、径三〇メートル級の中形円墳もしくは同程度の帆立貝型古墳の築造をみるだけだ。

備讃瀬戸北岸地域（備前・備中東部）では四期に旭川右岸平野部に神宮寺山古墳（一五八）が築かれた後、左岸で金蔵山古墳（一六五、四期新）、湊茶臼山古墳（一二八、五期）が続く。詳細な時期比定は今後の課題だが、備中東部地域でもほぼ同じ期間に、尾上《おのうえ》車山《くるまやま》古墳（一二二）→佐古田堂山《さこだどうやま》古墳（一四八）・小盛山古墳（造出し付円墳、一〇五）の継起的築造が想定できる。（註4）

四期段階の神宮寺山古墳、金蔵山古墳、尾上車山古墳は該期の播磨灘〜備讃瀬戸両岸地帯において一頭抜きん出た存在といえる。しかし、続く五期の播磨・壇場山古墳、讃岐・富田茶臼山古墳と並行する湊茶臼山古墳、佐古田堂山古墳はこれらと同格ないしは準じた規模にとどまる。また壇場山古墳や富田茶臼山古墳で注目した選地、そして周濠等外周整備の充実と比較すれば、宇垣匡雅が指摘するように前期的な様相、すなわち丘陵選地と外周整備の未発達をなお保持している。五期段階に備讃瀬戸北岸地域は一層巨大化を推し進め、外観を刷新した周辺地域の有力古墳に圧倒され、それらの中に埋没しているといわざるをえない。このことは次期の巨大前方後円墳、造山古墳を理解する上で重要な点だ。

造山古墳は墳長約三五〇メートル、後円部径二一〇メートル前後・高二九・四メートル、前方部幅二一五メートル・高二二・四メートルを測る。前方部両側に造出しを付し、近年の調査で以前から想定されていた周濠を伴う可能性が高まった。南から続く丘陵を大きく切断して墳丘を形づくる。開削部は最大幅推定五〇メートル・深さ七メートルに及ぶ大規模なものだ。前方部南西の推定周濠外縁に辺四〇メートルの方形墳を伴い、また南側丘陵部に、本墳の築造を契機に造営を始める六基の帆立貝形古墳（墳長五四〜七〇）ないし円墳（径三〇〜三五）が群集する。

墳丘形態の面で百舌鳥・石津ヶ丘古墳、古市・誉田御廟山古墳の類似が、（註5）所用埴輪の面では誉田御廟山古墳のそれとの関係が指摘さ（註6）れている。これらから五期末ないし六期、すなわち石津ヶ丘古墳より新しく誉田御廟山古墳に近接した築造時期が推測できる。したがって該期においては各地の有力古墳を大きく引き離し、列島最大規模墳に準じた位置にある。むろん第一地帯五期段階の大形前方後円墳の水準を大きく超える。また低地を挟んだ北方丘陵に位置する小造山古墳（一四六）は、近年の測量調査と採集資料の検討から造山古墳直近時期の築造が推測[註7]されている。周濠・周堤が整った大形前方後円墳だ。造山古墳とこれを契機に形成される周辺古墳群の重層的な構成は、古市古墳群、百舌鳥古墳群と同質的といってよい。

　七期には造山古墳の西方約三キロに作山古墳、そして東方に隔たった砂川流域に両宮山《りょうぐうざん》古墳の巨大前方後円墳二基が相前後して築かれる。作山古墳は墳長二八六メートル、後円部径一七四メートル・高二四メートル、前方部幅一七四メートル・高二三メートルで両側に造出しを備え、墳丘外周に概ね外形が盾形に近い平坦面が帯状にめぐるようだ。しかし、造山古墳のような随従古墳群は形成しない。両宮山古墳は墳長二〇六メートル、後円部径一一六メートル・高二四メートル、前方部幅一四五メートル・高二五メートル、左右に造出しを備える。総長二四八メートルに達する二重の盾形周濠をめぐらし、また少なくとも二基の帆立貝形古墳を外縁に配す。墳丘規模では劣るものの周濠等外周整備の点では造山古墳を含め、両宮山古墳が最も充実している。

　作山古墳では、規模の点で該期最大規模墳（大仙古墳、四八六）との懸隔は大きいが、やはりそれに準じた位置にある。両宮山古墳は、古市・市野山古墳（二三〇）、摂津・太田茶臼山古墳（二二六）、佐紀・ヒシャゲ古墳（二一九）に準じ、いわば巨大古墳の第二集団の一角を占める。

　すでに個別的に確認したとおり、五期に第一地帯の諸地域で並立的に登場する周濠等外周整備を充実させた一〇〇～一五〇メートル級大形前方後円墳は、いずれにおいても六期に同格の後継墳が築かれることがない。これは巨大前方後円墳・造山古墳の築造に起因すると考える。並行期の一〇〇メートル級前方後円墳は、造山古墳群の一翼を担う小造山古墳と、今少し西方に対象を広げても先行期からの継起的築造が看取しがたい安芸・西条盆地に築かれた三ッ城《みつじょう》古墳（九二）の二基しかない。たとえば富田茶臼山古墳の築造期に少なくとも讃岐東部の中小形前方後円墳が姿を消し、五色塚古墳では六甲山麓～明石海峡部で中形前方後円墳の築造を停止したことに通じる現象だ。また古市古墳群の成立期に河内南部で、百舌鳥古墳群の成立期に大阪湾南部で生じたことを想起しても良い。前方後円墳の著しい大形化つまり巨大前方後円墳の進出時の〝淘汰と集中〟現象が発生している。造山古墳に随従する古墳群のうちに、たとえば富田茶臼山古墳の後裔の姿を想起することもまったくの的外れでは無いだろう。

四　第三地帯（紀伊水道沿岸地帯）

　前期の紀伊水道沿岸の西岸地帯（四国島東部）では北方の播磨灘沿岸地帯と同じように中小形前方後円墳ないしは主丘規模がそのサイズに準じた円墳の築造が常態化している。もっとも大形化は進まず、四期新段階から五期初頭に鳴門海峡に接した大代古墳（前方後円、五四）、勝浦川河口部左岸のマンジョ塚二号墳（円、三五）が注目される。この間、水道東岸（紀ノ川下流域と南方沿岸地帯）では、前期末～中期前葉に至って墳長五〇メートル前後以下の小形前方後円墳が散見されるようになるが、西岸に比べてその展開は希薄と云わざるを得ない。

　五期には西岸、勝浦川左岸に渋野丸山《しぶのまるやま》古墳（一〇五）が築かれる。古墳時代全期間を通じて紀伊水道沿岸地帯の最大規模墳だ。今のところ随従小墳は確認できていないが隔絶性は高い。渋野丸山古墳築造段階には、西岸一帯で中小規模前方後円墳の築造は終熄する。なお渋野丸山古墳の場合も同格の後継墳を見いだせないが、このことは水道東岸およびその接続地域の築造動向に原因するとみている。

この後六期から七期に紀淡海峡北側に西陵《さいりょう》古墳、淡輪《たんのわ》ニサンザイ古墳、西小山古墳が連続的に築かれ、これと連動して水道西岸の紀ノ川河口右岸に車駕之古址《しゃかのこし》古墳（八六、六期）を中核とする木ノ本古墳群が形成される。造山古墳の築造時にみられたことと同型的な現象が、紀伊水道西岸地域でも観察できるわけだ。（註8）

五　第四地帯（周防灘・別府湾沿岸地帯）

高縄半島沿岸で、前期後半段階に限って一時的に中大形前方後円墳が築かれるものの、燧灘沿岸地域は前中期を通じて古墳築造そのものが低調といえる。これを越えて西方の周防灘～別府湾沿岸地帯では東部瀬戸内海には及ばないが、それなりに旺盛な築造動向が見いだせる。ただし主要古墳は、周防灘南西岸（九州沿岸）と同北岸（山陽西部）に分布し、東岸（四国沿岸）に及ばない。

周防灘南西岸では前期前半の石塚山古墳（一三〇、二期）の後、しばらく大形墳の築造が中断する。（註9）二期から中形前方後円墳を継起的に築造する南部の川部高森古墳群では、四期に福勝寺古墳で大形化するが墳長八〇メートル級にとどまる。五期には同じく南部に造出し付円墳ながら円丘部径七〇メートルに達し、幅広い周濠を伴う入《にゅう》津原《つばる》丸山《まるやま》古墳が築かれた後、六期には北部で御所山古墳（一一八）が築かれる。両側に造出しを設けて盾形の周濠・周堤をめぐらし、その総長は一四〇メートルを越える。また相前後して石並古墳（帆立貝形、六八）をみる。七期には再び南部に移って、真玉大塚《またまおおつか》古墳（一〇四）が築かれる。二重周濠を伴い、所用埴輪に淡輪型埴輪に通じる底部輪台技法が看取され、興味深い。

周防灘北岸の大形古墳築造は前期末～中期前葉の一時的に限られるが、東部の柳井半島で柳井茶臼山古墳（九〇、四期）、白鳥《しらとり》古墳（一二〇、五期）が続く。後者は盾形周濠をめぐらし小形方墳一基の随従が確認できる。

別府湾岸では、北岸に二期に石塚山古墳に準じた規模の小熊山古墳（一二〇）が築かれた後、やはり空白期間を経て、四期には南岸で築山古墳（九〇、四期）、亀塚古墳（一一三、四期新）が連続する。次いで、北岸に入津原丸山古墳と同等の御塔山古墳（造出し付円墳、八一、五期）が築かれる時期には、南方の臼杵湾側に臼塚古墳（八七、五期）の登場を見、別府湾周辺の大形古墳築造はこの段階で終熄する。

造墓地の変動はめまぐるしいが、四～七期に一〇〇メートル前後級かそれを上回る大形前方後円墳が連続的に築かれる。

規模と外観整備の点ではやはり五期白鳥古墳が画期となる。この時期、周防灘南西岸と別府湾岸では大形墳が円墳化する。東方で造山古墳が登場した六期にも、さすがにこのエリアまで〝淘汰と集中〟は徹底することなく御所山古墳が築かれるが、造山古墳あるいはそれと連鎖的に築造された三ッ城古墳が作用して、海域北岸から南西岸にこのエリアの大形古墳造営地が移動した可能性も考慮する必要はあるだろう。

六　古墳時代中期の大形前方後円墳、その歴史的意義

中期大形古墳築造動向の本質についてここで多少述べておきたい。第一地帯を除くエリアで、中期前葉（五期）に一斉に一〇〇～

一五〇メートル級の大形前方後円墳が登場する。一面では、前期後半に活性化する〃淘汰と集中〃＝地域秩序再編運動の到達点を示すものである。基本的に平坦地形を選び、三段築成で後円部とそれに匹敵もしくは凌駕する質感の前方部からなる墳丘を築き、側面に定型的な造出しを設ける。またその全体を盾形の周濠・周堤で囲繞し、さらに外縁に小形墳を配置する。父祖世代の墳墓に比べ、驚くほどに規格性が高いではないか。むろんこれは津堂城山古墳で生み出され、以後中期を通じた古市・百舌鳥古墳群などの巨大古墳の外観様式として定立したものに他ならない。〃淘汰と集中〃運動の勝者の多くがこの様式を導入することの意味は重大だ。

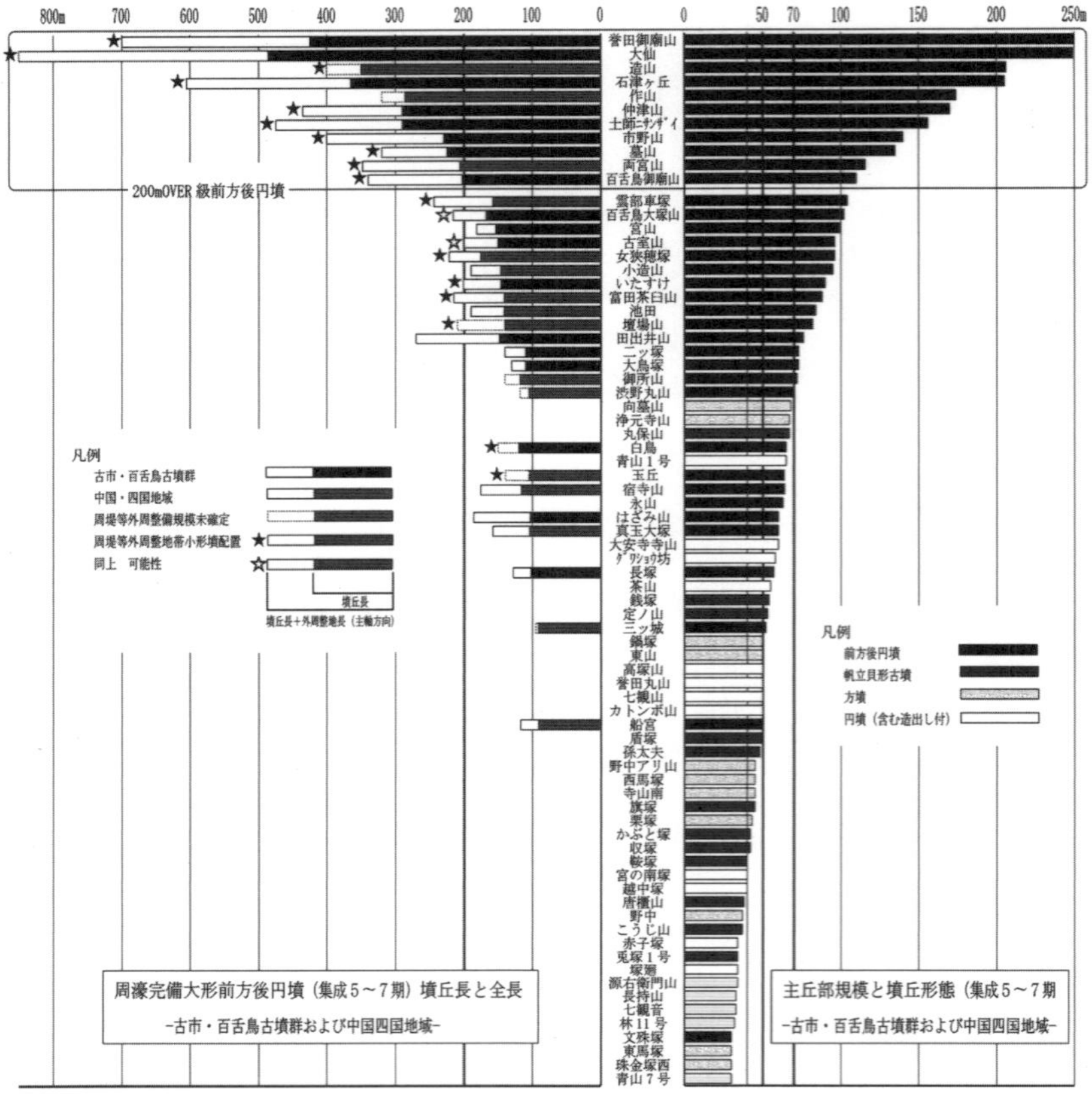

図４　墳丘形態・規模の序列的構成

古市・百舌鳥古墳群（五～七期）の最大の特質は、広瀬和雄が端的に「階層構成型」と表現したように[註10]、墳丘規模と墳丘形態が連動した墳墓外観様式の階層的構成が完備される点にある。図４に示したように主丘部サイズを基準にみると、前方後円形の墳丘は原則として径六〇メートル以上の規模を持つ墳墓が採用する。おおよそ墳長では九〇メートル以上となろうか。古市古墳群中の鉢塚古墳（墳長六〇、後円部径三八）や、百舌鳥古墳群中の文殊塚古墳（墳長五八、後円部径三〇）のようにこの水準を大きく下回る事例もないわけではない。もっとも後者は八期に下る岡ミサンザイ古墳に従属する後期の所産だ。後段で再び触れるが、後期にはこの基準は廃棄されるとみている。また後者は七期に比定されるが、百済川で古墳群本体から隔たてられた立地に留意しておきたい。前方部を矮小化もしくは省略させることで、あらためて定式化される帆立貝形、円形墳丘、もしくは方形墳丘の諸形態がある。中期のこれらは、意図的な格差表示のため前方後円墳から派生的に創出された形態といえる。おおよそ主丘部径（辺）六〇メートル級未満が基準となるようだ。百舌鳥古墳群の大安寺寺山古墳（円、六〇）などはこの基準を逸脱する事例だが、大仙古墳に従属するという特殊条件を考慮しておきたい。このほか、古市古墳群の浄元寺山古墳（方、六七）なども存在するが、全体としてはおおよそは先に述べた規模基準の設定を推測してよいだろう。帆立貝形、円形、方形の間では明確な序列的関係はないようだ。各形態とも、主丘部径（辺）五〇メートル以上クラスから一〇メートル級の較差を内包する。

前方後円墳相互の間にももちろん巨大な較差が組み込まれているわけだが、とりあえずは墳長二〇〇メートル前後級以上と、一〇〇メートル前後～一五〇メートル前後級に大別できる。前者は古市古墳群、百舌鳥古墳群など最有力古墳群で各期の最大規模墳に相当するものだ。以上をまとめると、序列的関係の全体として三階梯がその基本構成ということになる。

今簡単に見たような、いわば身分表象（王権内部で保持する序列化された職権・職掌の範域、質的体系に基づく）としての外観様式の序列的構成の確立を踏まえれば、ここで見てきた五期に始まる大形前方後円墳の規格的外観の採用は「古市・百舌鳥」的な序列的構成に準拠し、それが表象する秩序への帰属を表明することに他ならない。つまり五期大形前方後円墳＝〝淘汰と集中〟運動を経た地域秩序の勝者たちは、超二〇〇メートル級巨大前方後円墳に次ぐ第二クラス前方後円墳相当の格式を付与され、またその評価に同意したことになる。さらに必ずしも貫徹には至らないが、下位諸古墳の墳形変化＝円・方墳化、または換言すれば八〇メートル未満級前方後円墳の広範な廃絶現象傾向もまた準拠の姿勢を示し、各々の地域的秩序が総体として「古市・百舌鳥」的な秩序への編入を物語るであろう。

次期、超二〇〇メートル級の巨大前方後円墳＝序列筆頭クラスの造山古墳は、当該エリアにおいてさらに高次の〝淘汰と集中〟が推進された証左と言えよう。

七　まとめにかえて―倭王権の中期的構成に関する展望―

中期大形古墳の築造動向、言い換えれば古市・百舌鳥古墳群的な大形前方後円墳の波及は、前期における前方後円墳の広域波及と意味するところは大きく異なる。前期のそれは前方後円墳様式の成立を前提に、その構成要素を諸地域が選択的に採用し、以て墳丘墓様式の刷新または創出をはかるものであった。それゆえ、創出された墳墓形態は多様であり得たし、墳丘形態が表象する「格」もまた一律的ではなかった。つまり前方後円墳の波及なる現象は、墳墓の規模と外観という手法を以て秩序を表現する、政治的技法の共有を意味し、そこに現出したものは結局のところあくまで地域的な秩序の確立とそれらの並立であったと理解している。

中期における大形前方後円墳の波及は秩序表現の古市・百舌鳥古墳群様式の受容、すなわちそれまでの地域的秩序をそこに同調させ、全体的秩序への参入を意味する。

古市・百舌鳥古墳群の三層構成から王権の基本構成を推測した。仮にその各々を、執政とパートナー、幹部的属僚、属僚と位置づけてみることもあながち不当ではあるまい。そうすると古市・百舌鳥古墳群第二クラス相当の五期大形前方後円墳の広汎な成立に幹部的属僚クラスの分置を、また佐紀古墳群や馬見古墳群に対する評価とまったく同等に六～七期の造山古墳、作山古墳、両宮山古墳そしてさらには南九州の女狭穂塚古墳に執政パートナーの姿を見出すことは可能だ。この点で古市古墳群、百舌鳥古墳群、佐紀古墳群などのいわゆる畿内有力古墳群の並立状況から共同統治を想定する広瀬和雄の提唱[註11]は重要だ。また、そうであるからこそそれら古墳群の階層的構成から王権構造を読み取るのであれば、当然こうした理解に行き着かなければならないであろう。[註12]「畿内」という特殊エリア―国家機構幹部の再生産を担う特別な行政区域―の設定は、王権のあくまで一つの様式が要請したものにすぎない。それ自体一個の歴史的産物であることにあらためて留意するならば、王権構成メンバーの集住を前提としない、むしろメンバー分置域の拡大が王権の伸張を直接的に表現するような、律令国制とは異質な王権の構造を、古墳時代中期の大形前方後円墳のありようから積極的に読み取りたいと思う。造山古墳や壇場山古墳、作山古墳や富田茶臼山古墳は一面では〝淘汰と集中〟を体現し、そのことが同時に王権に対する帰依／参入を意味してしまう点にこの時代の特質が表現されている。

以上の観点から筆者は、都出比呂志が提唱した前方後円墳体制論[註13]を古墳時代中期に限定して適用すべきだと考える。[註14]かつて列島に倭人種族三十余国と種々の術数を駆使して諸国に号令せんとする果敢な筆頭王の姿を見出した外部の観察者の目に、今や単一の政体・倭国とそこに君臨する属僚を従えた倭国王の姿が映る。端的に表現すれば前期から中期への移行、そして中期大形前方後円墳の時代とはそういうものであった、と考える。

列島の広汎な諸地域を管下に収容することを志向し、その手段として今述べた王権構成の空間的拡大―すなわち構成メンバーを各地から募る、あるいは各地に布置する―を図る姿勢は、他方、王権の多頭化を促しかねず、政治的結合体分解の危機をも孕むものであった。さらに展望を重ねるならば、古墳時代後期から飛鳥に続く長く複雑な政治過程は中期的王権の針路（多頭化）がもたらした混乱の収拾とその克服に費やされた期間であったといえよう。[註15]百舌鳥古墳群などの廃絶は中期的秩序からの訣別を宣言するものであり、その時期から観察される中期的標準から逸脱した中小形前方後円墳の再生と局所的簇生はその現われであろう。[註16]

ともあれ、本稿で取り上げたエリアはかかる中期的特質を読み取りうる一つのそして良好なケースである。

（註1）今のところ古墳時代中期の範囲について、必ずしも統一的な見解が形成されていないように思う。本稿では、大形前方後円墳の築造動向に留意して対象範囲を定めた。細分時期の表記は前方後円墳集成編年（広瀬和雄「前方後円墳の畿内編年」『前方後円墳集成　中国・四国編』一九九一ほか）に拠ることとする。なお、集成八期については古市古墳群でなお巨大古墳の造営が続くが、このクラスが複数の古墳群で並立的に築かれることはもはやない。よって集成七期までを対象としておく。

（註2）本稿に直接関わらないが、四国島内陸部（吉野川上流域（阿波西部など）から南岸（広義の土佐湾一帯）では、前期から引き続く古墳築造とは疎遠なエリアが広がっている。

（註3）もっとも四期末ないし五期までに、三基の九〇メートル級前方後円墳（日岡山一号墳（八五）→南大塚古墳（九〇）→北大塚古墳（九〇））を継起的に築く加古川左岸、日岡古墳群の始点は一段階遡るかもしれない。ただしこれを補強する具体的材料は乏しい。

（註4）佐古田堂山の時期比定は難しい。決定的な判断材料ではないが丘陵立地と埴輪の欠落、後世の改変を考慮してもやはり中期中葉

に比定するには躊躇する低平な前方部形態から五期に位置づけた。五色塚古墳・小壺古墳の関係を念頭におけば、小盛山古墳との並行も無理な想定ではないだろう。

（註5）澤田秀実「墳丘形態からみた造山古墳の編年的位置づけ」『岡山市造山古墳測量調査概報』岡山大学大学院社会文化科学研究科、二〇〇八

（註6）野崎貴博「埴輪製作技法の伝播とその背景」『考古学研究』四六―一、考古学研究会、一九九九

（註7）澤田秀実編『小造山古墳・小丸古墳測量調査報告書』くらしき作陽大学、二〇一四

（註8）大久保徹也「紀伊水道をめぐる古墳と古墳群」『海の古墳Ⅲ発表資料集』海の古墳Ⅲ研究集会実行委員会、二〇一三

（註9）また前期中葉～後半の大形古墳空白期には、東方の燧灘沿岸西部で唯一の大形前方後円墳である相ノ谷一号墳（八〇、三期）が築かれる。これを重視すれば空白期間は少し短縮されることとなる。

（註10）広瀬和雄「大王墓の系譜とその特質（上）（下）」『考古学研究』三四―三・四、考古学研究会、一九八七・一九八八

（註11）広瀬和雄『前方後円墳国家』角川書店、二〇〇三

（註12）むろんここでは被葬者の出自論に短絡させる意図はない。ただし今の議論に限れば、被葬者の出自、あくまで血縁次元におけるそれの詮索にさして本質的な意味は無いように思う。地域的秩序を総括し、同時に王権すなわち全体的秩序の一翼を担うという両義性を具えることは、「政治的な出自」の観点からは在地／外来の両面を兼ねることを意味するからだ。

（註13）都出比呂志「日本古代の国家形成論序説―前方後円墳体制の提唱―」『日本史研究』三四三、一九九一

（註14）都出が提示した概念図の〝複雑さ〟は、中期的序列体系とは異質な前期の状況を重ね合わせたことに原因すると思う。巨大な墳丘墓を秩序表現の手段とする発想そのものは弥生時代に誕生するものであるが、形態と規模の二項を組み合わせた一元的な秩序体系を構築しその波及に成功したのは古墳時代中期と見る。いわば「海賊盤」前方後円墳の並立的発生を許容した段階＝前期と、それらの駆逐に向かった中期、そしてかかる秩序表現様式が形骸化する後期とは区別したほうが良いと思う。

（註15）本稿の課題からは完全に逸脱するが、なぜ王権の多頭的構成が、分解＝複数国家の並立という可能性の実現に至らなかったのかは、あらためて解明すべき重要な課題だと考える。情報の流通―これは多分に人材の往来という形をとるだろう―およびその成果＝物的資源の流通様態、すなわち該期列島社会の交通関係そのものに分解を阻止した条件を探る方向からあらためて追究してみたいと思う。

（註16）墳丘形態の多様性の急速な喪失、端的には準前方後円墳というべき帆立貝形古墳の衰退、顕著な葺石・埴輪・周濠などの外観装飾の省略傾向も同根の現象であろう。

※このほか本稿執筆の全体にわたって吉備地域の大形古墳理解に関する西川宏、春成秀爾、葛原克人、宇垣匡雅の各氏による重厚で、総合的な以下の論考に多くを学んだ。特記しておきたい。

西川　宏「吉備政権の性格」『日本考古学の諸問題』考古学研究会、一九六四

春成秀爾「造山・作山古墳とその周辺」『岡山の歴史と文化』福武書店、一九八三

葛原克人「巨墳の造営」『岡山県史　原始古代』岡山県史編纂委員会、一九九一

宇垣匡雅「吉備の中期古墳の動態」『考古学研究』三九―三、考古学研究会、一九九二

宇垣匡雅『日本の遺跡一四　両宮山古墳』同成社、二〇〇六

畿内とその周辺地域

細川修平

畿内とその周辺地域の中期古墳は、佐紀古墳群、馬見古墳群、古市古墳群、百舌鳥古墳群のいわゆる四大古墳群の動向、あるいは、これらと匹敵する大型古墳の動向に注目が集まりがちである。言うまでもなく、四大古墳群は倭国の最高支配共同体の墓域であり、これらを分析することで、当時の倭国の政治機構、すなわちヤマト政権の構造に迫り得ることは言うまでもない。しかし、ここでは若干視点を変えて、水系群と言う作業仮説的地域を設定することで、近畿地方の中期古墳の特質を探ってみたい。

さて、近畿地方に存在する水系を中期古墳との関係から整理すれば、大きく三つの水系群に分類することができる。一つは前方後円墳の成立地である大和盆地と瀬戸内東部（大阪湾）を結ぶ水系群である。大和川水系が該当するが、大きな分水嶺を超えることなく大和盆地と大阪湾を結ぶ淀川と紀ノ川の中下流域も含み得る。第二の水系群は瀬戸内東部と日本海を結ぶルートを形成する。日本海と太平洋地域を分ける最も低い分水嶺で結ばれる加古川・由良川水系を中心に円山川・市川水系などが該当する。さらに、淀川水系の上流部である大堰川水系も由良川・加古川水系へ通じるルートである。第三の水系群は瀬戸内東部と東海・北陸を結ぶルートとなるもので、淀川上流域としての琵琶湖地域が該当する。ここは大和盆地を介在することなく、瀬戸内東部と東海・北陸地域を結ぶことを可能にするが、大和盆地から琵琶湖地域へも、淀川ルートのほかに、伊賀を通り大きな分水嶺を越えることなく通じることが可能である。

以下、三つの水系群における中期古墳の様相を概観する。

一　大和盆地と瀬戸内東部を結ぶ水系群

大和川水系には四大古墳群が形成される。ここでは、二〇〇メートルを超える巨大前方後円墳を頂点とする大型・中型・小型の前方後円墳や方墳、円墳、帆立貝形古墳など、複数系列による造墓が見られ、それらは単独的に存在する場合や大型古墳に付随する場合、あるいは陪墳として存在する場合など、複雑に組織化された階層構造を形成する。また、埴輪、葺石、段築、外堤、周濠などの外見とともに、竜山石製長持形石棺を頂点に戴く埋葬施設の共通性や、アリ山古墳や西墓山古墳など、莫大な数量の鉄器、言い換えれば権力材や生産材の集中も共通する。すなわち、四大古墳群は、強大な権力の存在と莫大な財の蓄積を、階層的に組織化された支配共同体として可視化し、それが五世紀を通じて再生産されることを特徴とする。[註1]そして、この四つの古墳群は必要な空間を求めて占地している側面も否定できないが、大和川水系の要所に計画的に配置されたと考えられ、それぞれが異なる意味を表現しつつ、古市古墳群と百舌鳥古墳群を交互に頂点とする体制で結びつき、強大な支配共同体であるヤマト政権を形成した。

こうした特徴を持つ中期古墳群は、淀川中下流域にも存在する。久津川古墳群と三島古墳群である。久津川古墳群では、四期における梅ノ子塚古墳（八六メートル〈以下数値のみ示す〉）の築造段階から複数系列による造墓を開始し、六期には久津川車塚古墳（一八三）が、二重周濠を備えて築造される。陪墳の梶塚古墳（方、五〇）のほか、近接地の丸塚古墳（帆立貝、一〇四）など、階層的造墓活動を見せる。また、七期の芭蕉塚古墳（一一四）は規模を縮小するが、青塚古墳（方、三五以上）の存在など造墓の基本構造は変化しない。さらに、車塚古墳周辺の埴輪棺や、室木遺跡で開始される滑石製玉作りなど、古墳群形成に伴い技術者層の編入など、集団関係の再編成が進められた。

三島古墳群では、中期初頭頃には弁天山古墳群などの首長墓系譜の不安定化や規模の縮小などが進行し、七期に太田茶臼山古墳（二二六）が築造される。二基の前方後円墳を含む八基の陪墳を配置し、近接地には土保山《どぼやま》古墳や塚廻《つかまわり》古墳などの中規模古墳が築造され、郡《こおり》古墳群や総持寺古墳群などの中小古墳群も造営を開始する。また、太田茶臼山古墳の築造に伴って新池埴輪窯が開設される。「複数窯長期型」と呼ばれる大規模総合的な生産体制で、[註2]古墳築造労働者層の大規模な編成がすすめられた。

なお、五期の恵解山《いげのやま》古墳（一三〇）は、周濠、外堤を備え、前方部の埋納施設には、鉄刀一四六、鉄剣一一、鉄短剣五二、鉄鏃四七二などの大量の武器類が納められていた。ヤマト政権内で地位を与えられた被葬者が想定できるが、ここでは階層的造墓活動は顕著ではなく、また隣接地域においても円墳化や規模縮小を示しつつも造墓を継続させている。その被葬者は地域の主導者ではあるが、地域を再編成し得る立場ではなかったと考える。

こうした階層的造墓活動は、「紀ノ川水系」においても見られる。大和盆地における紀ノ川に通じる要衝には、五期の室宮山古墳（二三五）と七期以降の掖上鑵子塚《わきがみかんすづか》古墳（一四九）が営まれる。前者は周濠と外堤を備え、後円部頂の巨大な形象埴輪群と長持形石棺が著名で、ネコ塚古墳（方、七〇）が陪墳として従属する。後者はやや小型化しているが、周濠、段築を備え、金銅製透彫帯金具や垂飾の出土がある。鑵子塚南古墳（円、五〇）は陪墳の可能性がある。これらの古墳が築造される頃から巨勢山丘陵では中小古墳の造営も開始され、階層的造墓活動の一種と認識できる。

なお、この地域では五世紀前半頃から南郷遺跡群が形成される。首長居館を頂点に、高殿、祭祀場、大型倉庫、中間層住居、手工業生産域、一般居住地域などを配置した集落群で、[註3]もはや従来的な農業生産を基軸とした集団とは考え難い。渡来系の住民を含みつつ組織化された「都市的集団」と考える。ここには階層的造墓活動に示される政治組織の具体像を見ることができる。

六期以降には、大阪湾から紀ノ川水系への門戸である淡輪地区に大型古墳が造営される。六期の西陵《さいりょう》古墳（二一〇）と、七期の淡輪《たんのわ》ニサンザイ古墳（一七〇）である。前者は陪墳を伴わないが、やや遅れて西小山古墳（帆立、五〇）が造営される。後者は二重周濠で

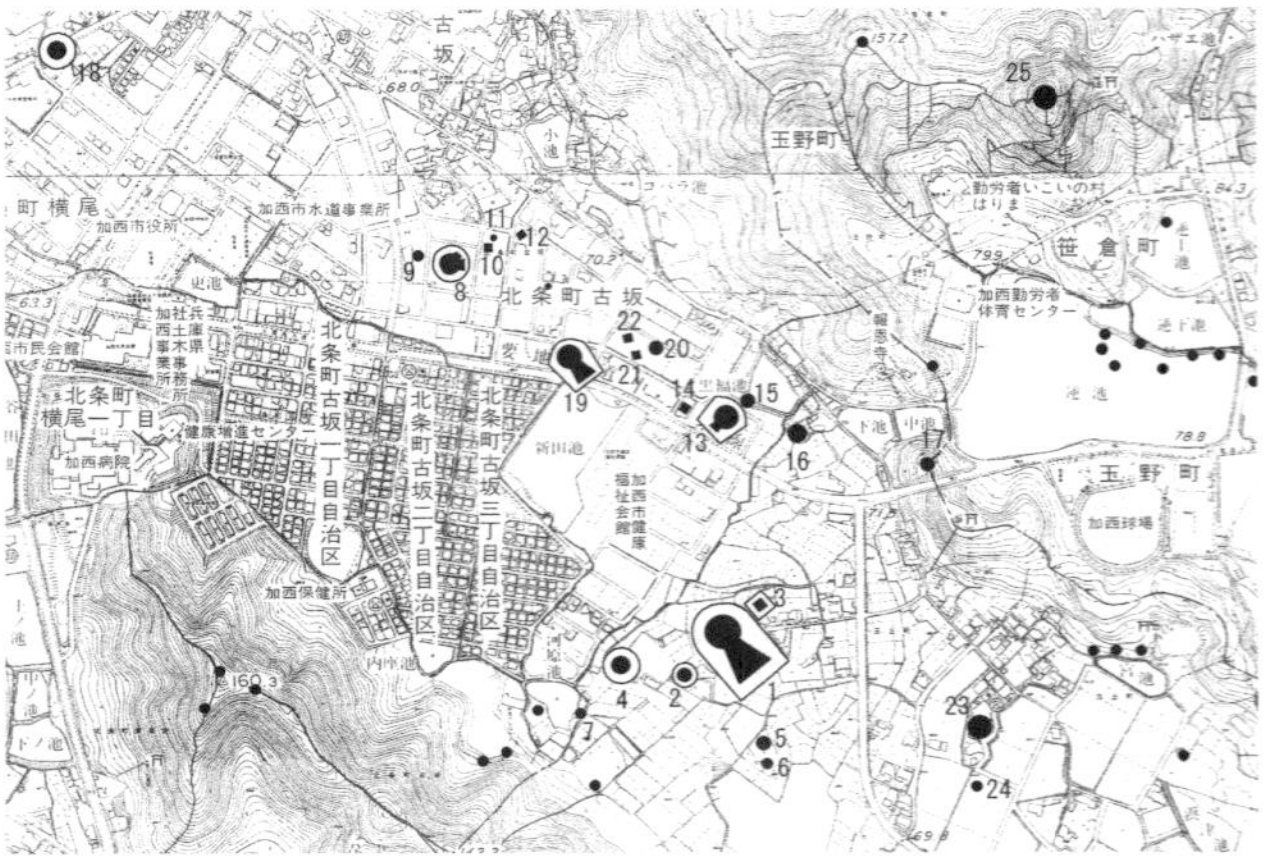

玉丘古墳群分布図
（加西市教育委員会『玉丘古墳群Ⅲ』2007より）

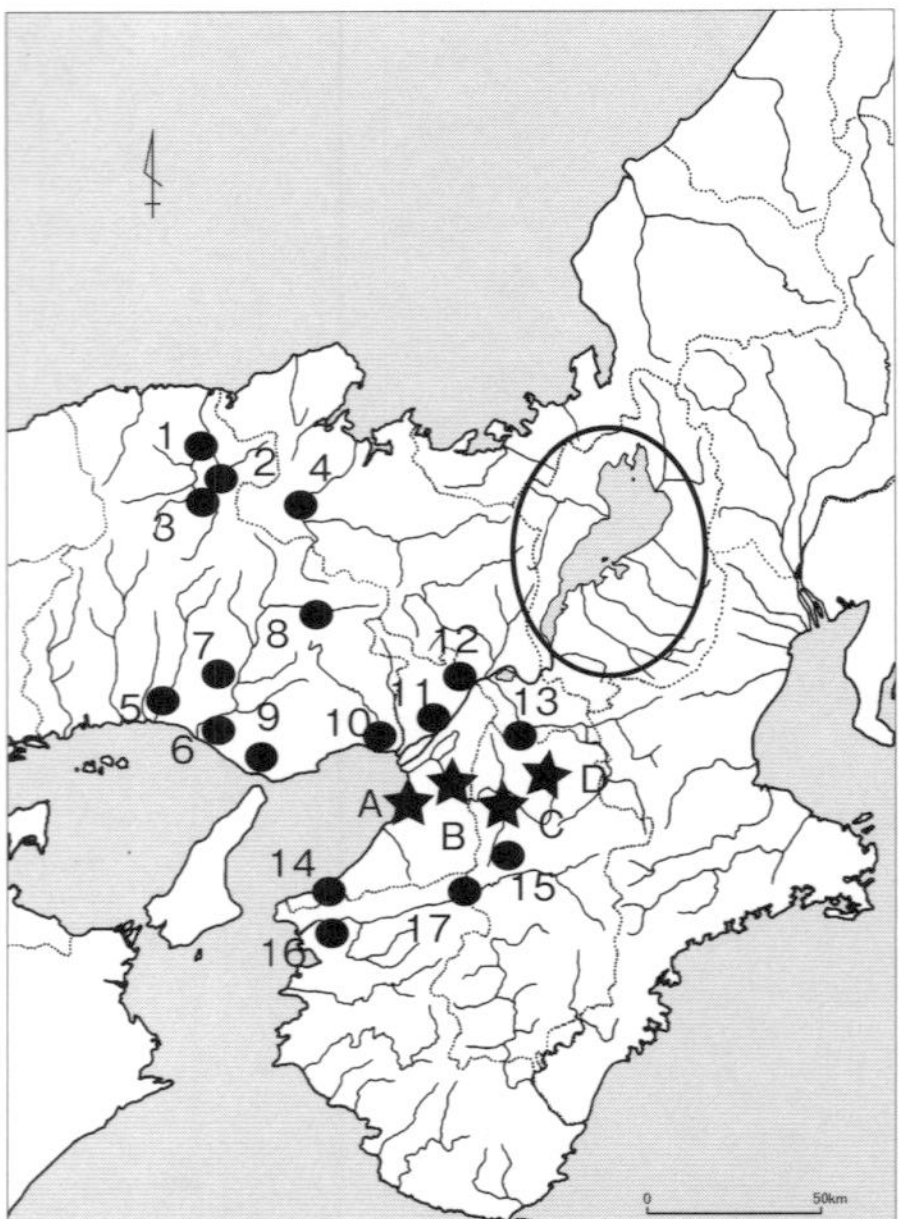

★ 四大古墳群　● そのほかの主要古墳
○ 琵琶湖地域

久津川古墳群分布図
（城陽市教育委員会『城陽市埋蔵文化財報告書』58、2009から一部改変）

古市古墳群分布図
（古市古墳群世界文化遺産登録推進連絡会議『古市古墳群を歩く』2010より）

1：池田古墳　2：茶スリ山古墳　3：船宮古墳　4：私市円山古墳　5：壇場山古墳　6：行者塚古墳　7：玉丘古墳群
8：雲部車塚古墳　9：吉田王塚古墳　10：桜塚古墳群　11：三島古墳群　12：恵解山古墳　13：久津川古墳群
14：淡輪古墳群　15：大和南西部古墳群　16：河口北岸古墳群　17：近内古墳群
A：百舌鳥古墳群　B：古市古墳群　C：馬見古墳群　D：佐紀盾列古墳群

図1　近畿とその周辺の主要中期古墳分布図

七基の陪墳を配置し、階層的造墓活動を実現する。この古墳群では、須恵器技法を用いた円筒埴輪が知られており、須恵器工人層を組織化し、古墳造営体制に組み込んだ。

紀ノ川水系本体においても、河口部北岸地域では六期に車駕之古《しゃがのこ》址《し》古墳（八三）、七期に大谷古墳（七〇）や釜山古墳（円、四〇）が造営される。楠見遺跡や鳴滝遺跡などの経営に関与し、淡輪古墳群とともにヤマト政権の海上輸送や外交に従事した被葬者像が考えられる。同じく中流域の近内古墳群では、五期の鑵子塚古墳（円、八五）以降、六期の五条猫塚古墳（方、三二）、七期のつじの山古墳（方、五二）など方墳が特徴的に営まれ、副葬品から海外派兵などに活躍した軍事的エリート層が被葬者に想定できる。

以上、大和盆地と瀬戸内東部を結ぶ第一水系群では、二〇〇メートル超級の巨大古墳を頂点とし、階層的な構造を持つ強大な支配共同体が要所ごとに形成された。大和川水系では、四ヵ所に墓域が分散し、いずれも階層構造が複雑で、五世紀を通じて造墓が再生産された。一方、淀川水系と紀ノ川水系では、それぞれ二ヵ所に有力な墓域を形成したが、いずれも階層構造は単純で、また、せいぜい二世代までで、その再生産は繰り返されなかった。継続的な古墳造営が制限され、必要以上の権力や財の蓄積が回避されたと考えられる。また、いずれにも共通する上流から下流への造墓地の移動など、大和川水系を含めて何らかの連動性も想定でき、ヤマト政権の一部機能を分有した動向と理解できるだろう。いずれにしろ、淀川水系や紀ノ川水系は、大和川水系に比べて古墳の規模では大きな格差が見出せず、連動して大和盆地へのルートを管理したが、造墓活動の再生産の有無において決定的な差異、すなわち両者の間には階層差が形成されていたのが大きな特徴である。

二　瀬戸内東部と日本海を結ぶ水系群

近畿北部の丹後地域には、古墳時代前期後半には日本海交通の拠点として、二〇〇メートル級の大型前方後円墳が築造された。しかし、この段階では、丹後地域から大和盆地に至る交通路については積極的に管理されたような形跡は見られない。ところが中期になれば、円山川の中・上流域に拠点が移動し、五期の池田古墳（一四一）、六期の茶スリ山古墳（円、九〇）、七期の船宮古墳（九一）が築造される。この移動は、円山川を遡り瀬戸内へ通じるルートの開設であった。また、由良川水系でも七期には、由良川を眼下にする私市円山《きさいちまるやま》古墳（円、七一）が築造される。

これに呼応し瀬戸内東部地域での造墓活動が変化する。揖保川流域では、前期初頭以来の古墳造営を停止させ、一部で築造される綾部山古墳なども円墳となる。揖保川流域から由良川・円山川流域へ通じるルートは、積極的に利用されなかったようである。

市川流域では、池田古墳と同時期の五期に、壇場山《だんじょうざん》古墳（一四三）が築造される。規模や竜山石製長持形石棺など、両者には類似点が多く、連動性も考え得る。仲津山古墳と相似形とされる墳形で、盾形周濠を備える。山ノ越古墳（方、六〇）と櫛之堂《くしのどう》古墳が陪墳的存在と考えられ、加耶系遺物で知られる宮山古墳も同時期の築造である。その後は系譜を断絶させる。

加古川下流域では、前期に安定した造墓を繰り返した日岡古墳群から墓域を移動させ、五期初頭に行者塚《ぎょうじゃづか》古墳（九九）が築造され、六期の人塚古墳（帆立、六三・五）、七期の尼塚古墳（帆立、五一）が続く。行者塚古墳は豊富な形象埴輪と金銅製帯金具の出土で知られ、ヤマト政権の外交に活躍した被葬者が想定される。しかし、ここでは階層的造墓活動は顕著ではない。中流部では玉丘古墳（一〇九）が築造される。盾形周濠を備え、二基の陪墳を従える。小山古墳（七九）が後続するほか、円墳系のクワンス塚古墳、笹塚古墳、亀山古墳などが、後続、あるいは同時期の築造となる。とくに、前方後円墳の造営停止後も、複数系譜による造墓活動を継続するようで、亀山古墳の鉄器副葬に見られる軍事的エリート層への登用など、地域の政治的拠点として階層的造墓活動の再生産が見られる。最上流部では七期に雲部《くもべ》車塚《くるまづか》古墳（一四〇）が篠山盆地の東部に築造される。盾型周濠・外堤、陪墳を備える堂々たる墳丘で、その立地する位置は、亀岡盆地、由良川流域、西摂地域、市川流域、円山川流域を結ぶ交通の拠点で、まさに、日本海と瀬戸内海を結ぶ交通を管理する政治組織の存在を示唆している。

　このように、日本海地域と瀬戸内東部を結ぶ水系群では、点在的ではあるが、四大古墳群においては二位から三位クラスとなる一〇〇～一五〇メートル級の前方後円墳が、陪墳、盾形周濠、段築を備えて営まれ、ヤマト政権の地域的政治組織が配置されたと見なし得る。また、行者塚古墳や明石川流域の吉田王塚古墳（七四）など、軍事や内政などに登用されたであろう在地首長層も存在し、彼らを含めて政治的拠点を分散配置していることが特徴となる。こうした動向については、大型古墳が一地域一墳的に、言い換えれば、輪番的に営まれたとも見られるが、これらを統一的に理解するべき根拠は見出せない。むしろ、全体としてみれば、網目状に展開する水系、これに沿う交通路を掌握するために、敢えて集中を避け分散して政治的拠点を配置したヤマト政権の意図が見出せそうだ。なお、「西摂」地域唯一の首長墓系譜である豊中桜塚古墳群についても、猪名川・武庫川水系から丹波へ通じる交通路との関係を考えるべきで、このグループに含み得る。

　ところで、この地域では六期から七期に、強い在地性を見せる一方で、ヤマト政権の軍事的エリート層として位置付けられた大型円墳が特徴的に見られる。円山川水系の茶スリ山古墳、由良川水系の私市円山古墳等である。(註4) 私市円山古墳では、その築造に伴い周辺地域の中小古墳への定型的な武装が開始される状況が明らかにされており、(註5) 前方後円墳ではないが、地域の再編成を進める主体でもあった。こうした古墳の存在には、水系グループ内の最高首長の重複を回避するなどのヤマト政権としての理由も考えられるが、丹後地域を含め、この水系群では本流に広い平野部を形成することは少なく、中小支流ごとの谷平野に基盤を置く、ある意味で等質的な首長層が結合し支配共同体を形成していた。その横並び的な地域社会が、在地における支配共同体の靭帯を維持するために、あえてヤマト政権からの影響力の大きい前方後円墳を避け、埋葬施設などにも在地性を表現する必要があったとも考えられる。これは、前方後円墳の次世代に円墳を築造する西条古墳群や玉丘古墳群などにも該当し、さらに、大堰川水系と由良川水系に多く築造される方墳についても同様に理解できそうだ。

三　東海・北陸への交通路を形成する水系群

　この水系群では、大型墳丘、段築、周濠、葺石、埴輪という、典型的な前方後円墳を築造しない、あるいは築造する場合も極めて限

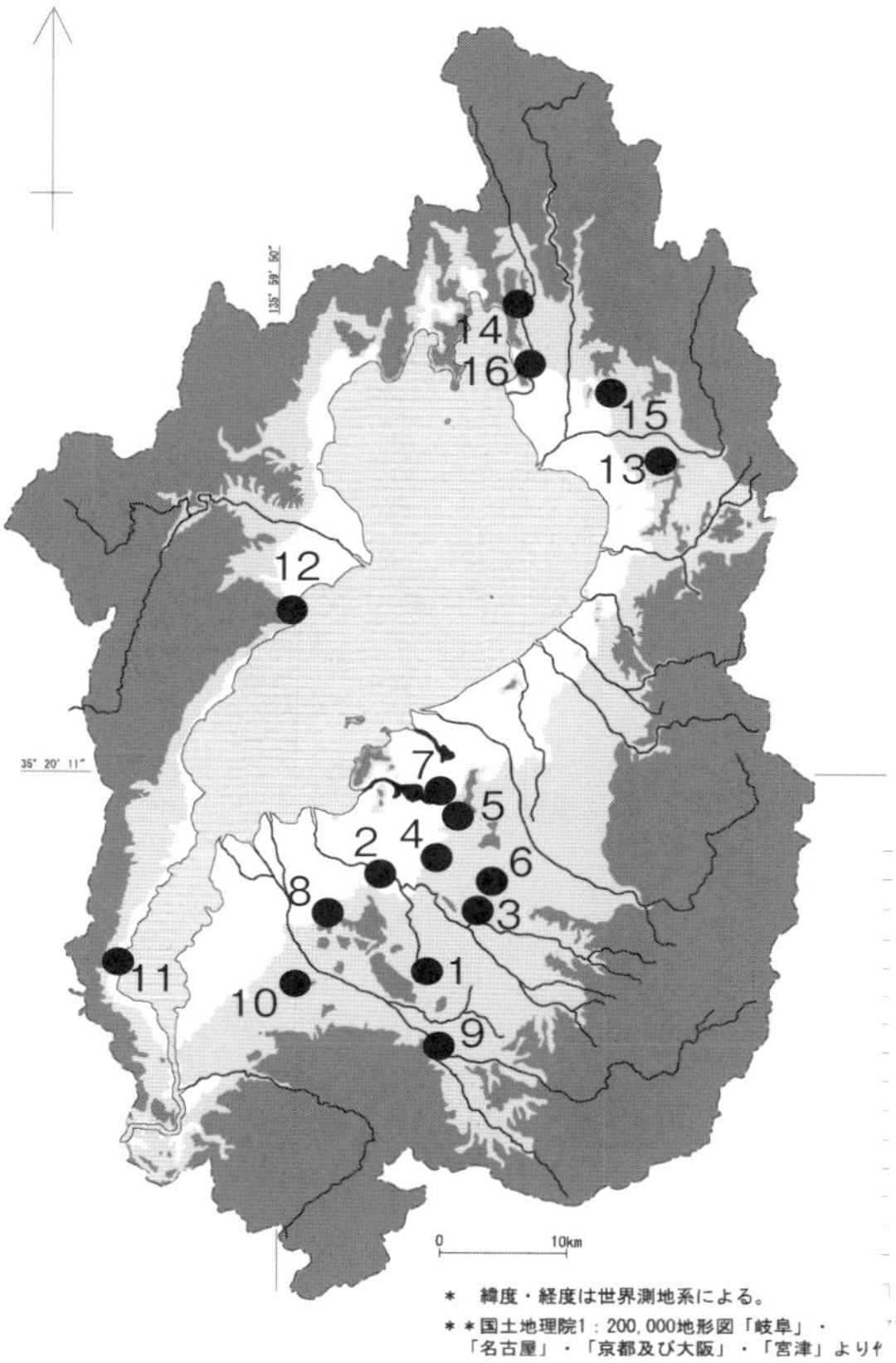

1：雨宮古墳
2：車塚古墳群
3：木村古墳群
4：千僧供古墳群
5：安土茶臼山古墳
6：布施山埴輪出土地
7：安土山埴輪出土地
8：野洲大塚山古墳
9：泉古墳群
10：新開 1 号墳
11：宇佐山 18 号墳
12：打下古墳
13：長浜古墳群
14：黒田長山古墳
15：雲雀山古墳群
16：湧出山古墳群

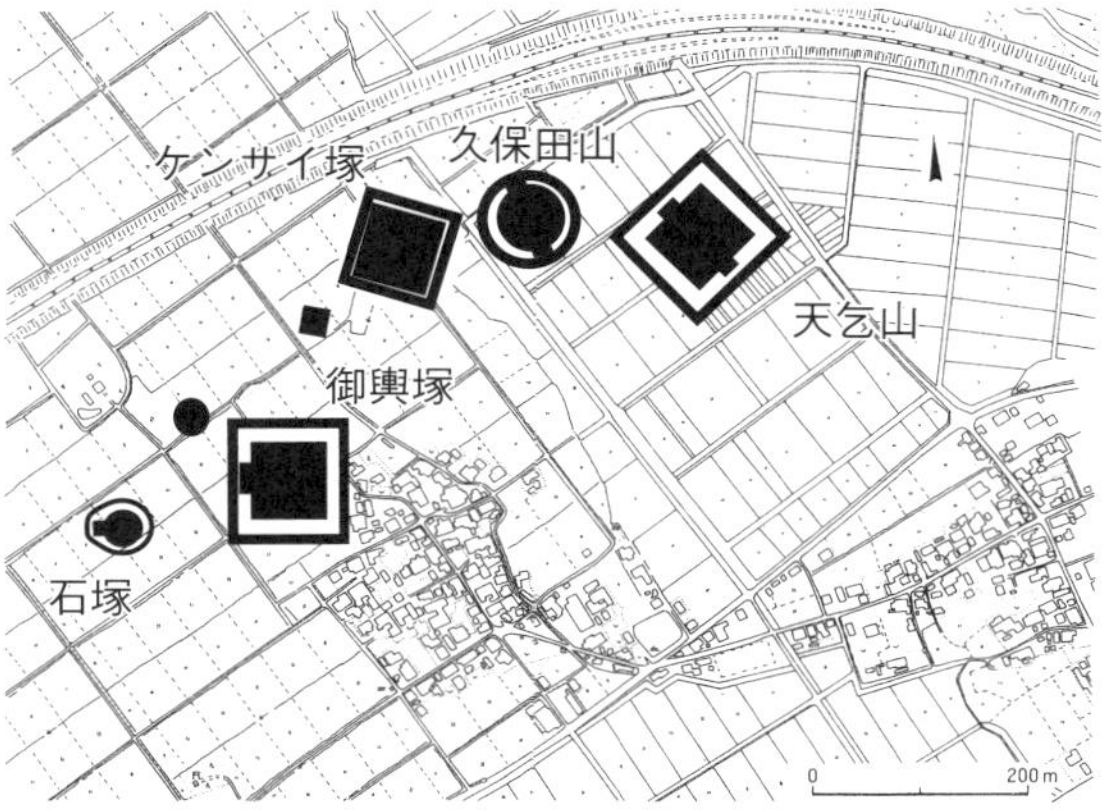

木村古墳群分布図
（蒲生町『蒲生町史』第 3 巻、2000 から一部改変）

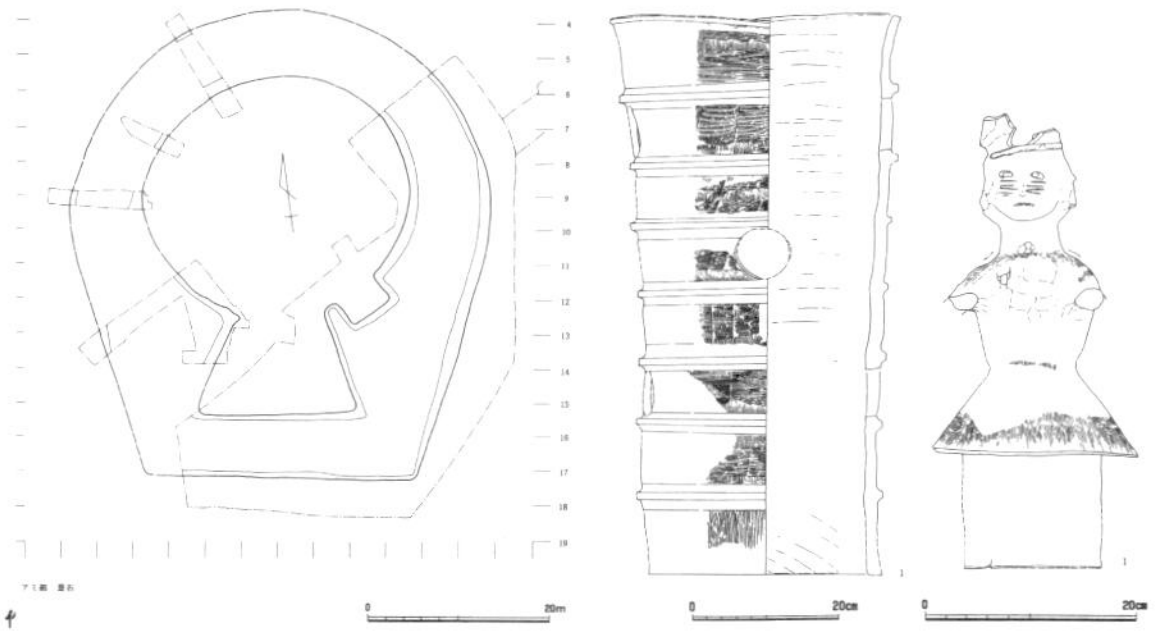

千僧供古墳群（住蓮坊古墳および出土埴輪）
（滋賀県教育委員会・財団法人滋賀県文化財保護協会
『出土文化財管理業務報告書』2002）

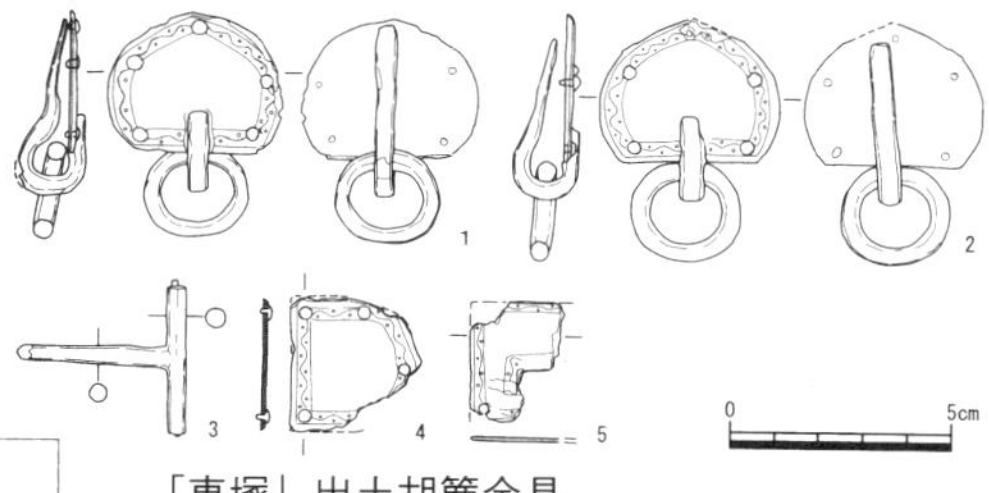

「車塚」出土胡簶金具
（才本佳孝「近江八幡市・車塚古墳出土の
「帯金具」について」『琵琶湖と地域文化』
林博通先生退官記念論集、2011）

長浜古墳群分布図
（長浜市『長浜市史』1、1996）

図２　琵琶湖地域の主要中期古墳

定的なことに特徴がある。一見衰退したかのような印象を受けるが、それに替わって中小古墳の造営が活発である。その状況を琵琶湖の東岸南部、湖東南部地域において概観する。ここでは、前期段階に雪野山古墳（七〇）、安土瓢箪山古墳（一三六）、荒神山古墳（一二二）と、琵琶湖地域を代表する前方後円墳が築造されるが、中期になれば前方後円墳の造営は停止する。

最南部の祖父《そふ》川流域では、五期に雨宮《あまみや》古墳（帆立貝、八二）が築造される。野洲川上流域に通じるルート上に位置し、同地区における泉西鑵子塚（帆立貝、六〇）との連動性が指摘できる。八重谷古墳が先行するようだが、同時期もしくは後続する古墳は知られない。

日野川下流には車塚古墳群が造営される。現状では中期後半頃の西車塚古墳（円、三六）を残すのみであるが、本来は三〇基を越える古墳が存在したとされる。後期古墳も相当数存在するようだが、「車塚」出土として金銅製胡簏金具と船載四禽鏡が伝えられており、中期の中小首長墓の系譜も存在したと判断できる。そして、その被葬者の一人は優れた武装を有していたこととなる。

白鳥川上流部には、大形方墳が特徴的な木村古墳群が営まれる。天乞山《あまごいやま》古墳（方、六五）、御輿塚《みこしづか》古墳（方、七〇）、久保田山古墳（帆立貝、五七）、ケンサイ塚古墳（方、七〇）、石塚古墳（帆立貝、四〇）の五代の首長墓が五世紀初頭から六世紀前半にかけて築造される。そのほか、入刀塚《にゅうとうづか》古墳や蝙蝠塚《こうもりづか》古墳、木村一・二号墳などの陪墳、あるいは従属する中小古墳が知られ、階層的造墓活動と言い得る。湖東南部地域で最も安定した造墓活動であるが、現在知られている限りの埴輪の様相は、古墳群の内容に比して物足りない。

白鳥川下流部には千僧供《せんぞく》古墳群が営まれる。本来一二基からなる古墳群とされるが、現在は四基が残存するのみで、内二基は後期・終末期に該当する。六期の住蓮坊《じゅうれんぼう》古墳（円、六〇）は周濠を巡らせ須恵器が出土しているが、埴輪、葺石は確認できない。続く七・八期の供養塚《くようづか》古墳（帆立貝、五二）は、古市古墳群中の蕃上山古墳と同形・同大とされる。埴輪も古市古墳群から技術支援を受けたと考えられ、とくに優れた内容の形象埴輪群は外堤の一部に区画を形成し配置されていたようだ。一方、盗掘の影響もあるが出土遺物は少なく、鏡面一、鉄刀一、玉類が、また併設の副室からは、横矧板鋲留短甲一領と少数の鉄刀類が出土したにすぎない。

そのほか、小型前方後円墳の安土茶臼山古墳（三〇）のほか、布施山や繖山、安土山でも中期の埴輪が出土しており、さらにいくつかの首長系譜が存在したと予想できる。

さて、湖東南部の中期古墳の動向からは、中小河川に依拠する中小首長層が造墓の単位となっていること、その一部は供養塚古墳を典型とするように、四大古墳群内の中小古墳や陪墳と同等の扱いを受けていること、ただし、そうした関係は一代限りを原則とし、供養塚古墳の埴輪に見られるように、古墳群内にも継続しないことが確認できる。また、供養塚古墳では武器、武具類の出土は貧弱と言わざるを得ず、少なくとも軍事的エリート層ではなかったが、「車塚」出土の胡簏金具や鏡面を評価するならば、その被葬者は朝鮮半島での軍事行動などに参加した可能性も想定できる。いずれも同じ頃にヤマト政権から地位を獲得したと考えられるが、供養塚古墳と「車塚」の被葬者とでは、異なる性格が与えられていたのだ。

さらに、湖東南部に南接する甲賀地域（野洲川上流域）では、七期に泉塚越《いずみつかこし》古墳（方、五二）が築造されるが、ここからは二領の短甲が出土し、内一領は金銅装眉庇付冑を含む最新の甲冑セットとなり、軍事的エリート層としての被葬者が想定できる。また、泉塚越古墳の築造と同時に植《うえ》遺跡の形成が開始される。当初は大型倉庫建物三棟を並立させる特殊な内容で、その後は、鍛冶、赤色顔料、須恵器などの生産・流通にかかわる拠点的な集落として六世紀代を通じて発展する。小規模ではあるが、大阪法坂遺跡をプロトタイプとする倉庫施設や、南郷遺跡群をプロトタイプとする生産・物流集落が形成された。(註6) また、厳密な意味での同時性はないが、野洲川流域という視点では、上流部の泉塚越古墳に対して下流左岸では新開《しんかい》一号墳が六期に築造される。初期馬具のセットや複数甲冑など、朝鮮半島などで活躍した軍事的エリート層が被葬者として想定できるが、墳丘そのものは直径三五メートルの円墳にすぎない。さらに、金銅装眉庇付冑が副葬された可能性がある下流右岸の野洲大塚山古墳（帆立貝、七五）も、ほぼ同時期である。それぞれが異なる地位・職能を示しているが、全体として野洲川流域としての地域バランスを形成していたと読み解くこともできるだろう。

　このように、中小河川流域などに分かれて存在する中小首長層が、自らの地域支配を強化する目的、あるいは、屹立する中小首長の中での主導権を得る目的などにより、それぞれがヤマト政権との関係締結を模索した。これに対してヤマト政権も、必要かつ可能な範囲で対応し、あるものは政権内部の下級官僚層に位置付け、また、あるものは海外派兵などの軍事的エリート層に登用した。その結果、この地域では、相互に目視できるような位置関係で、中小首長墓の造営に至ったのである。ただし、系譜の数からすれば、古墳造営に至った首長は全体の半数にも満たないと考えられ、彼らは地域におけるエリート層であった。しかし、中小河川流域を越えるような動向は見せず、地域的な統一性を実現するような指導力も持ち得なかった。むしろ、野洲川流域の動向など、地域バランスを重視した状況が見てとれるのである。地域における支配共同体としての靭帯が強く、そうした枠組みの中で個別の中小首長層の活動が保証されていたと考えることもできるだろう。

　さらに、ビジュアルとしての古墳を築造し得ない首長層にあっても、一定の鉄器類を保有し、古墳文化としての葬送儀礼を熟知していた例がある。五期の大津市宇佐山《うさやま》一八号墳は無墳丘墓と考えられるが、組合せ石棺を粘土槨で包み、粘土槨中には鉄刀二、鉄鏃一三、鉄斧二、砥石一の副葬品が封じ込められていた。六期頃の高島市打下《うちおろし》古墳においても、石棺内に鉄刀一、鉄剣一、鹿角装具、棺外に鉄族一束が納められていた。すなわち、大規模な墳丘を持たない古墳であっても、軍事的、政治的な組織の末端に位置付けられ、最小限の武器類が古墳の葬法に則り副葬された。支配共同体の靭帯の中で、ビジュアルとしての古墳を築造しなかった首長層に対しても、政治的再編成がすすめられていったのであろう。

　さて、琵琶湖地域全体では甲賀地域、湖南地域、湖西南部地域においても湖東南部と同様の造墓状況と考えられ、湖西北部地域もその可能性が高い。ただし、湖南地域、とくに野洲川下流左岸地域では、一〇〇メートル近い帆立貝形古墳と五〇メートル以下級の円墳が重層化している可能性があり、地域内が階層的関係に編成されていたとも考えられる。集落遺跡においても、辻・岩畑遺跡を中心とする鍛冶生産や、播磨田東《はりまだひがし》遺跡などの滑石製玉造など特徴的な様相が見られる。(註7) また、湖北の長浜地域では、竜山石石棺の存在や、七、八期における古市タイプの埴輪の定着など、ヤマト政権のより直接的な介在の可能性があり、中期後半には、長浜茶臼山古墳（九〇）、村居田《むろいた》古墳（一〇〇?）を頂点に、西山古墳（円、二一）や上寺地《かみてらち》古墳（円、一七）、柿田古墳群など階層的造墓活動も認められる。

四　まとめ

以上、近畿地方の中期古墳について、水系群と言う単位で概観した。最後のまとめとして、これらの特徴を整理し問題点を探る。

第一水系群では、二〇〇メートルを超える巨大前方後円墳を頂点とする階層的造墓が特徴である。とくに、大和川水系ではこれが重層的、積層的に存在し、ほかに類を見ない強力な支配共同体・政治機構を形成した。一方、淀川水系、紀ノ川水系においても、これと同等の首長層を頂点とする政治組織が整備されたが、構造がやや単純となり、造墓が再生産されることもなかった。さらに、北山城や紀ノ川本流域の中小首長層は地方首長として、水系内の大首長層と階層関係を形成しつつ、ヤマト政権内の一定の職能を負うことで、政治機構に参加したと考えられる。

第二水系群では、円山川が日本海側の拠点の一つとして位置付けられ、これと対をなす市川、加古川の流域では、盾形周濠に陪墳を備える一五〇メートル級の古墳を点在的に築造した。第一水系群に比して一ランク下位の首長層を頂点とするが、ほかの地域ではあまり見られない特徴である。さらに、在地首長層としての性格を強く表出する古墳も存在し、彼らもヤマト政権内部での地位を獲得した。こうした政治組織や首長層を分散させることで、網目状に発達する谷地形に添う交通路全体としての掌握を進めた。

第三水系群ではまったく異なる状況を見せる。琵琶湖周辺地域では強力な首長層や政治組織は配置せずに、中小首長層を直接的にヤマト政権の政治組織に位置付けるという方法が進められた。四大古墳群の陪墳などと同等の古墳を地域の各所に配置し、結果として、地域全体をヤマト政権の内部的な組織として位置付けた。ヤマト政権の東方に対するバッファゾーン的な位置付けとも理解でき、名張美旗古墳群の在り方とも類似する点は興味深い。

このように近畿地方の中期古墳は、大和川水系と言う絶対的な中心地を形成し、サブルートである淀川と紀ノ川水系においては、その単純化した形態を部分的に配置し、日本海から瀬戸内東部に通じる交通路については、さらにその下位に位置する構造を分散させた。一方、第三水系群においては、中小首長層を対象にヤマト政権の内部組織に直接取り込むような方法を指向した。なお、この段階の瀬戸内東部の海上交通については、百舌鳥古墳群が一括管理した可能性が高く、大阪湾岸西部には、有力な古墳は存在しない。

すなわち、大和盆地を中心に西方・大陸へ通じるルートと東国へ通じるルートは明確に区別され、前者は強大な権力・強大な軍事力の存在を誇示するような古墳を多用するのに対し、後者は官僚的・組織的な側面を強く見せた。また、大和川水系に展開した四大古墳群のみが五世紀を通じて再生産を繰り返すが、ほかの古墳群では同じ場所で造墓活動が再生産されることはほとんどなく、再生産される場合も、古墳規模の小型化や円墳化などが生じていた。言い換えれば、四大古墳群は再生産されることによって、安定した政権の運営を示したが、ほかの古墳群では、むしろ古墳造営の再生産が規制され、権力と財の集中が制限されたとも理解できる。しかし、古墳群に表現される政治組織を時間的にも空間的にも分散させ、あるいは相互に連動性を持たせることで、結果としてヤマト政権の政治的意図を面的に浸透させた。前期段階には大和盆地と地域拠点との関係性によって古墳造営が広められたが、中期段階では大和盆地から各拠点に通じる交通路の掌握に力点が置かれ、これに対応すべく「一地域一墳」的な造墓方式が広く展開していった。いずれにしろ、こうした動向には在地勢力の消長という側面も否定はしないが、ヤマト政権の強い政治的意図を認めざるを得ず、大和盆地を中心とした交通の再編がすすめられた。

　最後に、このヤマト政権の政治的意図とは、地域集団の再編成、政治的組織への改変にあったことは言うまでもない。第三水系群の最奥部である湖北地域では、七・八期の黒田長山古墳や雲雀山《ひばりやま》一号墳などの小型古墳に甲冑の副葬が見られるようになり、同じく湧出《ゆるぎ》山《やま》一号墳では初期須恵器と鏡面を副葬し、埴輪を樹立する。地域の中小首長層に軍事指導者などの政治的地位が付与された。これがヤマト政権との一次的な関係に基づくものか、例えば長浜地域の首長層を媒介とする二次的な関係かの判断は下しがたいが、地域集団の政治的な再編成は確実に進行している。第二水系群においても、私市円山古墳周辺の中小古墳の動向や、加古川水系における平荘湖《ひらしょうこ》古墳群や大部《おおべ》古墳群などの動向、さらに第一水系群においても巨勢山古墳群や長原古墳群の形成など、一般成員（家父長層）をも視野に入れた状況で、中小首長層の再編成が進められた。そして、その目的とするところは、武器・武具類の副葬が中小首長層再編成の指標となることからも明らかのように、大陸出兵を主眼にした軍事編成にあったことは否定できない。同時に、これをスムーズに行なうための官僚制度や貢納体制の確立、須恵器や鍛冶などの新来技術の受け入れ、新規開発の実施など、政治・経済・軍事などの、新しい総合的政治体制の確立こそが本質と考える。中小古墳の動向とともに、円山川水系の柿坪《かきつぼ》遺跡や琵琶湖地域における甲賀植遺跡など、地域において特殊に編成された集団による集落が、古墳時代中期頃から認められるようになる事実は、これに関連するだろう。

（註1）広瀬和雄「畿内五大古墳群の諸相」『季刊考古学　畿内の巨大古墳とその時代』別冊一四、雄山閣、二〇〇四

（註2）森田克行「埴輪の産地（西日本）」『季刊考古学』七七、雄山閣、二〇〇一

（註3）坂　靖「葛城の渡来人」『研究紀要』一五、財団法人由良大和古代文化研究協会、二〇一〇

（註4）杉原和雄「丹波・私市円山古墳と但馬・茶スリ山古墳」『京都府埋蔵文化財論集』六、財団法人京都府埋蔵文化財調査研究センター、二〇一〇

（註5）豊島直博「古墳時代における軍事組織の形成」『国家形世紀の考古学』大阪大学文学部考古学研究室、一九九四

（註6）細川修平「倉庫建物にみる古墳時代社会の変質」『人間文化』一四、滋賀県立大学人間文化学部、二〇〇三

（註7）近藤　広「古墳時代集落における鉄器と玉作の様相」『古代文化』六二―四、二〇一〇

個別の古墳および集落遺跡に関する報告書および、とくに引用しない地域研究論文については、参考にした部分が多いが、紙面の都合上割愛した。ご容赦願いたい。

東海・中部・北陸

中井正幸

一　はじめに

ここで扱う地域は東海・中部・北陸で、都道府県にすると三重、岐阜、愛知、静岡、山梨、長野、福井、石川、新潟県の九県に及ぶ。ただし、論述あるいは古墳変遷図では対象とした範囲は旧国でいう伊勢、伊賀、美濃、尾張、三河、遠江、駿河、甲斐、信濃、若狭、越前、加賀、能登、越中の一部に限定している（図1）。古墳変遷図（図2・3）では、代表的な首長墓もしくは主要な古墳群や地域しか取り上げていないのもそれによる。なお、時期区分と古墳編年の関係は「講座編年」[補記1]を用いて地域間の併行関係の整合性を図り、おおむね中期初頭を四期後半、中期前葉は五期、中期中葉は六期、中期後葉は七期、中期末葉は八期としている。

二　各地の古墳群の動向

（一）東海西部（伊勢・伊賀・美濃・尾張）

伊勢・伊賀　伊勢では、前期前葉から中葉にかけて、雲出川流域において四〇～七〇メートル規模の前方後方墳を中心に西山一号墳、筒野一号墳、錆山《さびやま》一号墳、向山古墳が築造され、首長墓系譜を認識することができるが、その後中期段階に後続する古墳は認められない。

前期後葉までには、池の谷古墳（津市・九〇メートル）、能褒野《のぼの》王塚《おうつか》古墳（亀山市・九〇メートル）などの首長墓が分散して築かれるが、単独築造で後続しない。また前期段階で前方後円墳を築かない飯高地域では、三〇～五〇メートル規模の円墳が集中するが、ここでも中期へ後続する古墳群は形成されない。

そうしたなかで中期前葉には、宝塚一号墳（松阪市・約一〇〇メートル）が海を見下ろす丘陵上に、そして隣接する宝塚二号墳（九〇メートル）は帆立貝形古墳として独立した築造をみる。帆立貝形の墳形に着目すれば、明和地域周辺には高塚一号墳（玉城町・七五メートル）、大塚一号墳（明和町・五三メートル）、神前山《かんざきやま》一号墳（四〇メートル）などが中期後葉を中心に築かれるほか、高地蔵《たかじぞう》一号墳（松阪市・五八メートル）や白鳥塚《しらとりづか》一号墳（鈴鹿市・八〇メートル）の主墳丘には小さな造出をもつ特徴がある。

伊賀においては、北伊賀の阿拝《あべ》に三重県最大の前方後円墳、御《み》墓山《はかやま》古墳（一八八メートル）が中期前葉に出現するが後続する首長墓はなく、南伊賀の美旗《みはた》古墳群（伊賀市）において一世代一墳的に首長墓系譜が認められる。中期初頭に位置づけられる殿塚古墳（九〇メートル）を嚆矢に、中期段階には女郎塚《じょろうづか》古墳（一〇〇メートル）、毘沙門塚《びしゃもんづか》古墳（六五メートル）、馬塚古墳（一四一メートル）と規模を拡大し、後期初頭の貴人《きじん》塚古墳（五五メートル）まで継続する。なかでも女郎塚古墳、毘沙門塚古墳、馬塚古墳は帆立貝形古墳である。なお、殿塚古墳の陪墳として知られるわき塚一号墳や近接する近代《きんだい》古墳（三〇メートル）に甲冑などの武具・武器が副葬されている。

図１　中期大型古墳とおもな古墳群の位置

美濃・尾張　美濃においては、各地で前期中葉から中期前葉にかけて前方後円（方）墳が築造されているが、そのなかでもとりわけ前期古墳が集中する地域は不破の地で、前方後方墳の矢道高塚古墳（大垣市・六〇メートル）や前方後円墳の花岡山古墳（六〇メートル）を嚆矢に、矢道長塚古墳（約九〇メートル）、遊塚《あそびづか》古墳（八〇メートル）の前方後円墳も共存しながら粉糠山《こぬかやま》古墳（一〇〇メートル）にみる前方後方墳が継起する。こうした古墳群の築造継起のなかで、岐阜県最大の前方後円墳・昼飯大塚《ひるいおおつか》古墳（一五〇メートル）が中期初頭に登場する。古墳はそれまでにみる在地要素から隔絶する内容を備え、倭王権の直接的な関与をうかがわせる。しかし中期前葉には大型古墳の築造は衰え、終末期まで首長墓はみられない。

　これと対照的に野古《の》古墳群（大野町）では、乾屋敷古墳（七九メートル）を嚆矢に、登越《のぼりこし》古墳（八七メートル）、南屋敷西古墳（七六メートル）、城塚古墳（七五メートル）と、モタレ古墳（五四メートル）、七号墳（二九メートル）、不動塚古墳（六四メートル）を随伴しながら古墳群を形成し、後期前半まで首長墓系譜が認められる。

　同様に那加地区の柄山《からやま》古墳（各務原市・八三メートル）、南塚古墳（岐阜市・八五メートル）、土山古墳（五八メートル）、琴塚古墳（一一五メートル）の那加古墳群でも中

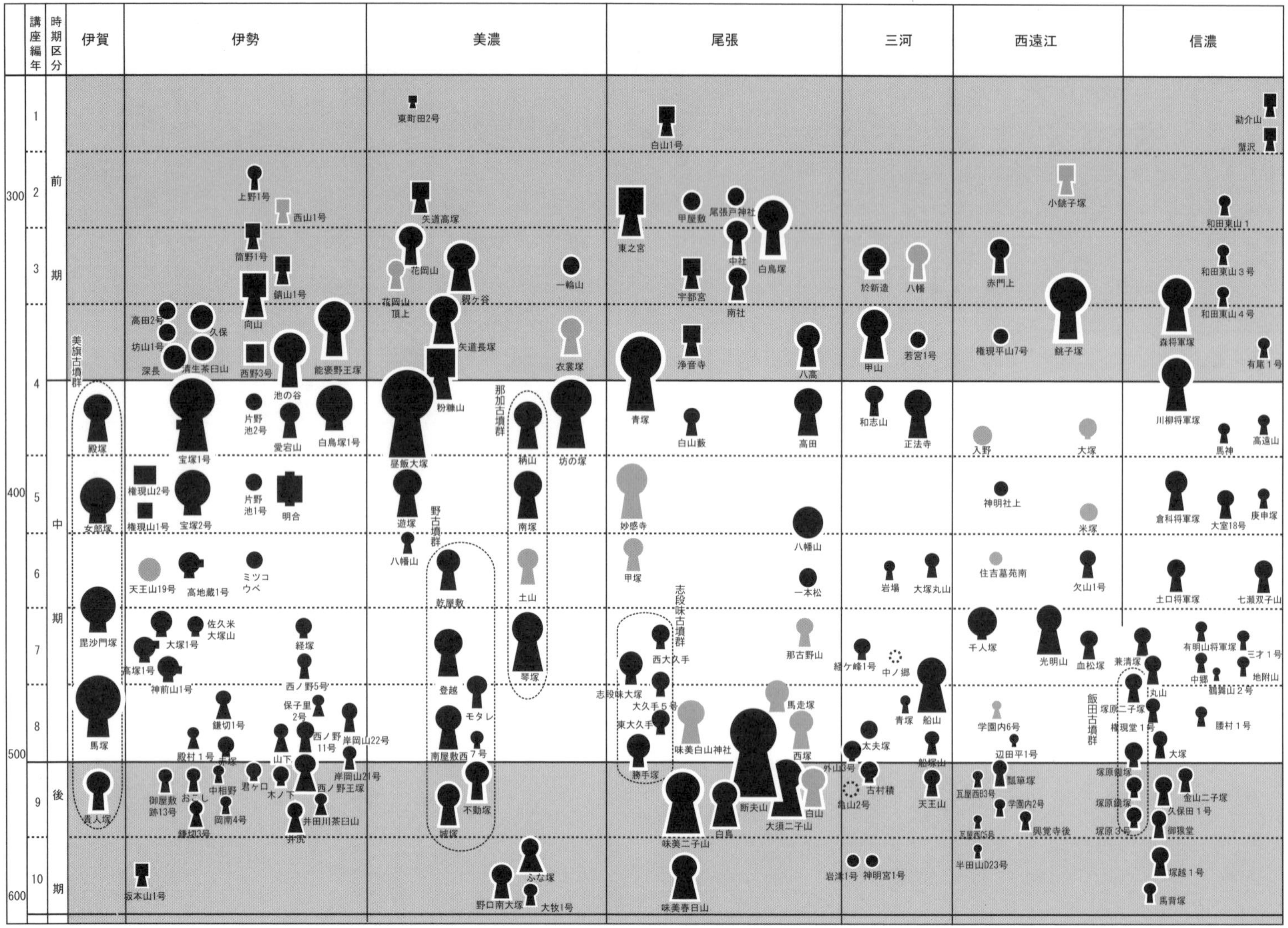

図２　主要な古墳の変遷（1）

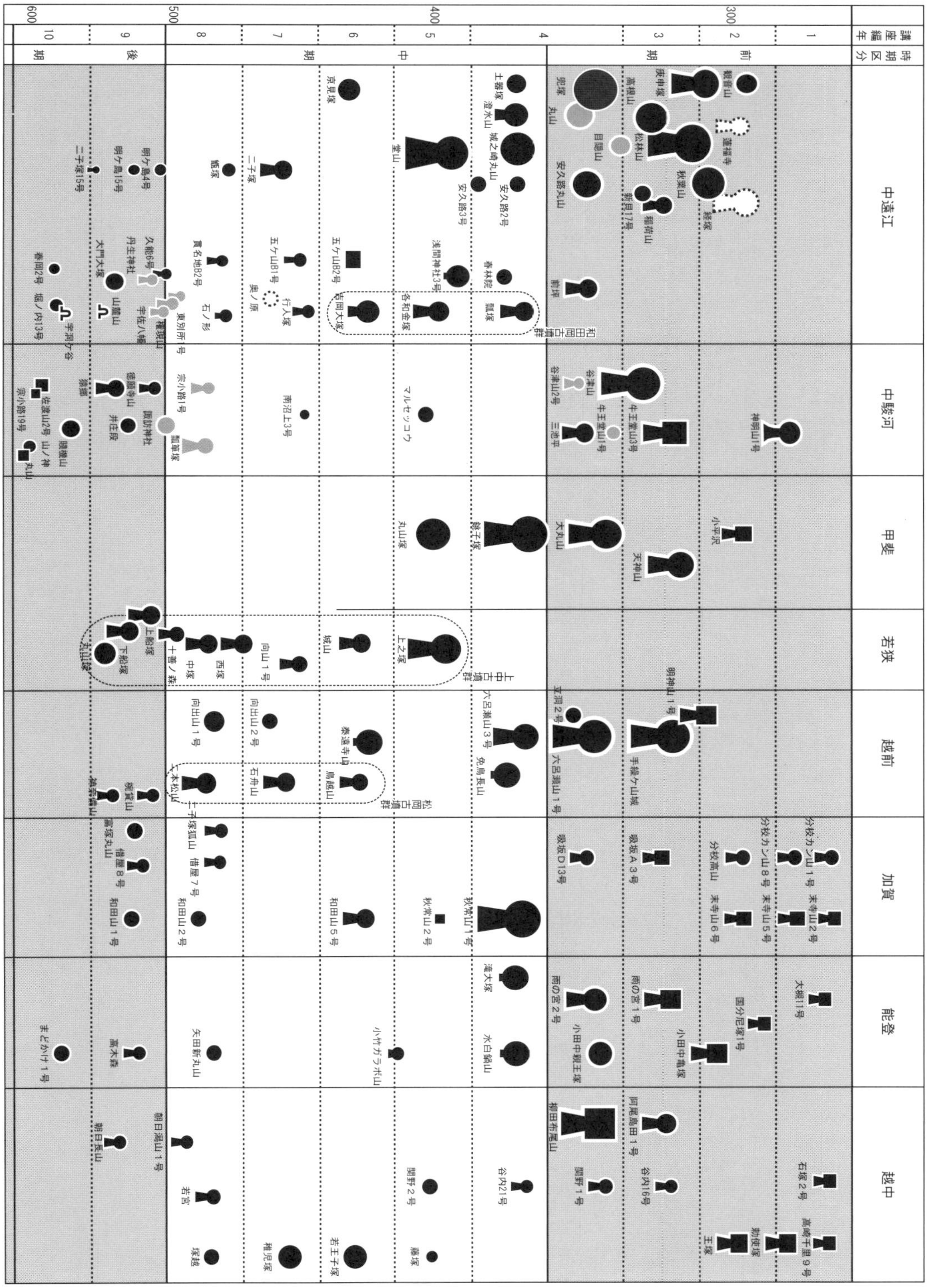

図3 主要な古墳の変遷(2)

期に継起する首長墓系譜が認められる。

　ところで、木曽川を挟んだ鵜沼の段丘縁には前期から中期初頭まで一輪山古墳、衣裳塚古墳、坊の塚古墳（各務原市・一二〇メートル）と首長墓系譜を認めることができるが、尾張犬山では前方後方墳の東之宮古墳（七二メートル）が山頂に単独で築造されるという対照的な築造をみる。なお、丹羽地区の扇状地上では前期後葉に大型前方後円墳・青塚古墳（一二〇メートル）が突如築かれ、伝統的な壺形土器と鰭付埴輪が共存している。

　また、庄内川上流に分布する広義の志段味《しだみ》古墳群（名古屋市）では、山頂の白鳥塚《しらとりづか》古墳（一一五メートル）をはじめ尾張戸《おわりべ》神社古墳、中社《なかやしろ》古墳、南社《みなみやしろ》古墳と前期後葉まで継続した築造をみる。そして一旦空白期があるものの再び中期後葉に古墳群を形成するが、志段味大塚《しだみおおつか》古墳（五一メートル）をはじめとして帆立貝形古墳で構成される特徴をもつ。なお、断夫山《だんぶさん》古墳に代表される古墳群が形成される名古屋台地上では、前期後葉には八高古墳（七〇メートル）・高田古墳（八〇メートル）の前方後円墳が築かれるものの、その後首長墓はみられず、中期中葉に大型円墳である八幡山古墳（七四メートル）が登場するのみで首長墓系譜は認めがたい。

(二) 東海東部（三河・遠江・駿河）

三　河　矢作川流域を臨む桜井古墳群（安城市）では、前方後方墳の二子古墳（六九メートル）をはじめ姫小川《ひめおがわ》古墳（六五メートル以上）、塚越古墳（四二メートル）、獅子塚古墳など前期を中心に築造されるが、中期まで後続しない。

　豊川流域にみる前方後方墳の築造も中期までは後続せず、首長墓系譜に変化が認められるとともに、中期初頭にはそれまでの築造地を変えて三河湾を臨む丘陵上に三河最大の前方後円墳・正法寺《しょうほうじ》古墳（西尾市・九一メートル）が築造される。

　東三河では、中期後葉から末葉にかけて船山古墳（豊川市・九五メートル）が登場し、その後は帆立貝形古墳で構成する念仏塚古墳群（豊川市）のみ築かれる。

遠江・駿河　天竜川流域の西遠江では、前期後葉には銚子塚古墳（磐田市・一一二メートル）などの大型前方後円墳が築造されるが、後続する首長墓はなく、中期後葉に光明山《こうみょうさん》古墳（浜松市・八二メートル）の単独墳が築造されるまで待たねばならない。

　中遠江の御厨《みくりや》古墳群（磐田市）では、前期中葉から中期前葉にかけて継続する古墳群が形成され、松林山《しょうりんざん》古墳（一〇七メートル）をはじめとする前方後円墳には三角縁神獣鏡や石製品など豊富な副葬品が保有される。また一方で、前期後葉から中期初頭にかけては高根山古墳（五二メートル）・安久路《あくろ》丸山《まるやま》古墳（四七メートル）・城之崎《きのさき》丸山《まるやま》古墳（六〇メートル）・兜塚古墳（八〇メートル）のような大型円墳が併行して築かれる。その後、大ノ浦に接する台地縁辺部において堂山古墳（一一〇メートル）が単独に築造されるが、このとき周辺には同じ特徴を備える埴輪や武器・武具を副葬した堂山一・三号墳、五ヶ山B2号墳（袋井市・約三〇メートル方墳）などの中小古墳も築かれている。

　東遠江では、前期にはほとんど首長墓がみられないものの、中期になって唯一首長墓系譜のたどれる和田岡古墳群（掛川市）が築造され、瓢塚《ひさごづか》古墳（六三メートル）、各和金塚《かくわかなづか》古墳（六六メートル）、吉岡大塚古墳（五五メートル）といった中規模の前方後円墳で構成される。

駿河では、大型の前方後方墳である東駿河の浅間《せんげん》古墳（富士市・一〇三メートル）や中駿河にある前方後円墳の谷津山《やつやま》古墳（静岡市・一一〇メートル）が単独で築造された後は顕著な首長墓はみられず、中期に至っても首長墓系譜を形成しない。

（三）中部高地（信州・甲斐）

信　濃　信濃における前期古墳は、松本盆地の弘法山古墳などにみる初期前方後方墳があるなか、大半が北信の善光寺平に集中する。森将軍塚古墳（千曲市・約一〇〇メートル）をはじめとして、川《せん》柳将軍塚《りゅうしょうぐんづか》古墳（長野市・九三メートル）、倉科将軍塚古墳（千曲市・七三メートル）、土口将軍塚《どぐちしょうぐんづか》古墳（六七メートル）などの前方後円墳が前期後葉から中期前葉にかけて築造されるが、その後の首長墓の築造は低調となる。

一方、南信の伊那谷周辺では、前期から中期前葉までは顕著な首長墓の築造がみられないが、突如中期後葉から後期前葉にかけて六〇メートル級の兼清塚古墳（飯田市・六四メートル）、丸山古墳（六〇メートル）、塚原二子塚古墳（七二メートル）、権現堂一号墳（六一メートル）、大塚古墳（五三メートル）といった首長墓が小地域ごとに認められる。なお、伊那谷最大規模となる飯沼天神塚古墳（七五メートル）の築造は後期前葉である。以上のような中期から後期にかけての複数の首長層による造墓活動は、周辺から出土する馬埋葬土坑や馬の埋葬を伴う円墳が多く、馬飼集団との関係が指摘されている。（註1）

甲斐における古墳の築造は、甲府盆地の縁辺部にあり、前期にみる大型首長墓は南縁の曽根丘陵上にある。初期には前方後方墳の小《こ》平沢《ひらざわ》古墳（甲府市・四五メートル）が築かれ、前期中葉以降は大丸山古墳（一二〇メートル）、甲斐銚子塚古墳（一六九メートル）と大型前方後円墳が連続して築かれ、天神山古墳（甲府市・一三二メートル）や岡銚子塚古墳（笛吹市・八二メートル）などの前方後円墳も含め前期に集中する傾向にある。なお、首長墓はその後丸山塚古墳（七二メートル）のような円墳へと変化する。

（四）北陸（若狭・越前・加賀・能登・越中）

若狭・越前　若狭では、上之塚古墳（若狭町・約一〇〇メートル）、城山古墳（六三メートル）、西塚古墳（七四メートル）、中塚古墳（七二メートル）、十善《じゅうぜん》の森《もり》古墳（六八メートル）、上船塚古墳（七七メートル）、下船塚古墳（八五メートル）というように前方後円墳が継起し、中期以降首長墓が後期前葉まで継続的に築造される。これらは脇袋《わきぶくろ》古墳群、天徳寺古墳群、日笠古墳群とも把握され、墓域を移動しながら首長墓系譜がたどれる古墳群である。この古墳群では金製垂飾付耳飾（向山《むかいやま》一号墳・西塚古墳）をはじめ、金銅製帯金具や銀鈴・銅鈴（西塚古墳）、双龍文鈴付鏡板、金銅製冠帽（十善ノ森古墳）など、朝鮮半島系遺物が多く含まれていることから、被葬者の対外交渉をうかがわせる。

一方、越前では、松岡古墳群（福井市）が前期中葉から後葉にかけて、手繰《てぐり》ケ《が》城山《じょうやま》古墳（永平寺町・一二九メートル）、六呂瀬山《ろくろせやま》一号墳（坂井市・一四〇メートル）、六呂瀬山三号墳（八五メートル）と大型の古墳が継起するが、中期初頭には墓域を異にして帆立貝形古墳の免鳥長山《めんどりながやま》古墳（福井市・九〇メートル）が海浜部に築造される。この後首長墓の築造がみられなくなるが、再び福井平野には中期中葉から泰遠寺《たいおんじ》山古墳（永平寺町・六四メートル）、中期後葉の石舟山古墳（七九メートル）・二本松山古墳（八九メートル）と継起し、後期には椀貸山《わんかしやま》古墳・神奈備山《かんなびやま》古墳が築造される。これらの古墳の埋葬施設のうち、北部九州系の影響を受ける以前は笏谷石製の舟形石棺を備えかつ足羽地域では畿内的な副葬品を有する。

加賀・能登・越中　南加賀の江沼と能美では、初期の前方後円墳・前方後方墳が連続して築造され、前者は分校《ぶんぎょう》カン山古墳群（加賀市）、後者は末寺山《まつじやま》古墳群（能美市）を形成するが、いずれも中期まで継続しない。

中期前葉に推定される加賀最大の前方後円墳・秋常山《あきつねやま》一号墳（能美市・約一二〇メートル）は、その両古墳群を統括するように突如築造される。しかし、ここでも後続する首長墓は中期後葉から末葉にかけて和田山五号墳（五五メートル）・二子塚狐山古墳（加賀市・五四メートル）と、それまでの空白期がある。

一方、能登半島においては、国分尼塚一号墳（七尾市・五二メートル）や小田中亀塚古墳（中能登町・六二メートル）、雨の宮一号墳（六四メートル）のような前方後方墳が築造されるが、雨の宮二号墳に至ってはじめて前方後円墳が採用され、小田中親王塚古墳（六七メートル）で円墳化する。中期にはこれまで古墳築造のみられなかった地域に、滝大塚古墳（羽咋市・九〇メートル）が築造され、水白鍋山《みじろなべやま》古墳（中能登町・六四メートル）・小竹ガラボ山古墳（四四メートル）と後続する。これらはいずれも帆立貝形の墳形を採用している。

このように前期に築造された古墳群は、石動山麓と眉丈山を交互に盟主的首長が交替したと解釈され、中期以降に築造された帆立貝形古墳とその近接した滝五号墳や柴垣円山一号墳で、長方板革綴短甲をはじめとする武具・武器が副葬されるなど両者に成層的な関係が指摘されている。

越中の小矢部と呉羽の両地域では、谷内一六号墳（小矢部市・約四八メートル）・関野一号墳（約六五メートル）などの初期前方後円墳や、勅使塚《ちょくしづか》古墳（富山市・六六メートル）・王塚古墳（約五八メートル）などの初期前方後方墳が継続して築造される。しかし、前期後葉には首長墓系譜が途絶し、柳田布尾山《やないだぬのおやま》古墳（氷見市・一〇七メートル）の大型前方後方墳に統合される。その後中期前葉の谷内二一号墳のような小規模な前方後円墳が築造され、長方板革綴短甲や三角板革綴短甲などの武具を保有するが、これ以後の首長墓はみられない。

これに対して、これまで前期古墳がみられなかった白岩川流域には、稚児塚《ちごづか》古墳（立山町・四六メートル）・若王子塚《わくおうじづか》古墳（富山市・四六メートル）のような帆立貝形古墳や大型の円墳が築造されるが、首長墓系譜は認めがたく単独墳である。

三　中期古墳の特性

これまでにみてきた各地の首長墓の動向からは、おおむね次のような共通する事象があることに気がつく。

一つは、各地でみられた前期の首長墓はどの地域においても中期前葉までに築造を終え、継続した古墳群を形成していないことである。ただし、例外的に美濃・野古墳群や伊賀・美旗古墳群では、一定の墓域のなかで中型〜大型首長墓が継続して形成され、首長墓系譜が認められる。なお、中期中葉以降で、新たに首長墓を連続して形成するものに尾張・志段味古墳群、信濃・飯田古墳群、若狭・上中古墳群、越前・松岡古墳群などが認められるが、ここでは帆立貝形古墳や小型前方後円墳を含む構成に変化する。

二つめに、前期の前方後方墳が顕著であるとともに初期の前方後円墳と併存する地域もみられるが、前期後葉から中期前葉を境に前方後方墳がみられなくなり、代わって前方後円墳の規模が最大化するかもしくは円墳化する。また、古墳の立地に関しても、これまでの墓域からは離れて単独に築造される傾向が強く、海浜部や陸上交通上の要衝にあるのも特徴である。伊勢・宝塚一号墳、三河・正法寺古墳や船山古墳、遠江・光明山古墳、越前・免鳥長山古墳、能登・滝大塚古墳などがこれに該当する。このように中期になって登場する首長墓には、「海上および陸上交流網の整備」や「後続する同規模の古墳がみられないことが、安定的な首長権の継続」に繋がっているとみなされている。（註2）

三つめは、中期の首長墓に随伴もしくは近隣に中小規模の古墳が築かれ、副葬品にはこれまでにみない甲冑や刀剣などの豊富な武器・武具が副葬されることである。こうした現象から軍事的な再編をうかがわせるという解釈も多い。遠江の堂山一号墳では五ヶ山B2号墳・堂山二・三号墳が、加賀では秋常山一号墳に対して和田山五号墳・下開発茶臼山古墳を関連づけ、「小古墳でありながら甲冑をはじめとする卓越した武器を副葬する被葬者もまた新興勢力小首長」と理解する。（註3）また堂山古墳との関係では、共通する埴輪を伴うことから、堂山古墳の被葬者を軍事面で補佐した人物で、地域首長権を支える職掌を担っていたとする。（註4）こうした中小の古墳は、前方後円墳を核としながらも武器・武具を保有する円墳が序列化し、広域の首長墓を上位においた重層的な政治構造が表われた結果とみる。（註5）一方、伊賀でみた美旗古墳群と周囲の中小古墳の造営は中期後半以降、渡来系集団をも組み込んだ手工業生産に従事した集落群がその背景にあり、「城之越遺跡（伊賀市）を階層構成の頂点にして各種生産・祭祀といった日常諸活動」を重視する見方もある。（註6）

四つめは、これら中小古墳にみる副葬品のうち朝鮮半島系遺物が顕著となり、この時代に対外交渉を独自に行なう被葬者の姿を垣間みることができる。若狭の向山一号墳、西塚古墳、十善ノ森古墳や越前の天神山七号墳、加賀の二子塚狐山古墳からは垂飾付耳飾や帯金具が出土しており、当時の東アジアの情勢からして、古墳の被葬者は「朝鮮半島における倭の軍事行動に何らかの形で関与した蓋然性がきわめて強く」（註7）、こうした軍事編制が各地の首長層ならびに集団内の重層的な序列化を促進した契機になったと考えられている。東三河や西遠江では、中期後葉から末葉にかけて積石塚が興隆し、二本ヶ谷積石塚群（浜松市）にみる積石木槨状の埋葬施設からは朝鮮半島系の渡来人の被葬者を想定している。（註8）

四　首長墓の空白を考える

各地の研究者による古墳編年を参考に、おもに中期段階以降の首長墓の推移を読みとってきた。そこには中央と地方との関係や倭王権の地方支配あるいは古墳時代前期から中期にかけての変化などを読みとることができ、従来から論じられてきた首長墓系譜論にあてはめることもできた。つまり、そこでの様々な変化は「途絶」、「収斂」、「統合」という言葉で解釈され、地域社会を考察していく上で首長墓の消長は、有効な分析視角になると再確認できたのである。その一方で、首長墓が地域からなくなるという現象をどのように理解すればよいのか改めて考え直す機会にもつながった。

岐阜県最大の前方後円墳・昼飯大塚古墳（大垣市）が中期初頭に登場する美濃西部では、前期段階から継続して首長墓が築かれ、埴輪のみならず副葬品を通じて王権との関係が色濃く残る地域である。五世紀中葉以降この地での首長墓がみられなくなり、主要な首長墓群はまったく別の地に移動している。田島公はこの現象を「六世紀以降、金生山を含む一帯が、ヤマト王権が独占する王領である「禁野」に設定され、（中略）その周辺に王領が設定されることで、在地首長墓の墓域にも少なからず影響を及ぼしたと理解する。[註9]もちろん群集墳が造営される墓域と首長墓の一代一墳的な造営とを同一に扱うことはできないが、ここから学ぶことは首長墓空白の要因は複合的・多角的であるということである。

藤沢敦は「首長権の継承を前提とした、首長墓系譜の存在という想定を、古墳の動向から読みとることはできるのであろうか」という疑義から「各地の状況を踏まえて、古墳築造の原理を問い直す必要がある」[註10]と指摘している。また鈴木一有は大型前方後円墳の造営には、階層や職掌、出自を異にする様々な人物や集団などの統合があり、大型首長墓の造営そのものが上位の中核的首長権による地域再編に必要された社会的装置ではないかと説明する。[註11]

五　おわりに

筆者は長い間、一つの前方後円墳の調査と整備を経験したことから、古墳築造の行為を現代的工事と重ね合わせながら古墳とは何かという問いに向き合ってきた。先人の研究が明らかにしたように、古墳の墳形や規模には政治的関係が色濃く反映される一方、その築造過程には様々な技術導入や葬送に伴う観念の受け入れが前提としてあるのではないかと考えるようになった。すなわち、古墳築造の背景には、地域の受容側としての成熟度とも言える環境があってはじめて、王権側に沿った古墳が築造しえたのではないか。

古墳の築造という行為については、これまでにも指摘されているように王権側からの一方向だけでなく、それを受け入れた地域の実態解明も同時に必要である。引き続き鈴木の言葉を借りるならば、大型古墳の築造にみる「広域的な上位首長は自らの帰属地域には葬られずに、他のエリアに葬地があってあてがわれた可能性がある」[註12]し、また首長墓系譜を考える上でも「まずは小地域ごとの首長系譜の追求、大規模なものはその造営力に見合った広域エリア内にあるきめ細かな小地域系譜どうしの動向の突き合わせなどを検討することが課題」という一瀬和夫の意見に賛成である。[註13]

（註1）鈴木一有「東海からみた古墳時代の伊那谷」『飯田市歴史研究所年報』七、飯田市教育委員会、二〇〇九

（註2）鈴木一有「東海東部」広瀬和雄・和田晴吾編『講座日本考古学　古墳　時代（上）』青木書店、二〇一一

（註3）伊藤雅文「⑦北陸」一瀬和夫・福永伸哉・北條芳隆編『古墳時代の考古学2』同成社、二〇一二

（註4）前掲註2に同じ

（註5）入江文敏「古墳時代における若狭・越の動態」入江文敏・伊藤雅文編『季刊考古学　若狭と越の古墳時代』別冊一九、雄山閣、二〇一三

（註6）穂積裕昌「伊賀の首長墓系譜の特質とその背景」中井正幸・鈴木一有編『季刊考古学　東海の古墳風景』別冊一六、雄山閣、二〇〇八

（註7）中司照世「日本海中部の古墳文化」小林達雄・原秀三郎編『新版 古代の日本⑦中部』角川書店、一九九三

（註8）前掲註2に同じ

（註9）田島 公「西濃地域にみる王領・禁野とヤマト王権」中井正幸・鈴木一有編『季刊考古学 東海の古墳風景』別冊一六、雄山閣、二〇〇八、同「美濃の王領と昼飯大塚古墳」『昼飯大塚古墳シンポジウム』資料集、大垣市・大垣市教育委員会、二〇一三

（註10）藤沢 敦「⑩東北」一瀬和夫・福永伸哉・北條芳隆編『古墳時代の考古学2』同成社、二〇一二

（註11）鈴木一有「遠江における埴輪の受容と首長権」『第三回松阪はにわシンポジウム 東海の埴輪と宝塚古墳』資料集松阪市・松阪市教育委員会、二〇〇三

（註12）前掲註2に同じ

（註13）一瀬和夫「古墳文化―津々浦々」一瀬和夫・福永伸哉・北條芳隆編『古墳時代の考古学2』同成社、二〇一二

〔補記1〕編年表の作図にあたっては次の文献を参考にしたが、広域な地域を対象としたため、古墳編年に関しては「講座編年」（広瀬和雄・和田晴吾編『講座日本考古学 古墳時代』青木書店、二〇一一）で統一している。本書で扱う中期は「講座編年」の四期後半から八期に並行し、四期後半は『前方後円墳集成』編年（広瀬和雄「前方後円墳の畿内編年」一九九二）では四期に、「和田編年」（和田晴吾「古墳時代の時期区分をめぐって」『考古学研究』三四―二、一九八七）では五期に該当する。

近藤義郎編『前方後円墳集成 中部編』山川出版、一九九二
八賀 晋編『美濃・飛騨の古墳とその社会』同成社、二〇〇一
八賀 晋編『伊勢・伊賀の古墳と古代社会』同成社、二〇一〇
広瀬和雄・和田晴吾編『講座日本考古学 古墳時代』青木書店、二〇一一
赤塚次郎編『尾張・三河の古墳と古代社会』同成社、二〇一二
一瀬和夫・福永伸哉・北條芳隆編『古墳時代の考古学』同成社、二〇一二

〔補記2〕脱稿後、広瀬和雄「古墳時代の首長―前・中期古墳の複数埋葬をめぐって―」（『国立歴史民俗博物館研究報告』一七五、国立歴史民俗博物館、二〇一三）に触れることができた。ここでは前期から中期にかけての首長墓に現われる複数埋葬を分析し、一基の前方後円墳の築造にも複数の首長による政治的結合が背景にあり、これら首長層が前・中期の古墳時代社会の基礎単位であったと指摘する。

この理解から本稿と関連する首長墓系譜について考えてみると、一代一墳的に築かれる首長墓と複数埋葬を伴う首長墓とでは、そこから読みとる地域首長層の相互関係や地域社会の解釈も異なってくる。やはり地域ごとの首長墓のきめ細かな調査や理解が必要であることを改めて感じた。

東国

広瀬和雄

一　はじめに

古墳時代中期の東国像を、政治動向に焦点をあてて明らかにしよう、前方後円墳を中心とした首長墓をとおして探ってみよう、というのが本稿の目的である。まず最初に、東国の中期首長墓のおおまかな特徴を挙げると次のようである。

第一、前期の前方後円墳や前方後方墳には少なかった段築・円筒埴輪列・葺石といった外部表飾が一般化する。墳丘様式の斉一度が高まったのだが、それが実現化するような事態が背景に生じたのだろうか。ちなみに、造り出しを付設することはさほどなさそうだ。第二、前期に多かった前方後方墳はもはや築造されなくなる。それに代わって帆立貝形の前方後円墳が増える。さらに大型の前方後円墳も目立つようになるが、それは往々にして単独墳で、外部表飾をそなえ、長持形石棺や武器・武具などをもつなど畿内的色彩がつよい。第三、前期から中期へとつづく古墳群はほとんど見あたらない。中期の首長墓は、前期のそれとは違った場所に造営されることが普通である。中期をつうじて数代にわたって営まれるものも前期にくらべると少ない。畿内五大古墳群のような複数系譜型古墳群は、後期には顕著なものの中期には存在しない。

上記のような特徴をもつ中期の東国首長墓は、地域的な偏在性を明瞭にみせている。大ざっぱには三地域が設定できそうだ。第一地域は海浜型前方後円墳が卓越した地域で、東京湾東岸や「香取海」沿岸などである。第二地域は前方後円墳が顕著な内陸の海浜型前方後円墳にある。古墳時代中期東国の動向を解くひとつの鍵は、この上野地域や下野地域である。もっとも、上野地域のほうが圧倒的といえるほど、大型前方後円墳が多数つくられている。第三地域は前方後円墳が稀な北・南武蔵地域や相模地域である。この地域では数はさほど多くはないが、大型の帆立貝形前方後円墳や円墳などが目につく。

二　海浜型前方後円墳が卓越した地域

（一）「香取海」沿岸

東国の古墳時代中期で注目すべき事実は、水運との密接なつながりをもった第一地域、「香取海」沿岸と東京湾東岸の大型〈海浜型前方後円墳〉である（図1）。それらは農耕共同体の首長墓には似つかわしくない立地をしめすことからも、「もの」の交易と人の往来を管理する海運拠点に築造されたことが容易に推測できる。この地域の有力首長層が、東京湾や「香取海」を経由した「もの」と人の海運にかかわっていたことを表わしている。(註1)

現在の霞ヶ浦、北浦、印旛沼、手賀沼、利根川などがつながって、江戸時代以前には広大な内湖（内海）、「香取海」が形づくられていたが、そのもっとも奥まった台地端に墳丘の長さでは関東地方第二位、一八六メートルの前方後円墳、茨城県舟塚山古墳が造営されている。また、外海からの入口ともいえる自然堤防上に、筑波山系結晶片岩製の変形長持形石棺をそなえた墳長一二三メートルの前方後円墳、千葉県三之《さんの》分目《わけめ》大塚山《おおつかやま》古墳が立地する。「香取海」の二ヵ所の出入り口に、二基の大型前方後円墳が勇姿を見せるというわけだ。これら五期（『前方後円墳集成』の編年に依拠する）の大型前方後円墳は盾形周濠をめぐらせ、段築をつくり、円筒埴輪列をならべるが、近隣には前後に直接つながる前方後円墳は見あたらない。さらには年代決定の決め手がないが、墳形から四期か五期とみなしうる墳長六三メートルの前方後円墳、水神山《すいじんやま》古墳がさほど平野の広がらない現手賀沼北岸につくられている。

注意をひくのが、「香取海」の中央付近の浮島である。この小さな島では五世紀をつうじて、滑石製模造品を用いた祭儀が実行されている（浮島遺跡）。内湖・内海から外洋に出て行く航海の安全が祈願されたのであろう。国際交通の沖ノ島祭祀にたいして、国内交

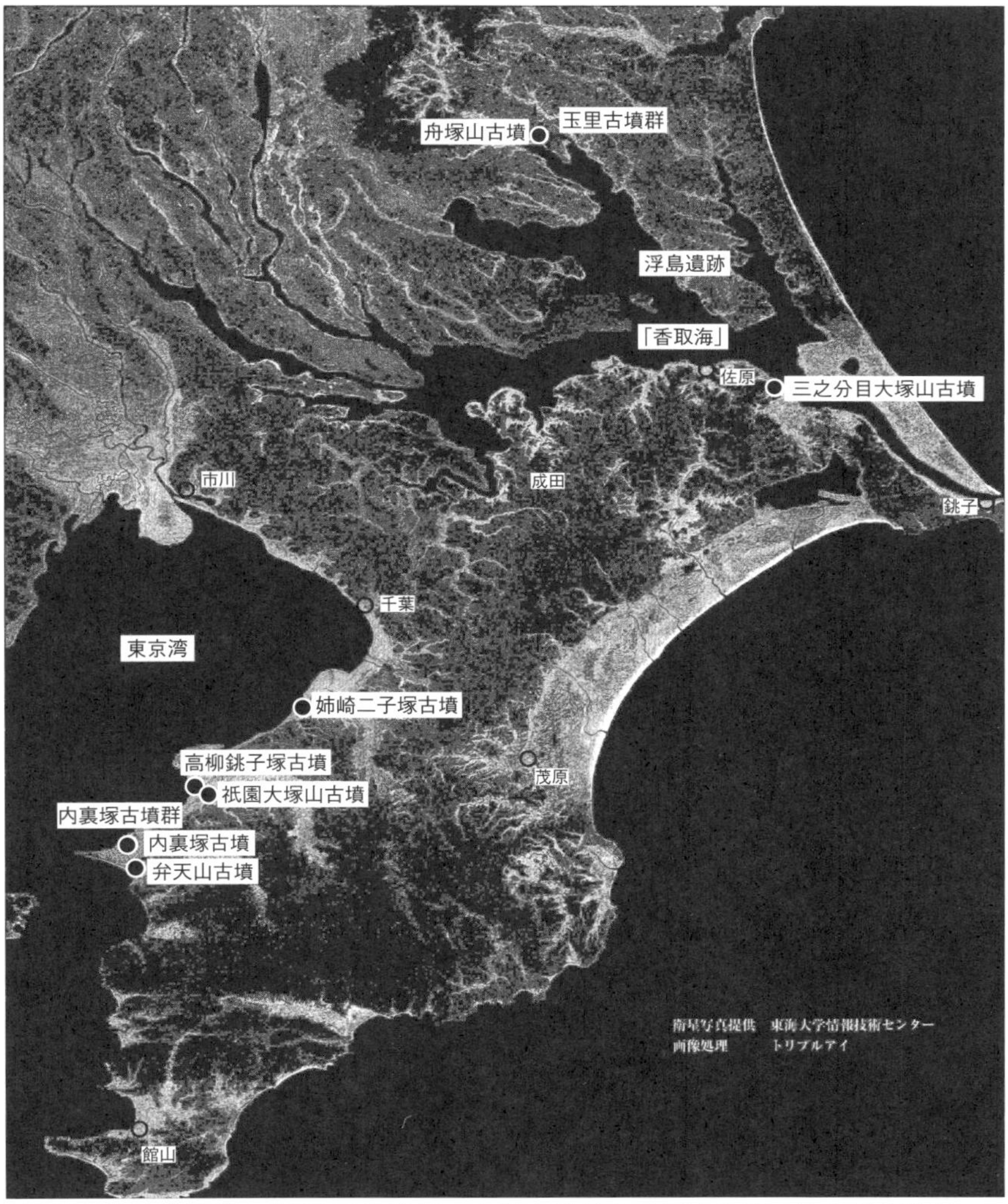

図１　東京湾岸・「香取湾」沿岸の中期大型前方後円墳と後・終末期古墳群
（註１から転載、原図は『千葉県の歴史資料編考古３』）

通の浮島祭祀といった趣きで、環「香取海」首長層に支えられた祭場の蓋然性が高い。

さて、「香取海」沿岸の海浜型前方後円墳は、単独墳で一時期だけの造営であるが、一定の空白期間を経て、後期になると再び海浜型前方後円墳が営まれる。それらがつくられた「場」が、重要な役割をもっていたわけだ。

舟塚山古墳では近接して玉里《たまり》古墳群が形成されるが、ここでは五世紀末から七世紀初めごろの前方後円墳一八基や、それにつづく大型円墳などが七世紀前半ごろまでつづく。数人の首長がここを共同墓域に定め、一〇〇年強にわたって霞ヶ浦から見えるところに首長墓を造営したようだ。ほかにも三昧塚《さんまいづか》古墳や富士見塚古墳など多数の首長墓が営造され、古墳時代後期にも「香取海」（霞ヶ浦）水運の求心力が強力だったことをしめしている。また、三之分目大塚山古墳の近辺では五世紀前半ごろから六世紀初頭ごろまでの首長墓は空白だが、六世紀前半ごろになっておなじ自然堤防に富田一号墳（墳長三九メートル、以下、数字は墳長）、富田二号墳（四八）、富田三号墳（四二・五）が、一代一墳的に築造された可能性が高い。ここでも内湖（内海）の出入り口という「場」の論理が働いている。

（二）東京湾岸

東京湾の東岸（千葉県）に発達した砂丘・浜堤にも、六～七期の五世紀代に海浜型前方後円墳が構築される。北から順にみると、まず丘陵に営まれた姉崎古墳群の前方に伸びた砂丘に、二子塚古墳が築造される。墳長一三〇メートルの前方後円墳で、直葬された木棺にはき竜文鏡、垂飾付耳飾り、銀製腰佩、直刀、鉄矛、鉄鏃、金銅装鋲留衝角付冑、挂甲、轡などが副葬される。そこから一三キロほど湾口に向かった自然堤防には、祇園・長須賀古墳群が営まれる。その一画に長持形石棺をもった墳長一一〇～一三〇メートルの高柳銚子塚古墳と、画文帯四仏四獣鏡、銀製耳飾り、金銅製眉庇付冑、金銅製挂甲、鉄製挂甲などを出土した墳長約一〇〇メートルの祇園大塚山古墳が近接してつくられる。さらに一〇キロほど湾口に向かった浜堤には内裏塚《だいりづか》古墳群が展開している。その嚆矢となる内裏塚古墳は、墳長一四四メートルと南関東第二位の墳丘規模で、二基の竪穴石槨には鉄刀、鉄剣、鉄鏃、鉄槍などが副葬される。そこから四キロほど南方のもっとも東京湾の出入り口の近く、海を見下ろす台地端に、竪穴石槨に刀、剣、短甲などを副葬した墳長八七・五メートルの弁天山古墳が単独で所在する。

これら五世紀の海浜型前方後円墳は大型で、おおむね段築、円筒埴輪列、周濠などの外部表飾をそなえ、長持形石棺や金銅製・金銅装の武具をもつ。畿内的色彩が濃厚で、中国鏡や朝鮮半島からの渡来文物を副葬する、という国際的色彩をみせている（図2）。田中新史は「金銅製挂甲、金銅製眉庇付冑、金銅装衝角付冑と銀製耳飾と当時の時代色を最も強く反映した文物が出土し、南関東の文物の窓口として当時最も先進的な地域であった」と述べ（註2）、小沢洋は「海上交通路を媒介として、それぞれ独自に畿内政権との外交関係を展開」したと意義づける（註3）。

注意をひくのは、これら海浜型前方後円墳のほかには、千葉県域では顕著な中期前方後円墳がほとんど見あたらないことだ。円墳がほとんどであるが、それも大型のものはない。たとえば、円墳一二基の稲荷台古墳群（四世紀後半ごろから六世紀前半ごろ）のなかでは最大で、「王賜」銘鉄剣を副葬した稲荷台古墳は直径二八メートル

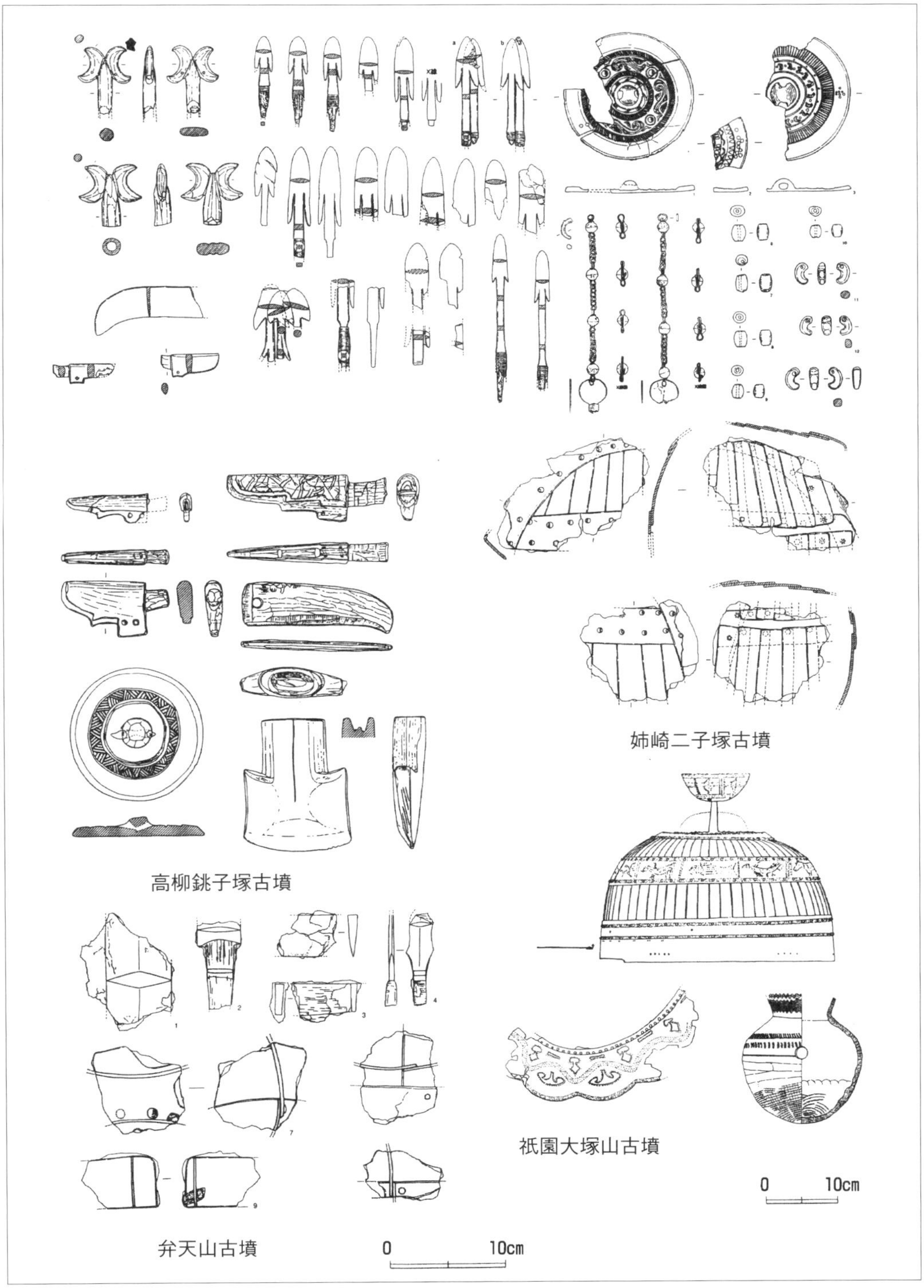

図２　海浜型前方後円墳の副葬品
（註１から転載、原図は『千葉県の歴史資料編考古 2』、白井久美子「高柳銚子塚古墳をめぐる諸問題」『日本考古学』2 など）

の円墳だし、長さ六・八メートルの割竹形木棺に二体（石枕）が埋葬された石神二号墳は直径約二五メートルにすぎない。

東京湾東岸でも「香取海」沿岸と同様の事態が展開している。祇園・長須賀古墳群では五世紀代の二基の後、しばらくの空白期を経て、六世紀後半に稲荷森《いなもり》古墳と上総金鈴塚《きんれいづか》古墳（九五）などの前方後円墳が造営される。おなじく内裏塚古墳群でも再度、六世紀後半から七世紀中ごろまで有力な前方後円墳と方墳がつくられる。直接、海から見えるかどうかはともかく、海岸線に墳丘長軸を揃えたものもふくめ、三条塚古墳（一二二）、稲荷山古墳（一〇六）、青木亀塚古墳（一〇六）、九条塚古墳（一〇五）など九基の後期前方後円墳に、大型方墳の割見塚《わりみづか》古墳（四〇）などがつづく。さらに円墳も二九基あるが、白姫塚《しらひめづか》古墳（三〇）からは金銅製双龍環頭大刀、金銅製円頭大刀、銀装方頭大刀など四振りの大刀や挂甲、鍍金銅椀などが、丸塚古墳（三〇）からは飾り馬具などが出土している。

これら第一地域の海浜型前方後円墳のほかでは、前期の海浜型前方後円墳は茨城県鏡塚古墳などがあるがさほど多くないし、「香取海」沿岸や東京湾岸には見あたらない。それよりも前期には多摩川、相模川、久慈川、那珂川など、大河川との関連を読みとれるものが目立つ。おなじ水運でも、東国の場合は河川交通から海上交通へと、その比重が遷移したようである。それは後述するように、地方のなかの交通というより中央―地方、さらには対外的な水運が注目されたことと密接に関連する。もっとも茨城県では、前方後円墳の愛宕山《あたごやま》古墳（一三六・五）や大型円墳の高山塚古墳（一〇〇）など、中期でも河川型の大型古墳が顕著である。

三　前方後円墳が卓越した内陸地域

（一）下野地域

前方後円墳が卓越した第二地域でも、下野地域と上野地域とではいささか様相が異なる。下野地域の中期には田川をはさんで約四・五キロしか離れていない地点に、六期の大型前方後円墳をふくむふたつの古墳群が造営される。ひとつは、平地につくられた墳長約一〇五メートルの笹塚古墳である。三段築成で、円筒埴輪列と葺石をそなえ、幅の広い内濠と狭い外濠の二重濠と外堤をふくめた総長は約二一〇メートルにもなる。この六期の笹塚古墳の周濠を切った状態で、墳長約五三メートルの円墳、鶴舞塚《つるまいづか》古墳がつくられる。鉄鏃、鉄鍬、土師器などが出土して七期とみなしうるが、ここでは前方後円墳から円墳へと墳形を変化させている。周辺には消滅した古墳が二二基ある（東谷古墳群）。そのなかの双子塚古墳は墳長七三メートルの前方後円墳、松の塚古墳は直径約五〇メートルの円墳だが時期は不明で、笹塚古墳や鶴舞塚古墳との先後関係はわからない。そのほか、直径一〇メートル前後の円墳数基から五世紀後半～末ごろの須恵器が出土している。

もうひとつの大型前方後円墳、塚山古墳は墳長九八メートルの三段築成で、葺石や円筒埴輪をもち、周濠をめぐらす。塚山古墳の周濠を避けてつくられた塚山西古墳は、墳長六四メートルの帆立貝形前方後円墳で円筒埴輪、鶏形埴輪などのほか、陶邑TK二〇八型式の須恵器（器台、高杯、甕、鉢）を出土している。塚山南古墳も墳長五八メートルの帆立貝式古墳で、円筒埴輪、形象埴輪をもち、くびれ部東側の周濠から出土した須恵器（甕、器台、台付短頸壺、高

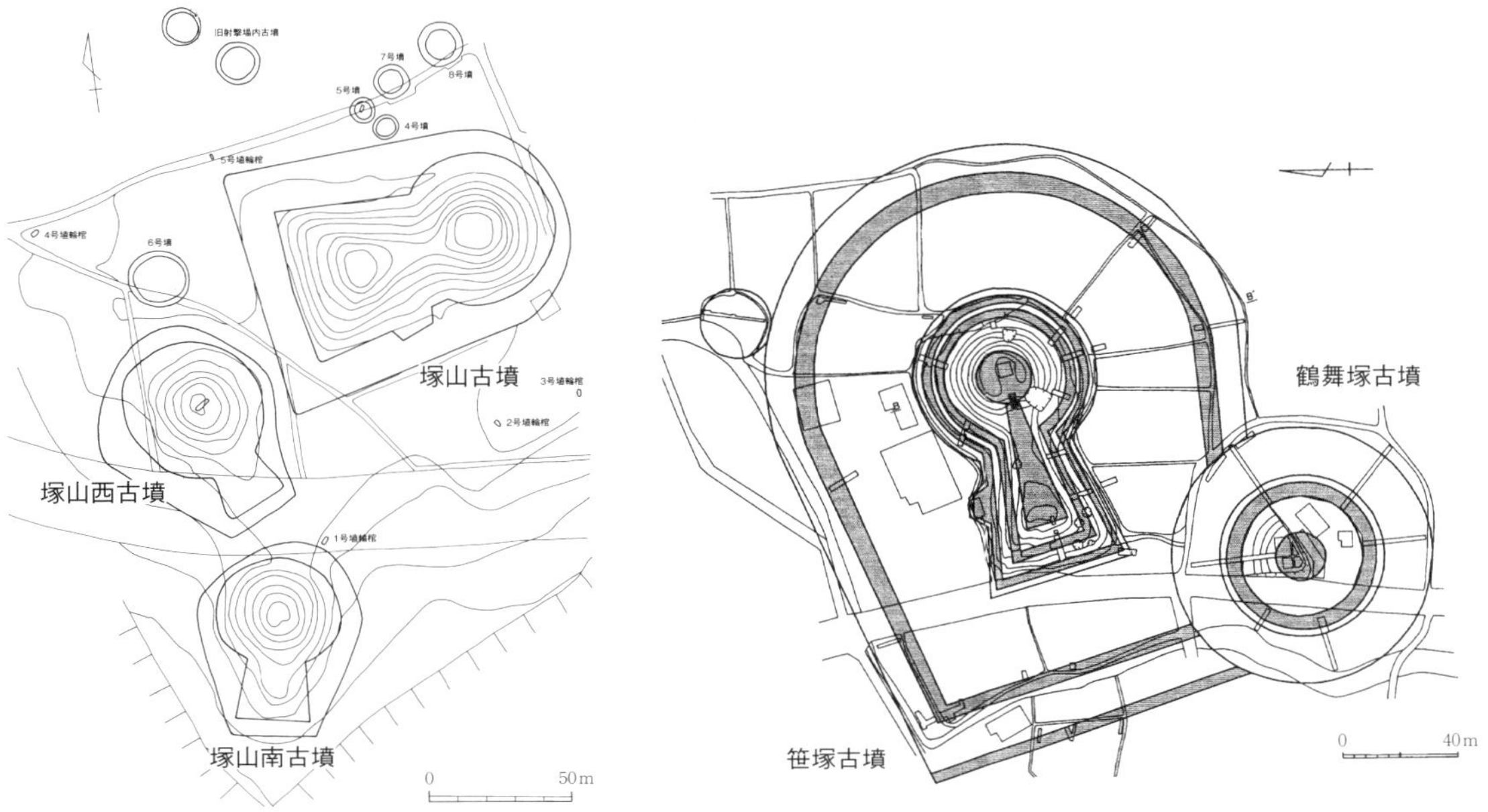

図３　塚山古墳と笹塚古墳
（宇都宮市教育委員会『塚山古墳群』1996、同『笹塚古墳』2012から転載）

杯、杯など）はＴＫ二〇八・二一七型式である。これらは塚山古墳、塚山西古墳、塚山南古墳の順に、五世紀前半から後半にかけて築造されたが、前方後円墳から前方部の縮小された前方後円墳へと変化するとともに、墳丘規模も小さくなっている（図３）。

笹塚古墳と塚山古墳はほぼ同規模の前方後円墳で、平地に立地し、埴輪、葺石、周濠などの外表施設をそなえ、ビジュアル性に富む。このふたつの首長墓系譜は五世紀第２四半期から後半にかけて二〜三代つづくが、二代目以降は墳丘規模が小型化し、帆立貝形前方後円墳や円墳という劣位の墳形に変更される。縮小型首長墓系譜とでもいえそうな様相からすれば、二首長の勢威は劣化しているとみなさざるを得ない。ちなみに、二基の大型前方後円墳が造営される前段階の首長墓は近辺には見あたらない。ふたつの首長墓系譜をみる限り、急速に力量を高めた首長が、ともに二〜三代で「零落」したことになる。はたしてこうした動向は、内在的な要因だけに基因するのであろうか。

ほかに下野地域では、六期の勧農車塚《かんのうくるまづか》古墳や七期の桑七号墳などがある。前者は周濠や円筒埴輪をそなえ、墳丘から滑石製模造品（鎌形品一、刀子形品五）が出土していて、後円部直径約四〇メートルの前方後円墳の可能性をもつ。後者は墳長約三六メートルの帆立貝式古墳で、後円部の墳頂部に方形区画をそなえ、仿製鏡、天冠、直刀、鉄剣、蛇行剣、銅鈴などを出土する。

(二)　上野地域

東国最大の太田天神山古墳の近辺には、先行する前期末ごろの四期にも大型前方後円墳が築造されている。西毛地域では三段築成で、葺石や埴輪をもち、盾形周濠をめぐらす墳長一七二メートルの浅間山古墳が、東毛地域ではおなじく三段築成で、葺石や円筒埴輪列をもった墳長一六八メートルの宝泉茶臼山古墳（別所茶臼山古墳）が築造されている。これら二基は水平で、幅の広い、盾形周濠をめぐらすことから、四期でも後半に編年される。ちなみに畿内地域の巨大前方後円墳では、おなじ形態の周濠は大阪府津堂城山古墳、奈良県築山古墳、島ノ山古墳、築山古墳などからはじまる。宝来山（垂仁陵）古墳の周濠は水平で幅は広いが前方後円形を呈している。（註4）

　五期になると、西毛地域では墳長一七五メートルの前方後円墳で形象埴輪をならべ、竪穴石槨（粘土槨）から多種の石製模造品や鏡、刀、石枕などが出土した白石稲荷山古墳が、東毛地域では三段築成で葺石、円筒埴輪列、形象埴輪、盾形二重濠、長持形石棺をそなえた墳長二一〇メートルの天神山古墳がそれぞれつくられる。太田天神山古墳には墳長一〇六メートルで外部表飾を完備した帆立貝式古墳の女体山《にょたいさん》古墳が隣接している。これらは上野地域の東西周縁に位置するが、白石稲荷山古墳は鮎川左岸の台地縁につくられ、信濃地域への交通の要衝にあたるし、太田天神山古墳もほぼ下野地域との境界に位置している。いわゆる上野地域の東西の外縁で、陸運の要衝を扼するという象徴的な場所を占める。ちなみに、白石稲荷山古墳のすぐ北方には、後期では傑出した九期の七輿山《ななこしやま》古墳（一四五）が鮎川と鏑川の合流地点に築造されている。

　さらに、五期には中毛地域でも墳長一二五メートルと幾分かは墳丘規模は劣るが、三段築成、葺石、埴輪、盾形周濠をもった御富士山古墳がつくられる。ここには、畿内中枢の巨大前方後円墳などに採用されたものにくらべても遜色のない長持形石棺が内蔵されている。前述の片岩を用いた三之分目大塚山古墳の変形長持形石棺にくらべると、彼我の距離感は一目瞭然である。

　その後の六・七期になると、上野地域でも大型前方後円墳は減少する。六期では墳頂部に家形埴輪群をならべた墳長五九メートルの帆立貝形前方後円墳で、二基の木炭槨から鏡、三角板革綴短甲、鉄刀、鉄矛、鉄鏃、鉄斧などが出土した赤堀茶臼山古墳が、東毛地域にみられる程度である。七期には西毛地域に墳長九四メートルの前方後円墳で、舟形石棺をそなえた不動山《ふどうやま》古墳や、墳長一二〇メートルの前方後円墳、岩鼻二子山《いわはなふたごやま》古墳、東毛地域には墳長一〇二メートルの太田鶴山古墳や墳長七四メートルの米沢二ツ山古墳などがあるが、太田天神山古墳や白石稲荷山古墳とくらべると見劣りがするのは否めない。前方後円墳が増えるのは八期以降である。井出二子山古墳（一〇八）、保渡田八幡塚《ほとだはちまんづか》古墳（一〇二）、保渡田薬師塚《ほとだやくしづか》古墳（一〇五）の保渡田古墳群などがあるが、舟形石棺をもった保渡田八幡塚古墳の中堤には、人物埴輪や動物埴輪などの形象埴輪区画が設置されている。

　上野地域の古墳時代中期には、つよい畿内的色彩をもった有力な政治勢力が複数いたのは動かない。そうはいっても、「畿内」大和川水系の佐紀古墳群、馬見古墳群、古市古墳群、百舌鳥古墳群のように、巨大前方後円墳を中核として各級の前方後円墳・帆立貝式古墳・円墳・方墳が、一定期間をつうじて同時平行的に造営された階層構成的な複数系譜型古墳群は見あたらない。これら大型前方後円墳の墳形について若狭徹は、浅間山古墳や大鶴巻《おおつるまき》古墳と佐紀陵山古墳、太田天神山古墳と墓山古墳、時期は九期に下るが今城塚古墳と墳長一四五メートルで三段築成、円筒埴輪・形象埴輪（人物・馬・盾）をもち、二重濠をめぐらす（前方部には三重目の溝）七輿山古墳とが相似形であると指摘している[註5]（図４）。

もっとも、太田天神山古墳が構築された五期だと、大和川水系―上野地域よりもやや狭くて、ひとつの河川水系―には百舌鳥古墳群の石津丘（履中陵）古墳（三六〇）、古市古墳群の仲津山古墳（二九〇）、佐紀古墳群の市庭古墳（二五〇）、コナベ古墳（二〇四）、馬見古墳群の新木山古墳（二〇〇）などがある。さらに、堺大塚山古墳（一六八）のような大量の鉄製武器・武具の副葬をみるまでもなく、中央―地方の政治関係があったことは動かない。

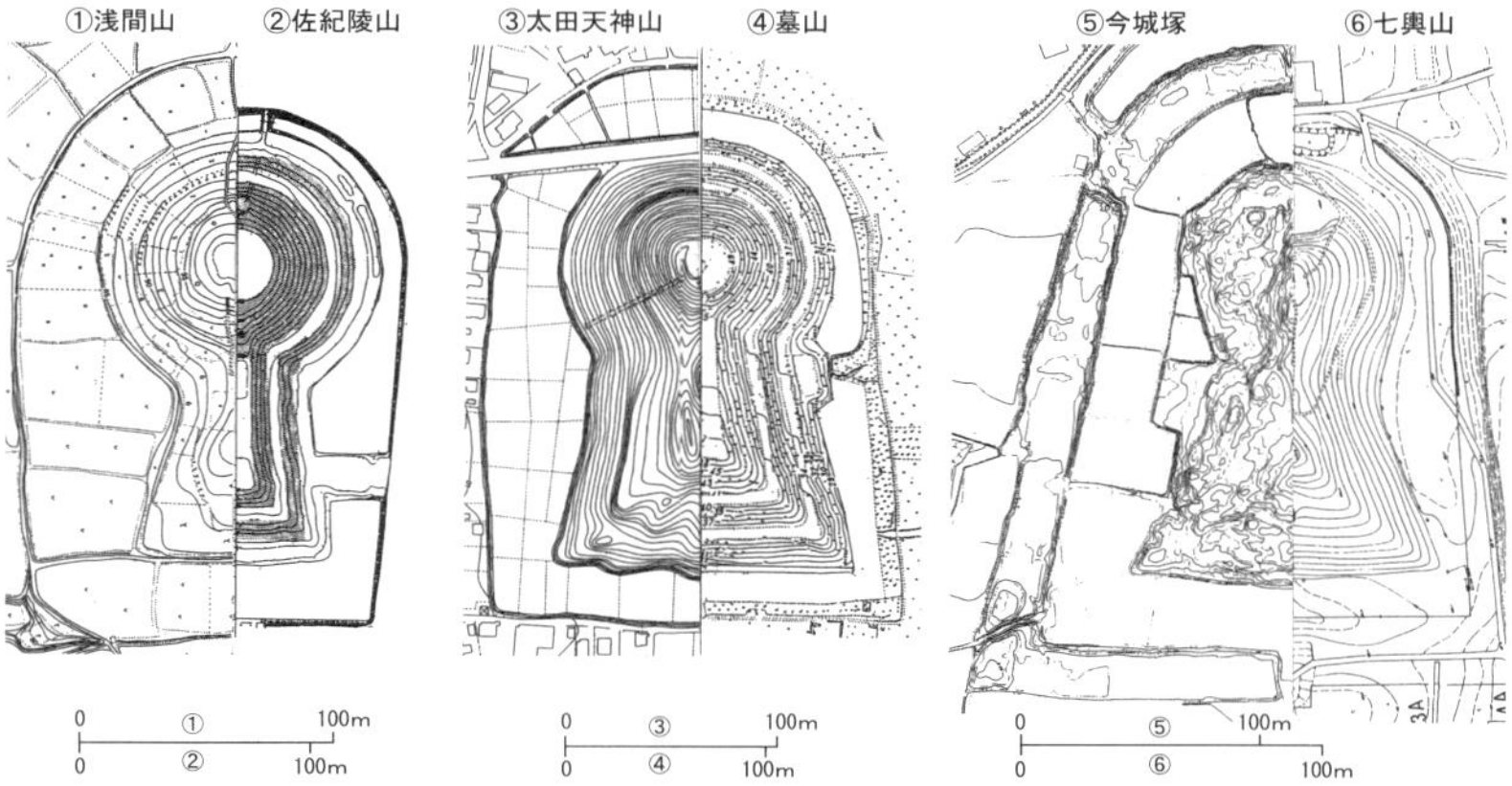

図４　上毛野の主要古墳と畿内の古墳との相似関係（註５から転載）

四　前方後円墳がほとんどない地域

前方後円墳がほとんど築造されない第三地域でも、多摩川下流域の広い範囲で首長墓系譜が辿れそうな南武蔵地域と、そうした様相がみられない北武蔵地域と相模地域とがある。　北武蔵地域の前期首長墓には大型のものは少ないし、長期にわたって安定した首長墓系譜をなすケースはあまりないけれども、一部の前方後円墳のほか多数の前方後方墳がつくられている。ところが、中期になると一変する。明瞭な首長墓は、二段築成で墳長八六メートルと大型の帆立貝式古墳で、葺石、円筒埴輪列、周濠をもった埼玉県雷電山《らいでんやま》古墳や、二段築成で直径六九メートルと大型の円墳で、葺石、埴輪、周濠をそなえた金鑚神社《かなさなじんじゃ》古墳など数えるほどである。これら外部表飾を完備した大型古墳の二基は五期に編年しうるが、その後しばらくは空白期がつづく。

多摩川下流域の首長墓系譜は一期の東京都宝莱山《ほうらいさん》古墳（九七）以降、神奈川県白山古墳（八七）、同観音松《かんのんまつ》古墳（七二）、東京都亀甲《かめのこ》山《やま》古墳（一〇七）と前期前方後円墳が四代つづく。それらに後続する五期の野毛大塚《のげおおつか》古墳は、造り出しを付設しながらも前方部が短小で、墳長六八メートルの帆立貝形前方後円墳である。次の御岳山古墳は墳長五七メートルの帆立貝式古墳か円墳で、粘土槨から短甲や刀剣などが、亀塚古墳は墳長四八メートルの前方部短小な前方後円墳で、木炭槨や組合せ式石棺から神人歌舞画像鏡、玉類、鈴釧、鉄刀・鉄鏃、馬具などがそれぞれ出土している。

ここでは前方後円墳から帆立貝式古墳へと墳形が変化して数代、首長墓の造営がつづくのだが、野毛大塚古墳は四基の埋葬施設あわせて鉄刀三三、鉄剣一〇、鉄槍一四、鉄鏃二四三、甲冑二組と、東国でも屈指の鉄製武器・武具を副葬している。この豊かな副葬品をみる限り、在地首長が勢力を低下させたとか、みずからの意志で劣位の墳形を選択したとかは考えにくい。中期での墳形変更には他律的な意志が働いたとみたほうが理解しやすい。

相模川流域でも中期古墳の事情は変わらない。この地域の前期には、弥生時代終末期の墳墓や一期の前方後円墳などをふくむ秋葉山古墳群、埴輪・葺石をそなえ海運とのつよい関連をもった長柄《ながえ》桜山《さくらやま》古墳群、三角縁神獣鏡を副葬した真土大塚山《しんどおおつかやま》古墳などが築造されている。それにもかかわらず、中期になると顕著な首長墓が希薄になる。確実なひとつは神奈川県吾妻坂《あづまざか》古墳で、直径五〇～六〇メートルの大型円墳（帆立貝式、前方後円墳の可能性も）である。三基の木棺直葬の第三主体部には仿製斜縁四獣鏡、ガラス小玉二一、鉄剣一、竪櫛などが副葬されている。そのほかでは、小型の方墳や円墳がある程度で有力な首長墓は見あたらない。前期前方後円墳は一一基もあったのに、こうした中期の「凋落」ぶりは奈辺に原因があるのだろうか。

このように荒川流域を中心とした北武蔵地域と、多摩川下流域に首長墓が偏在する南武蔵地域、さらには相模地域は、前方部が矮小化された帆立貝形の前方後円墳、造り出しの付設された大型円墳（帆立貝式古墳）、大型円墳が主流で、「通常の」前方後円墳がほとんど造営されないという共通した特徴をみせる。もっとも後期になると、このふたつの地域は決定的ともいえそうな差異をみせる。ほぼ北武蔵地域と重なる埼玉県には、後期の前方後円墳が急増し、七四基もの多きを数える。いっぽう、南武蔵地域の東京都には後期前方後円墳はわずか六基しか築造されない。首長墓系譜としては前期の宝莱山古墳や亀甲山古墳と近接したところに、浅間神社古墳（推定六〇）、観音塚古墳（四八）、多摩川台一号墳（三九）と三代つづくぐらいである。さらに相模地域でも後期前方後円墳は一四基とこちらも少ない。

東国では後期になると前方後円墳が爆発的に増加する。一〇期だけで四三五基もの前方後円墳が築造されるのだが、東京都と神奈川県はその埒外である。[註6]おなじ中期首長墓の「没落」地域のなかでも、後期に「復活」する埼玉県にくらべると、前期の「栄光」は取り戻せなかったようである。

五　東国の中期古墳時代

（一）東国中期首長墓の特性

東国を三地域に大別して概観したが、どの地域も中期首長墓の系譜が安定しているわけではない。第一、第三地域では中期になると前方部が矮小化された帆立貝形前方後円墳や造り出しの付いた円墳へと墳形が変容するが、それがそのまま首長の地位低下を表わすかというと、必ずしもそうとも言えない。前述したように、野毛大塚古墳には東国有数の武器が副葬されているし、雷電山古墳の墳長八六メートルや金鑽神社古墳の直径六九メートルの墳丘体積はすこぶる大きい。第二、どの地域でも前方後方墳は中期にはつづかない。それが卓越していた北武蔵地域や下野地域では、前期末にはほぼ一斉に廃棄される。墳形の選択が在地首長の自由意志に委ねられていれば、少しぐらいは中期までつづいてもよさそうだが、けっしてそうではない。在地首長がみずからの意志で劣性的な墳形を選択したとみるよりは、そこに外在的な力が働いたとみたほうがわかりやすい。第三、第二地域では中期前半には大型前方後円墳が造営されるが、後半には墳丘規模が縮小する。大型前方後円墳の卓越した上野地域でも、四～五期の「繁栄」ぶりが六～七期にはつづかない。第三地域の北武蔵地域や相模地域にいたっては、五期以外の有力な首長墓が見あたらない。これらをことごとく在地首長の「没落」とみるのであれば、上野地域での八期以降の大型前方後円墳の復活や、南武蔵地域や相模地域を除いた一〇期での前方後円墳の爆発的増加とどう整合させればいいのであろうか。第四、前期の首長墓系譜はそのままでは中期のそれには連続しない。首長の勢力分布が代わったのだろうか。

このような墳形の選択（変更もふくめて）や首長墓の消長における「不自然さ」は、東国首長層の在地での動きだけで、いいかえれば在地首長層の自律的な意志だけでは説明しにくい。そもそも地域の首長層が政治的力量を高めたときに、それを表明するためにどうして前方後円墳を築造したのであろうか。はたして、首長層が織りなす在地での政治秩序が、前方後円墳や帆立貝式古墳などで表現される必然性があったのかどうか、といった問いも出てくる。

東国中期の三地域の不均等さをみると、そして各地域での前期や後期との「断絶」や「飛躍」をみる限り、それらの事実群を矛盾なく、論理的にかつ整合的に、各地の首長層の意志だけで説明することは難しい。在地首長層の個別的な意図を超えた強力、外在的な意志が働いたと考えたほうが無理はなさそうだ。そこに前方後円墳や大型円墳などにみられる畿内的な色彩という事実を加えると、そうした動向が在地の動きをそのまま反映したというよりは、中央政権と地方首長の政治意志が重層しているとみたほうが理解しやすい。そもそも〈共通性と階層性を見せる墳墓としての前方後円墳〉は、広域におよぶ列島首長層の集団的帰属意識と、大和川水系の有力首長層をピークとした階層的序列を体現する墳墓様式である。それは古墳時代の政治一般ではなく、中央―地方の政治関係を表わすものなのである。いいかえれば、前方後円墳などに媒介された各地首長層の政治動向は、あくまでも中央政権との政治動向にすぎないのである。

（二）東国首長墓の画期とその背景

水運の掌握と密接不分離な海浜型前方後円墳は、前・中・後期をつうじて各地で営まれているが、中期の海浜型前方後円墳ネットワークは、大阪湾岸のそれが中核的役割を果たすという大きな特色をもつ。ここでは墳長四八六メートルの大山（仁徳陵）古墳を頂点にした百舌鳥古墳群が、明石海峡の五色塚古墳（一九〇）、紀淡海峡の西陵古墳（二一〇）、宇度墓古墳（約一七〇）をあわせて〈巨大前方後円墳の環大阪湾シフト〉を形成し、つよい西方指向性をみせている。

東京湾岸では六〜七期と一〇期、「香取海」沿岸では五期と八〜一〇期に偏っている海浜型前方後円墳も、その一翼を担っているのは、おそらく動かない。この地域では、五世紀代の海運掌握の政治的モニュメントとして、大型前方後円墳が築造されたのだが、それは中央と東国との海を媒介にした〈目で見る王権〉としての機能を発揮していたのである。

そのような海浜型前方後円墳はいうまでもなく、愛宕山古墳などが河川交通、白石稲荷山古墳などが陸上交通の拠点を象徴しているように、「もの」と「もの」、「もの」と人の交通を管理することが、古墳時代首長の重要な役割であった。こうした交通拠点を経由して、中国鏡や碧玉製品などの威信財や鉄製武器・武具などの権力財が中央から東国へともたらされた。そして、その反対給付としての労働力（兵）が畿内中枢へ供給されたのだが、その大きなピークが四世紀末ごろから五世紀初めごろにあったわけだ。それらに加うるに、上野地域の巨大前方後円墳や北・南武蔵地域や相模地域の帆立貝式古墳や大型円墳など、東国の首長墓系譜にとって五期が大きな画期をなすのは動かない。さらに言えば、この時期の首長墓の画期はひとり東国だけではなく、もっと広域におよぶ動向なのである。

中央政権の地方統治システムは、四世紀末頃に大きく転換した。東国については第一、前方後方墳を完全に廃止して、畿内様式前方後円墳の築造で新しい時代の到来を見せつける。第二、既往の首長とは違った首長を選別し、中央と地方の新しい〈「もの」と人のネットワーク〉を再構築する。こうした施策が狭い地域を対象とするだけでなく、いわば汎列島的な首長層を覆ったのだから、その原因は局所的なものではなく、対外政策にあったとみたほうがわかりやすい。

高句麗の南下にともなう朝鮮半島の動乱、それにたいする倭軍の派遣、鉄素材の入手ルートを確保していくための派兵が原因ではないか。広開土王の碑文に記された辛卯（三九一）年の倭軍侵攻、金官加耶の王墓と目された大成洞古墳群での倭系威信財―巴形銅器で装飾した盾、筒形銅器を石突にした槍、碧玉製鏃―の副葬、沖ノ島や竹幕洞での航海祭祀、西方指向をつよめた巨大前方後円墳の環大阪湾シフト、倭と加耶との同調的な鉄鏃の変化などが、そのいくつかの傍証である。

中央政権の対外政策は当然のことながら、多数の人びととともに舟の建造や武器や食料の確保など渡海のための諸々の装備を必要とした。そこで、各地で小首長の「統合」を促すことで、多量の「もの」と人を中央に集積するためのひとつの方策としたのではないか。それが畿内色豊かな大型前方後円墳や帆立貝式古墳や大型円墳などの築造の背景であろう。その場合、東国各地の首長層の政治的力量や結合度、「もの」と人の供給量などで、中央政権の対応が決まったし、在地首長墓の任意度もかわったと考えられる。もっとも、前方後円墳の共通性という属性からすれば、そうした政策が専制的というよりは、在地首長との相互性を前提としながら進められたことは言うまでもない。

六　おわりに

広大な東国の中期首長墓を俎上にのぼらせたが、紙数の都合もあってデッサンの域を出ていない。ただ、旧国ほどの地域だけを対象にした場合とは異なった中期古墳時代の東国像が描きだせたようにも思う。今後の課題とあわせて二、三記しておきたい。

第一、海浜部と内陸部とに分けて前方後円墳などに検討を加えたことで、北関東と南関東といった地域区分とは違った地平が見えてきたように思う。海浜部に関しては、千葉県大寺山洞穴墓や神奈川県大浦山洞穴墓などのような海民墓も視野におさめ、相互関連的に論究していったほうが生産的だろう。

第二、海浜型前方後円墳は農耕共同体の首長という古墳時代首長像に、交通の管掌者としての役割を与える。すなわち、経済的には自給できない（鉄などの金属資源や塩などの食料にいたるまで）部分社会としての地域社会を、一個の統合体につなぎとめるのは「もの」と人の交通だが、海運が重要な役割を果たした事情を海浜型前方後円墳がしめしている。その実態解明は多くの知見をもたらしてくれるであろう。

第三、そのような社会を存続させるのが政治の役割である。中央勢力と地方首長がいかなる方法で政治秩序を維持していたのかを、政治的墳墓である前方後円墳などで明らかにしていかねばならないが、旧国や現在の自治体だけに限定してしまうと、対象の絶対化が起こりかねない。共通性と階層性を主たる属性にもつ前方後円墳だから、時間的・空間的な分節化には十分な注意が要請される。幅広い射程距離をとればとるほど本質に近づけるように思う。

ここで注意しなければならないひとつは、前方後円墳は古墳時代の政治一般を表わすのではない、中央―地方のそれを表わすにすぎないということだ。もちろん、それを媒介として、地方のなかでの首長相互の関係なども明らかにできるが、直接的にはそうではないことも十分に認識しておく必要がある。いまひとつは、経済的な動向を前提としつつも、それを直接は反映しないことである。食料生産や手工業生産などでの地域的優劣が、そのまま前方後円墳に体現されるかどうかは、予断を排して首長墓の消長などに論究していかなければならない。第一で記したように、「もの」と人の交通が、地域の経済を規定することもあるからだ。

以上の諸点をふまえつつ、多様な考古資料を駆使して、古墳時代東国像を明らかにしていきたいものだ。本稿はそのためのひとつの試論である。

（註1）広瀬和雄「東京湾岸・「香取海」沿岸の前方後円墳―五～七世紀の東国統治の一事例―」『国立歴史民俗博物館研究報告』一六七、二〇一二

（註2）田中新史「五世紀における短甲出土古墳の一様相」『史館』五、一九七五

（註3）小沢　洋「上総南西部における古墳終末期の様相」『国立歴史民俗博物館研究報告』四、一九九二

（註4）広瀬和雄「畿内の王権と巨大前方後円墳」『歴史読本　特集古代王権と古墳の謎』一月号、二〇一五

（註5）若狭　徹「中期の上毛野―共立から小地域経営へ―」『季刊考古学別冊一七　古墳時代毛野の実像』雄山閣、二〇一一

（註6）広瀬和雄・太田博之編『前方後円墳の終焉』二〇一〇、雄山閣

参考文献

東国各地の首長墓の動向については、大塚初重編『季刊考古学別冊三　東国の古墳』（雄山閣、一九九二）、近藤義郎編『前方後円墳集成　東北・関東編』（山川出版社、一九九四）、右島和夫『東国古墳時代の研究』（学生社、一九九四）、広瀬和雄・池上　悟編『季刊考古学別冊一五　武蔵と相模の古墳』（雄山閣、二〇〇七）、右島和夫・若狭　徹・内山敏行編『季刊考古学別冊一七　古墳時代毛野の実像』（雄山閣、二〇一一）、広瀬和雄・和田晴吾編『日本の考古学七古墳時代上』（青木書店、二〇一一）、『第一八回東北・関東前方後円墳研究会大会　シンポジウム中期古墳の再検討　発表要旨資料』（二〇一三）などにおさめられた諸論考を参照した。

第二章　中期古墳と東アジアの動向

倭の五王の時代の国際交流

東　潮

一　倭の五王の時代の交流関係

人間の精神的・物質的労働によって生産された遺跡・遺物の考古資料はさまざまな交通関係を表象する。五世紀の東アジア地域に、倭、加耶、百済、新羅、秦韓、慕韓、高句麗、北魏、東晋、宋、斉、梁の諸国が興亡した。

倭の国際交渉も、時期によって、対象とする諸国やそれらの境域、都城の地理的条件はことなる。倭の五王は宋・斉・梁と通交した。倭の五世紀代の外交関係も諸国・諸王朝・諸政権の変動によってかわった。百済は四七五年に熊津城（忠清南道公州）に遷都する。四世紀以来通交関係のあった漢城、漢江流域は高句麗の支配領域となった。

広開土王碑（四一四年）の任那加羅は金海（金官加耶）をさす。、『宋書』倭国伝の元嘉一五年（四三八）の「任那」は金海を中心とした加耶諸国、元嘉二八年（四五一）の任那は金官加耶、加羅は高霊を中心とした大加耶をしめす。したがって倭と加耶諸国との交流関係は五世紀半ばを境にかわる。いわば加耶諸国の政治勢力は金官加耶から大加耶にかわるのである。金海地域から洛東江東岸地域は新羅との政治的関係がつよくなる。このことは五世紀後半代の倭と加耶との交流関係をみるうえで看過しえない。

また倭の対外的交流関係を問題とするとき、朝鮮海峡を越えれば、高句麗をふくめ、「朝鮮半島」として一緒くたにされることがある。朝鮮半島はあくまで地理的用語である。広開土王・長寿王代の高句麗の領域は中国東北地方の遼寧省から吉林省一帯、遼東半島から遼河・渾河流域、松花江・豆満（們）江流域、南は漢江から錦江流域、小白山脈の北辺をふくむ。

「朝鮮半島」という地理的用語では、諸国の境域関係をとらえることができない。鴨緑江を境にその以南を朝鮮半島とよぶならば、その北に高句麗王都の卒本（遼寧省桓仁）、国内城（吉林省集安）が位置し、広開土王・長寿王の時代にその版図は遼東半島から松花江・豆満江流域までひろがるからだ。

『宋書』倭国伝の秦韓・慕韓は実在した国々であった。那珂通世は一八九五年の「三韓考」で、「秦韓ハ即辰韓、慕韓ハ即馬韓ナレバ、百済新羅任那ノ外ニ、辰韓馬韓ノ異種ニシテ国邑ヲ保テル者幾分カ残存セシナルベシ」とみていた。その後、坂元義種・山尾幸久・田中俊明・吉田孝らは実在したと考えている。（註1）五世紀代には、高句麗・百済・新羅の「三国」に、加耶をくわえた「四国」、秦韓・慕韓をふくむ「六国」が存在したのだった。

（一）小林行雄一九六六、「倭の五王の時代」研究その後

小林は「倭の五王の時代[註2]」の「百舌鳥古墳群と古市古墳群」「華中の鏡」「押木珠縵」「金製耳飾」の項目で、前方後円墳の平面形、画文帯神獣鏡、画像鏡、耳飾、甲冑などの遺物について考察する。『日本書紀』の「天皇」陵と倭の五王との関係、前方後円墳の平面形は仁徳陵・履中陵と応神陵・允恭陵の二類があり、「墳墓造営技術者に二系統」と解釈する。画文帯神獣鏡は南北朝の製作で、画像の輸入の時期は五世紀にくだしうるとみる。

また金銅装眉庇付冑は「五世紀中葉における倭王権の半島経営に関連するもの」で、日本の水軍はかなりの規模をもと、三九一年の戦において、倭済連合軍が騎馬民族である高句麗軍に対抗しえたのは騎兵にまさる水軍の機動力によるとみる。「押木珠縵」は新羅の重山字形の立飾の冠のようなものと推定する。倭の「半島経営」を前提に資料を解釈する。

小林は「神功・応神紀の時代」で、神功・応神紀を考古学的に「四世紀後葉」とよびかえ、その時期の考古資料を検討した。石棺の出現（鉄鏨・鉄鑿・鉄鎚）、鉄工技術の発達（甲冑・鉄鋌・鋳造製斧頭）、攻玉技術の革新（勾玉）、眼炎之金銀彩色多在国（帯金具、垂飾付耳飾）である。「辛卯年（三九一）に倭が海を渡って高句麗の領域内に軍を進め、百済・新羅その他の地を征服した」という記事は史実とするが、神功紀の「金銀憧憬の記事を直接に立証する力は十分とはいえないことを遺憾とする」と朝鮮との交渉関係の記事を証明しえないとする。

近年、四世紀末葉から六世紀初葉の、倭と加耶・百済・慕韓・新羅をしめす文物があきらかになってきている。倭が加耶や百済を支配したというような考古資料はみいだせない。

高校日本史教科書では、いまもなお四～六世紀の歴史地図には韓国西南部の栄山江流域は「加耶」「任那」にふくめられている。六世紀には、倭が百済に領土（任那四県の他）をあたえたという『日本書紀』継体紀の「任那四県割譲」（末松保和『任那興亡史』）の記事がそのまま掲載されている。それは『日本書紀』の編纂においてつくられた物語なのである。教科書のみならず、そうした歴史地図

図１　５世紀の東アジア
（『日本史Ｂ』三省堂 2006 年版３版より）

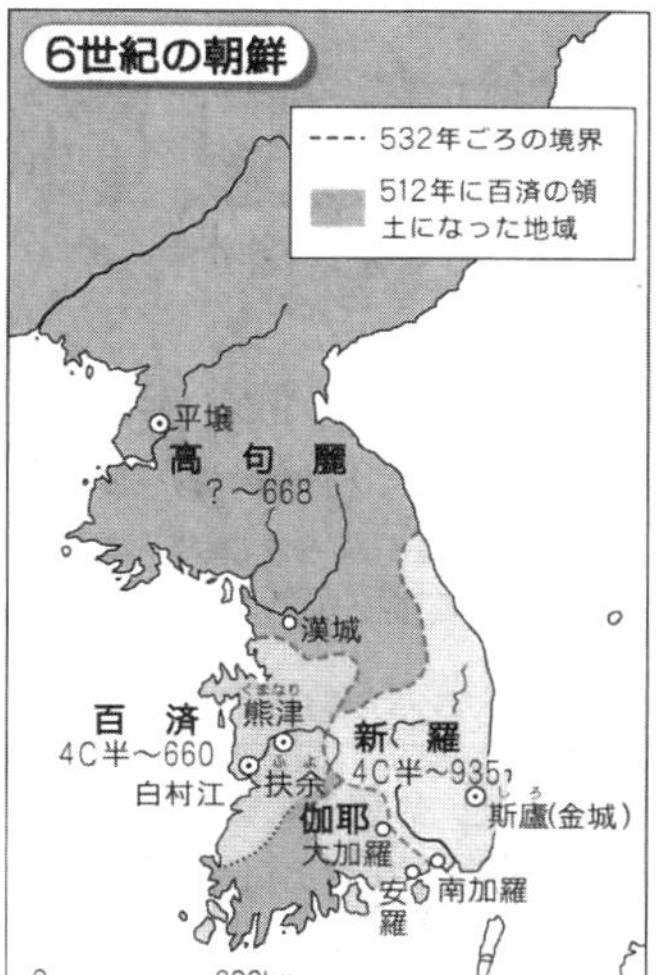

図２　６世紀の朝鮮
（『日本史Ｂ』三省堂 2006 年版３版より）

が研究論文においても散見される。略図とはいえ、その著者の歴史観が如実にあらわれている。

（二）五世紀の倭の対外交流

新羅・加耶出土の倭の文物　四世紀末葉の慶州月城路二九号墓で石釧（碧玉）、三一号墓で土師器、一三号墓で翡翠勾玉が出土した。四世紀後半の新羅王都で倭（倭人）とかかわる痕跡が確認された。

翡翠勾玉は五・六世紀になると、慶州の古墳群（皇南大塚北墳・瑞鳳塚・飾履塚・金鈴塚・天馬塚など）、慶山林堂洞古墳群、梁山夫婦塚、大邱達西古墳群（五五号墳）、昌寧校洞古墳群（七号墳）、陝川玉田古墳群（二八号墳）、金海大成洞古墳群（一八号墓）など新羅・加耶に分布する。いずれも姫川（新潟県糸魚川）の翡翠原石でつくられた勾玉で、冠帽・胸飾の装飾に用いられた。[註3]

古墳時代前期の四～五世紀の土師器・土師系土器が釜山東莱・福泉洞、金海府院洞・礼安里・大成洞、鎮海龍院洞、馬山県洞、昌寧桂城里、慶州月城路に分布する。狗邪国（金海）を中心とした弁辰・辰韓地域で、土師器以前には弥生土器が出土する。

魏志東夷伝弁辰条に、韓濊倭《かんわいわ》が鉄を取《と》る（市《か》う）とある。取るは市うであり、鉄の交易がなされていた。その鉄は「板状鉄斧」とよばれた斧状鉄板である。板状鉄斧は刃がつくりだされた製品であるが、その原形は長方形状の鉄板であった。

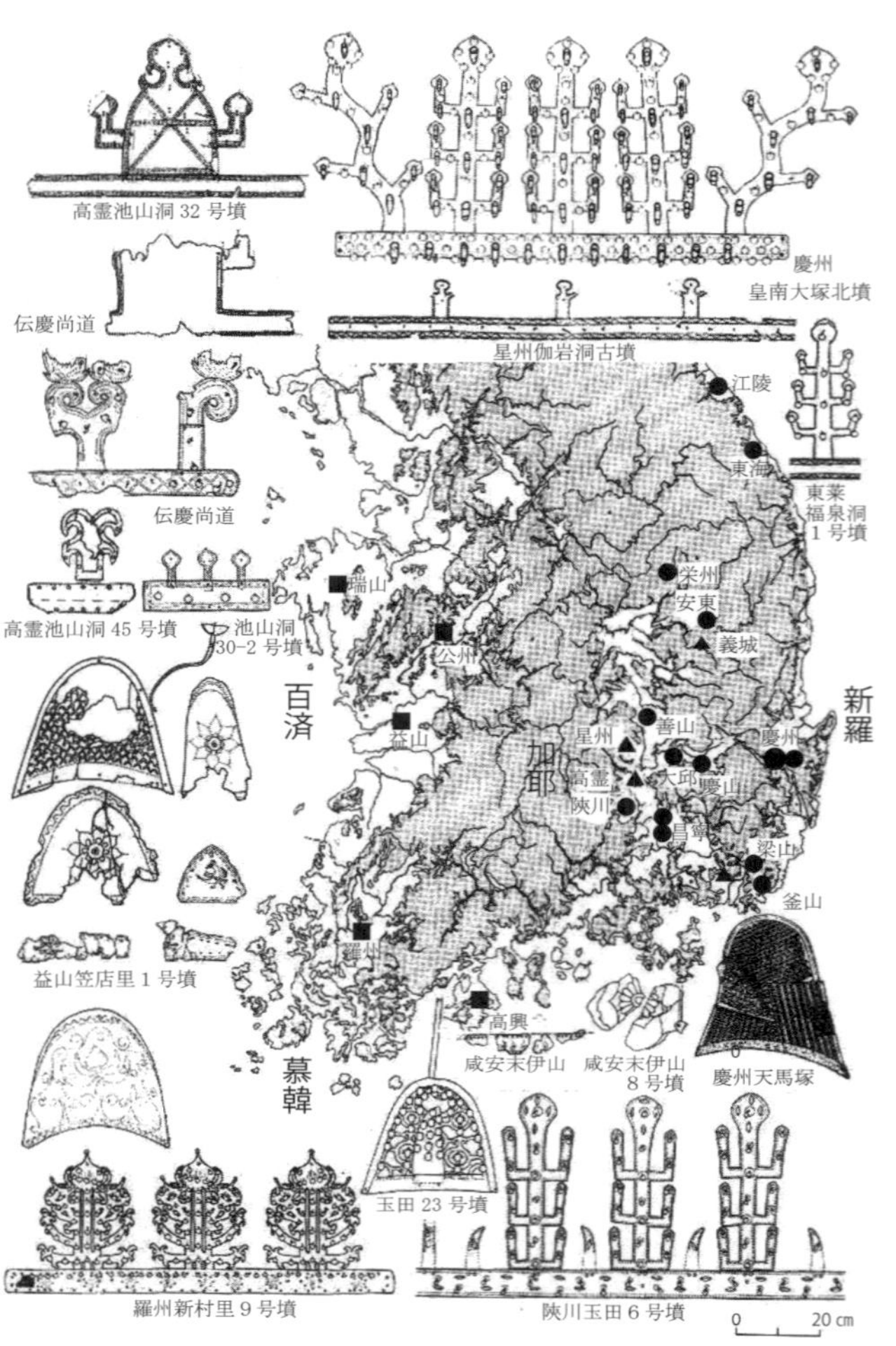

図３　新羅・加耶・慕韓・百済の冠帽

魏志東夷伝倭人条に、対馬国・一支国の集団は「南北市糴」していたとある。市糴には市は穀物を買う意味があり、その穀物はコメであろう。倭人は弁辰の鉄と倭のコメを交換していた。

四世紀前半から五世紀初葉、金海大成洞・良洞里、東莱福泉洞、伝咸安で筒形銅鏃・槍と巴形銅器装飾盾がみつかっている。いずれも倭製である、金官加耶の地域で、狗邪韓国から金官加耶が成立したのであるが、鉄の交易は継続していた。

加耶土器は、倭と加耶諸国との人々の交流関係をしめす。金海・東莱系、咸安系、高霊系、泗川系土器が西日本を中心に分布する。

兵庫県行者塚古墳の轡は、昌原県洞四三号墓のように加耶地域から流入した。[註4] 鉄鋌も同時に将来された。奈良南山四号墳では、洛東江流域の加耶土器（台付馬形土器）と鉄鋌が伴出している。

倭は金官加耶、阿羅加耶、大加耶の加耶諸国と交流し、製鉄・鍛冶、金工技術、馬具、鉄素材（鉄鋌）を移入していた。

高霊池山洞三二号墳の三葉文系金銅冠と福井二本松山古墳青銅冠、池山洞四五号墳の二葉文系金銅冠と佐賀島田塚金銅冠や佐賀関行丸古墳金銅冠、伝慶尚道C（東京国立博物館）金銅冠と滋賀鴨稲荷山古墳金銅冠との類似からみて、加耶諸国の大加耶や阿羅加耶、多羅国などと倭国内の地域集団はそれぞれ交渉していた。

二　百済・加耶・新羅の鉄生産

二〇一二年に『韓半島の製鉄遺跡』が発行された。[註5] 韓国における製鉄遺跡の発掘調査と鉄研究の現況がわかる。

製鉄遺跡は馬韓・百済の京畿道華城旗安里、百済の忠清北道忠州弾琴台・漆琴洞、鎮川石帳里、辰韓・新羅の大邱鳳舞洞、慶州隍城洞・龍江洞、蔚山中山里、加耶・新羅の密陽沙村、昌原鳳林洞、加耶の梁山勿禁、金海餘来里・荷渓里で発掘されている。三～六世紀である。

製鉄工程の各段階の炉（製錬・精錬・熔解・鍛冶・焙焼炉）とともに送風管、鉱石粉、鉄塊、鉄鋌、鉄滓、鉄鉱石、鋳型（耒・鍬、棒状品）などの遺物が出土している。とくに鋳型と熔解炉によって、農具（耒鍬）が大量生産されたことがわかる。鋳造耒鍬は倭にも供給された。いわゆる「梯形鋳造斧」は農具であり、[註6] 斧や素材として生産されたものでない。破片の再利用は鉄である以上可能である。

石帳里製鉄跡ではじめて「鉄鉱石粉」の存在が確認された。その

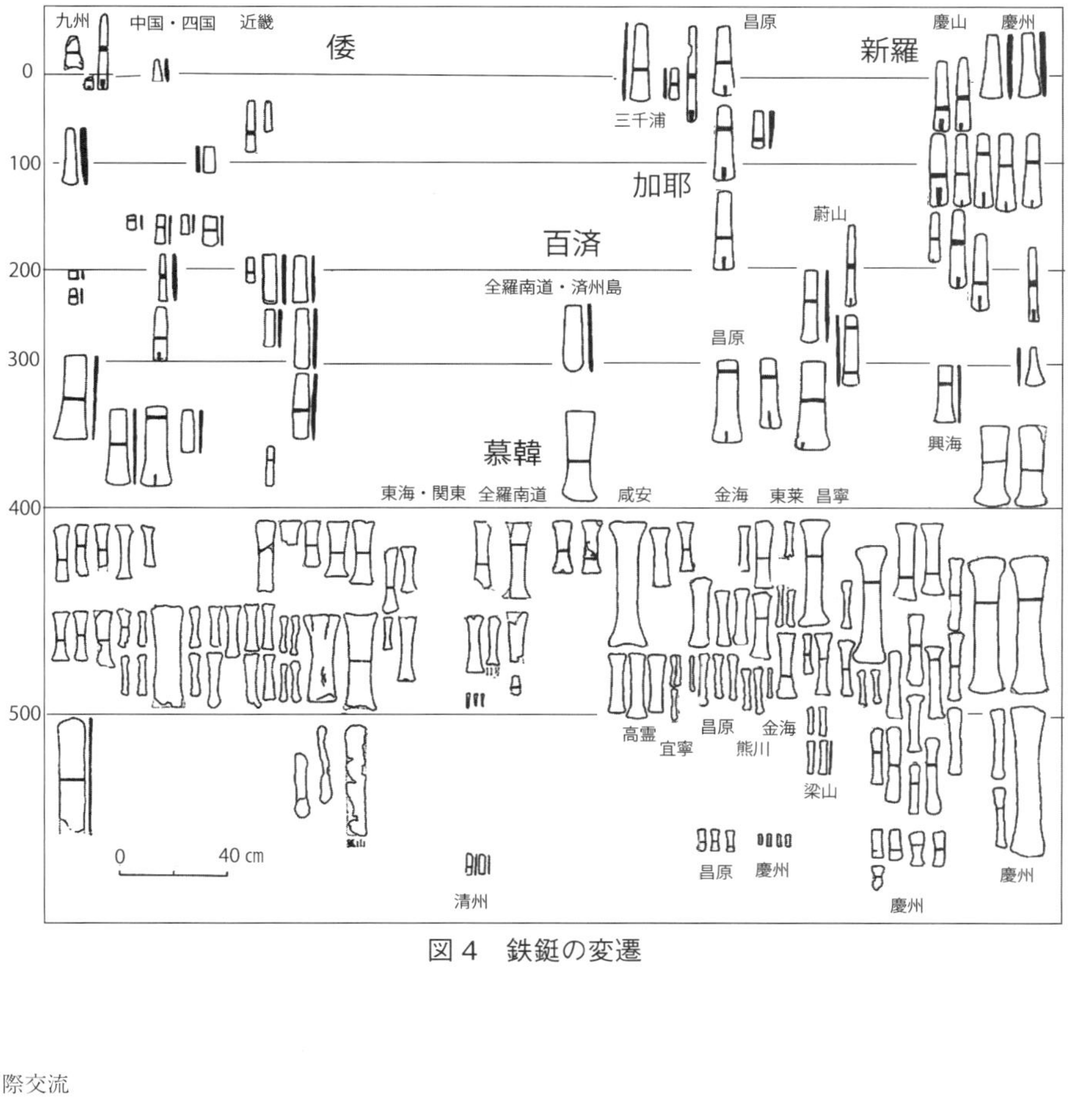

図４　鉄鋌の変遷

後忠州漆琴洞や密陽沙村製鉄跡であいついでみつかった。製錬における不可欠の溶媒で、砂鉄製錬技術にあいつうじる。その以前、加耶や慕韓、百済の地域から鉄素材の鉄鋌を輸入していた。倭における製鉄の開始時期は五世紀末ごろと推定している。

石帳里製鉄跡の直方体の箱形炉と滋賀源内峠製鉄炉（七世紀後半）と構造的に類似する。送風管の形態差もあるが、倭の製鉄技術の系系統と関連する。

（一）鉄鋌の生産と流通

鉄鋌は慶州盆地、水營江、洛東江、南江、栄山江、錦江流域の新羅・加耶・慕韓・百済の地域に分布する。[註7] 慶尚南道（東莱・梁山・金海・鎮海・昌原・昌寧・咸安・固城・宜寧）、慶尚北道（高霊・慶州・浦項・慶山・大邱・安東）、全羅南道（高興・咸平・羅州霊岩・海南・長興）、全羅北道（完州・扶安）、忠清南道　瑞山・舒川・公州・扶餘・燕岐・大田・清州・忠州）の地域である。

全羅南道咸平中浪里など数ヵ所で集落・住居跡内から出土している。鉄鋌は素材として流通し、集落内の工房で農具が製作された。日本列島では九州から関東地方に分布する。五世紀段階の画文帯神獣鏡の分布域と共通する。

兵庫県行者塚古墳や和歌山県丸山古墳の鉄鋌は五世紀前半代の金海・東莱一帯の金官加耶から流入した。行者塚古墳の馬具は昌原県洞墓のものに類似する。

五世紀中葉から後半、奈良大和六号墳、南山古墳や大阪野中古墳、滋賀新開二号墳の鉄鋌は洛東江流域の東莱・金海・昌寧・咸安・高霊地域から流入した。五世紀後半にはこの時期の東莱・昌寧・金海地域は新羅の勢力圏に入った。福泉洞一号墳や昌寧校洞七号墳の山字形金銅冠はその象徴である。それにたいし福泉洞一〇（二一）号墓の金銅冠は、五世紀第2四半期の金官加耶の時期のものである。つまり東莱福泉洞墓群の五世紀前半代の墓は金官加耶、五世紀後半は新羅色がつよくなる。金官加耶の滅亡は『三国史記』では五三二年であるが、その以前から新羅と政治的関係があった。倭と新羅との交渉は、王都金城とともに東莱・昌寧・金海の諸勢力とむすびついていた。

倭政権は農工具、武器武具生産のため、大量の素材を必要とした。短甲製作には四〇枚以上の大形鉄鋌を必要とした。武具を大量に副葬する古墳は大量の鉄鋌を保有していることになる、

対外交渉・交易で大量に移入した鉄鋌は倭国内で流通する。愛媛出作遺跡、大阪鞍塚古墳、兵庫宮山古墳など形態的に類似する。日韓の鉄鋌を比較すると、形態的に類似するとともに、製作技法の面で共通性がある。とくに鉄鎚による鍛打痕跡が明瞭である。小形鉄鋌のばあい、側面に波状の鍛打の痕跡をとどめる。素材であり、不要な成形をしていない。大形鉄鋌のなかに小形鉄鋌を鍛接して整形したものがある。大和六号墳のばあい、大量生産され、倭に供給されたのであろう。

福岡池ノ上古墳や行者塚古墳の鍛冶具は、加耶から鍛冶の技術移転が新たになされたことを示唆する。五世紀代の甲冑の生産に鍛冶技術と鍛冶具、素材の鉄鋌が不可欠である。鉄鋌は鎌のような薄手の農具、甲冑の製作に最適である。

二〇〇七年に忠州弾琴台土城で、[註8] 長方形鉄板四〇枚が束でみつかった。五枚一束で、三列一五枚、二列一〇枚、三列一五枚の四〇枚で一つの鉄塊となって出土した。五枚一束で八束分、四〇枚にな

る。長さ二六・六～三四・二、平均三〇・〇センチ、幅三・六～五・〇、平均四・一センチ、厚さ一・一～二・二、平均一・四センチである。細形厚手の鉄板（棒）で斧状鉄板（板状鉄斧）と薄手鉄鋌の中間にあたる。薄手鉄鋌の祖形といえる。四世紀中葉ごろに推定される。弾琴台丘陵南麓で、百済時代の漆琴洞製鉄跡（円形炉）がある。

『日本書紀』神功紀四六年条に、百済の「肖古王」（近肖古王）から倭の遣使・爾波移に「鉄鋌卌枚」をあたえたとある。鉄鋌に縄紐の痕跡があり、束ねられた例がある。一〇枚単位（釜山五倫台墓や新開二号墳）、二〇枚単位（皇南大塚北墳、福泉洞二二号墓）で出土したものがある。一～四枚、五～九枚、一〇～一九枚の副葬量が多い。

鉄鋌は甲冑や農具（鎌・鍬）とともに有棘利器の素材である。有棘利器は儀器で、慶尚南北道の新羅・加耶の境域に分布する。四世紀後半ごろから新羅と加耶の地域色があらわれる。五世紀後半から六世紀初葉に東莱・金海・昌原の地域には新羅系有棘利器が分布する。倭系土師器も出土する。その大加耶内部で咸安（阿羅）・宜寧（稔礼）・陝川（多羅）地域の鳥紋装有棘利器は、新羅系の高霊地域のものと形態差がある。大加耶内部での勢力関係をものがたる。

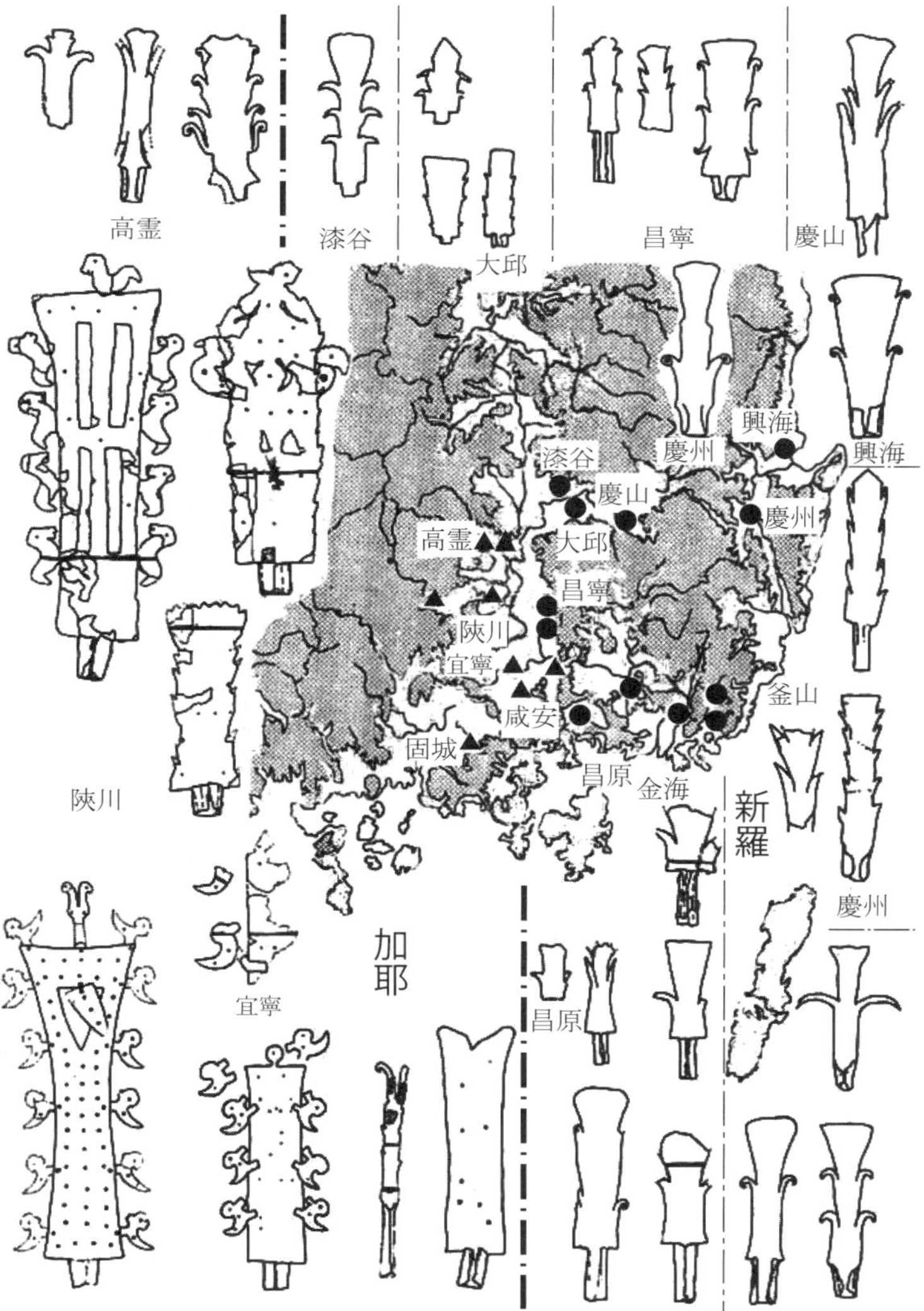

図５　有棘利器の地域性（東 2005）

（二）倭系甲冑の分布

釜山市立福泉洞博物館において『韓国の古代甲冑』が刊行され、倭系甲冑の集成もなされている。[註9]

Ⅰ　方形板革綴短甲（東莱福泉洞六四）、長方板革綴短甲（東莱蓮山洞八、金海杜谷七二、蔚山下代土一一五）。四世紀後半〜四世紀末葉。

Ⅱ 三角板革綴短甲（福泉洞四、金海栗下B‐一、金海杜谷四三、咸安道項里一三、陜川玉田六八、全羅南道高興野幕一、全羅南道海南外島一）。

三角板鋲留短甲（金海加達四、釜山伝蓮山洞、蓮山洞八、咸陽上栢里、昌寧校洞三、全羅南道長城晩舞里、忠清北道清州新鳳洞B‐一）。五世紀第2四半期〜五世紀第4四半期。

Ⅲ 横矧板鋲留短甲（福泉洞一一二、玉田二八、高霊池山洞三二、全羅南道麗水竹林里、高興雁洞、忠清北道陰城望夷山城）、頸甲（池山洞三二、蓮山洞八、加達四）、衝角付冑（五倫台、衆生院一、池山洞三二、野幕一）、眉庇付冑（杜谷四三、伝蓮山洞、池山洞Ⅰ‐三、雁洞）。五世紀第2四半期〜五世紀第4四半期。

東莱福泉洞六四号墓で方形板革綴短甲と槍（筒形銅鐏）が組みあわさる。筒形銅鐏は四世紀前半から五世紀初葉の時期、福泉洞墓群と金海大成洞墓群に集中して出土する。方形板革綴短甲は四世紀後半代に流入したようだ。

三角板革綴短甲は洛東江流域の東莱・金海・咸安・陜川、蟾津江流域をこえて、栄山江流域の海南に分布する。金海杜谷四三号墓では三角板革綴短甲と眉庇付冑が伴出している。東莱地域は福泉洞一号墳の山字形金銅冠のように、五世紀第2四半期には新羅の政治的領域に組みこまれる。東莱と金海地域は洛東江をはさんで、ひとつの政治・文化圏を形成する。五世紀前半段階まで金官加耶の範囲であった。

三角板鋲留短甲は洛東江流域から栄山江流域の長城から、錦江流域の清州に分布するようになる。昌寧校洞三号墳も江東（洛東江東岸地域）政治圏、新羅の政治的境域内にある。新羅的影響のつよい地域で倭製甲冑が出土している。倭は新羅（慶州・金城）と、江東政治圏の東莱や昌寧をとおして交流していたのであった。咸陽上栢里古墳は加耶と百済の境界地域に位置する。咸陽から西南に丘陵を越えると蟾津江流域の南原である。さらに蟾津江流域の谷城をへて西に、栄山江上流に至る。潭陽月田古墳（前方後円墳）や斉月里遺跡（倭鏡）がある。その北方に栄山江支流の黄龍江沿いの長城晩舞里（三角板鋲留短甲）がある。錦江の支流美湖川流域に清州新鳳洞古墳群がある。清州の北に百済時代の鎮川郡石帳里製鉄跡がある。百済と高句麗の政争地帯となる。

横矧板鋲留短甲は大加耶諸国から慕韓（栄山江流域）、百済地域に分布する。忠清北道清州の東北方の陰城望夷山城で短甲一領がみつかった。この地は忠清北道・京畿道・江原道の境界地域である。東方二〇数キロに忠州中原高句麗碑が位置する。時期的に百済と高句麗が対峙する地政的条件にある。

甲冑はものとして、交易・贈与などのかたちで流通する。また倭人が移住・移住した地域、流通圏をしめす。横矧板鋲留短甲が加耶諸国から慕韓の麗水竹林里、高興雁洞、長城晩舞里と南海岸に点在する。

百済と高句麗、東晋との国際関係のもとで、百済の近肖古王は「七枝刀」（七支刀）や「鉄鋌《ねりがね》」（『日本書紀』神功紀）を倭王に贈っている。五世紀初葉の「陶邑」古窯址のTK七三段階の須恵器は、栄山江流域の慕韓の陶工によって伝えられた。その以前から移住していた倭人陶工もかかわっていた。同時に鉄の交易に従事した倭人の集団が存在した。西海岸の全羅北道竹幕洞祭祀遺跡は、倭の慕韓・百済との海上交易、南朝朝貢との海上交通の拠点であった。

『日本書紀』神功紀四九年条の比自炑（現在の昌寧）・南加羅（金海）・喙国（金海―昌原の間）・阿羅（咸安）・多羅（陝川）・卓淳（昌原）・加羅（高霊）の七国平定記事は、八世紀に編纂された『日本書紀』編者による創作と考えている。

『日本書紀』の神功紀・継体紀・欽明紀の対外記事について史料批判がなされている。

三　倭の五王と国際関係

（一）『宋書』倭国伝と前方後円墳

『宋書』倭国伝の倭讃・倭珍・倭済・倭興・倭武の五王の自称と授爵のなかに倭王権の身分制が表現されている。(註10) 倭の五王の遺使と自称にみえる王権の構造をみよう。

永初二年（四二一）、倭讃は朝貢し、除授を賜う。元嘉二年（四二五）、倭讃は上表し、方物を献じる。

元嘉七年（四三〇）倭国王が遣使し、方物を献じる。

元嘉一五年（四三八）、倭珍は自ら使持節都督倭百済新羅任那秦韓慕韓六国諸軍事安東大将軍倭国王と称したが、倭珍に安東将軍倭国王、倭隋等一三人に平西・征虜・冠軍・輔国の将軍号が徐正された（『宋書』列伝第五七倭国条）。倭国王珍は安東将軍に徐正された（『宋書』本紀第五文帝）。

倭珍が求めたのは安東大将軍（第二品）、倭隋等一三人に平西・征虜・冠軍・輔国の将軍号（第三品）であったが、一品の差である。宋から徐正されたいずれも第三品であった。倭珍と倭隋ら一三人との格差は一級程度であったという。

元嘉二〇年（四四三）、倭済は安東将軍倭國王に封冊され、元嘉

図６　倭王墓の変遷

二八年（四五一）に使持節都督倭新羅任那加羅秦韓慕韓六国諸軍事が加号された。安東将軍はそのままであったが、注目すべきは倭済がもとめた二三人が軍郡に除されたことである。同年、安東大将軍に進号された。

倭の自称将軍号に倭国の権力構造が表現されている。倭珍と倭隋等一三人との格差にくらべて、倭済の安東大将軍（第二品）と軍郡との差は大きい。倭珍と倭済の間で、倭王権がより強大になったことをしめす。

このような王権は前方後円墳の規模、変遷と相応する。倭讃墓は和泉上石津ミサンザイ古墳（三六五メートル）、倭珍墓は河内誉田御廟山古墳（四二〇）、倭済墓は和泉大山古墳（四八六）と推定される。上石津ミサンザイ古墳と備前造山古墳（三六〇）は同一類型、同規模で、倭政権は倭讃と吉備勢力で構成されていた。誉田御廟山古墳と同類型の大型前方後円墳として河内墓山古墳（二二四）、市の山古墳（二二七）大和ヒシアゲ古墳がある。王墓にくらべ、ほぼ二分の一の規模である。倭政権は倭珍と倭隋等一三人の僚属制、統治体制がとられていた。

倭珍墓の大山古墳とそのほかの古墳と隔絶し、二分の一以下、三分の一、四分の一の規模である。王権力が絶対化した。

昇明二年（四七八）、倭国王武は遣使し、方物を献じる。倭武は自称のとおり、安東大将軍に徐される。しかし使持節都督の国として百済は除外された。宋は四七九年に没落する。その末期に倭王武にたいして倭新羅任那加羅秦韓慕韓六国諸軍事の使持節都督を是認する。いわば他国の領土の統治権を認めたのである。史実ではありえない。国内外の政治的利害関係にほかならない。

倭武墓は河内岡ミサンザイ古墳（二三八）や河内大塚山古墳（三三五）などに比定されている。倭興王の土師ニサンザイ古墳（二八八）と継体王の摂津今城塚古墳（一九〇）の中間に位置づけると岡ミサンザイ古墳になるのであろうか。いずれにしても大王墓とそのほかの古墳の格差が顕著となる。同時に一〇〇メートル以下の小型前方後円墳が各地に急増する。五世紀末葉に前方後円墳の政治性がうすれ、埋葬施設としての前方後円墳に変容し、消滅した。六世紀中葉ごろから横穴式石室の円形群集墳が盛行する。

栄山江流域での前方後円墳もこうした日本列島の倭国内での埋葬観念と関連性があった。慕韓は百済の領域にくみこまれた。

（二）武の上表文の虚構性

倭王武（雄略大王）の「東の方、毛人五十五国を征し、西の方、衆夷六十六国を服す。渡りて海北九十五国を平らぐ」というのは倭武の天下観念、夷狄観にもとづく虚構、野望であった。倭国内にかぎって倭隋は平西将軍として、倭政権から西方（中四国・九州地方）に派遣されたようだ。

五世紀末葉は江田船山古墳・埼玉稲荷山古墳の刀剣銘文に象徴されるように、倭国が形成されていた。九州から関東地方にかけての画文帯神獣鏡同型鏡の分布地域にあたる。

四七五年、百済は高句麗に攻められ、都を漢城（いまのソウル）熊津城（いまの忠清南道公州）に遷都する。

五世紀半ばごろから江田船山古墳の被葬者は、雄略から宋王朝の「将軍」号を授かり、四七九年に「筑紫の軍士五百人」を率いて百済王権再興に尽力した人物であった。[註11] 百済から冠帽・飾履などが贈られている。慕韓・百済・加耶・南朝と鉄などの交易にかかわっていた。

公山城の西に丹芝里横穴群が造られている。横穴の構造から北部九州の移住集団の墓域とみられる。集団墓地で、戦死。疫病などの要因でなく、集住した集団の墓地である。

五世紀代、朝鮮海峡をはさんだ境界地域に移動、移住、交流した倭人が存在した。国境のない、交流の場であった。

『日本書紀』神功紀の新羅攻撃、加耶の「七国平定」、継体紀の「任那四県」割譲は『日本書紀』編者の創作であった。広開土王碑の辛卯年（三九一）の倭の渡海、百済・新羅の臣民化、永楽一〇年（四〇〇）、永楽一四年（四〇四）の倭の侵攻記事に虚実がまざる。倭は潰滅の対象として描写される。高句麗の百済討伐、新羅侵攻の大義名分として倭が誇大に記されたのだ。戦争の論理は古今東西かわらない。

（註1）那珂通世「三韓考」『史学雑誌』六―六、一八九五（『外交繹史』一九五七所収）、坂元義種『倭の五王』教育社、一九八一、山尾幸久『古代の日朝関係』塙書房、一九八九、田中俊明『大加耶連盟の興亡と「任那」―加耶琴だけ残った』吉川弘文館、一九九二、吉田孝『日本の誕生』岩波新書、一九九七、田中俊明『古代朝鮮と倭』山川出版社、二〇〇九

（註2）小林行雄「神功・応神記の時代」『朝鮮学報』三六、一九六五、『古墳文化論考』平凡社、一九七六、小林行雄「倭の五王の時代」『日本書紀研究』二、一九六六、『古墳文化論考』平凡社、一九七六

（註3）早乙女雅博「日韓硬玉製勾玉の自然科学的分析」『朝鮮学報』一六七、一九九七

（註4）柳昌煥「東北アジアの初期馬具と地域間交流」『アジアの古代文物交流』『中央文化財研究院学術叢書』書景文化社、二〇一二

（註5）韓国文化財調査研究機関協会『韓国の製鉄遺跡』二〇一二

（註6）東潮「朝鮮三国時代の農耕」『橿原考古学研究所研究論集』吉川弘文館、一九七九、「朝鮮三国・加耶時代の鉄製農具」『古代東アジアの鉄と倭』溪水社、一九九九

（註7）東潮「鉄鋌の基礎的研究」『考古学論攷』一二、一九八七、「鉄鋌の基礎的考察」『古代東アジアの鉄と倭』、金正完「忠清全羅地域出土の鉄鋌について」『考古学誌』一一、二〇〇〇、「弁辰と加耶の鉄」『国立歴史民俗博物館研究報告』一一〇、二〇〇四、「倭と加耶の鉄」『倭と加耶の国際環境』吉川弘文館、二〇〇六、朴天秀「加耶、新羅と倭の交渉をつうじてみた古代韓日関係」『アジアの古代文物交流』『中央文化財研究院学術叢書』書景文化社、二〇一二、成正鏞・孫スイル「鉄鋌とつうじてみた古代の鉄の生産と流通」『韓国の製鉄遺跡』、孫明助『韓国古代鉄器文化研究』チニンジン、二〇一二、孫明助『百済の鉄器文化』孫明助先生追悼記念事業会、二〇一二

（註8）中原文化財研究院『忠州弾琴台土城Ⅰ』『中原文化財研究院調査報告叢書』八一、二〇〇九

（註9）李賢珠『韓国の古代甲冑』福泉博物館、二〇一〇、橋本達也「東アジアにおける眉庇付冑の系譜」『国立歴史民俗博物館研究報告』一七四、二〇一二

（註10）武田幸男「平西将軍・倭隋の解釈―五世紀の倭国政権にふれて―」『朝鮮学報』七七、一九七五（『前方後円墳と古代の日朝関係』同成社、二〇〇二所収）、坂元義種『倭の五王―空白の五世紀』教育社、一九八一

（註11）山尾幸久『筑紫の君磐井の戦争―東アジアのなかの古代国家』新日本出版社、一九九九

兵庫県市川流域における渡来文化

朴　天秀

一　はじめに

宮山古墳は、市川流域に位置する著名な渡来系古墳であるが、意外にその周辺の渡来文化については注目されてこなかった。

市川は朝来市三国山に源を発し、姫路市を貫流して瀬戸内海に河口を形成する全長七三キロの河川である。流域には古代韓半島と関係のある遺跡や遺物が最も多く集中しており、これは市川が丸山川の上流域を但馬地域と瀬戸内海をつなぐ交通路の役割を果たしていたことに起因する。

小論は、宮山古墳から新羅神社までの市川流域の渡来文化についてみてみたい。

二　市川流域における渡来文化

宮山古墳は、市川河口から四キロさかのぼった右岸にある姫路市西郷町坂本の海抜三五メートル丘陵先端に位置する（図1）。五世紀前葉に造営された直径三〇メートルの円墳で、墳丘頂上付近に平行して配置された第一号と第二号竪穴式石槨と、その下方の墳頂下一・九メートル地点にもう一つの竪穴式石槨である第三号石槨が発見された。

この古墳は石槨の築造過程、平面形態、鎹と釘を使った木棺、埋葬施設内の土器副葬など韓半島墓制の影響を受けて築造された典型的な古墳である。さらに、当時日本列島では見られない殉葬者の存在が第二号石槨で確認されている。すなわち、第二号石槨の東側から被葬者のものと見られる金製垂飾附耳飾と玉類の組合が出土し、それとは別に金製小環耳飾と玉類の組合が石槨西側で確認されたのだ。未盗掘の石槨であることから、二組の装飾品は二人が同時に埋葬されたことを意味し、垂飾附耳飾と素環耳飾は身分差と考えられ、被葬者と共に殉葬者が埋葬された可能性が高い。竪穴式石槨内部に被葬者と共に殉葬者を埋葬するのは、韓半島南部地域の首長墓で一般的に行なわれた慣習である。

図１ 宮山古墳（筆者撮影）

三期の竪穴式石槨で金製垂飾附耳飾、銀製指輪、金銅製帯金具、金銀装環頭大刀、勾玉とガラス玉を組み合わせた首飾りをはじめとする派手な加耶産装身具と鉄挺、鉄鉾をはじめとする武器・武具類と馬具、農工具類が出土した。このうち、金製垂飾附耳飾は兵庫鎖、中間飾の空球体、垂飾の外縁に施された刻目文装飾とその端部の金粒から見て、大加耶産と判断され、帯金具は模様が唐草文である点から鉄挺、鉄鉾とともに新羅産と見られる。馬具は百済産と思われる。

全体的に長さに比べて幅が広い竪穴式石槨に鎹と釘で結合した木棺が使われている点、殉葬が行なわれている点、韓半島産の文物が多数副葬されている点、土器が石槨内に副葬されている点が注目される。とくに土器が埋葬施設内に副葬されているのは、食物を被葬者にささげたものと思われ、竪穴式石槨と鎹、釘で結合した木棺と共に韓半島南部地域の墓制が導入されたものと見ることができる。したがって、この古墳の被葬者は韓半島南部から定着した移住民と思われる（図2）。

市之郷遺跡は、宮山古墳の対岸にあたる市川左岸の市之郷に位置する。複数の時代にわたる遺構のうち、A・B地区とE地区では古墳時代に該当する集落遺構と遺物などが多数発見された。この遺構は、五世紀から六世紀中葉にわたる時期と七世紀全般にわたる時期の二つに大別される。

古墳時代の住居は、ほとんど方形、または長方形で、柱は四柱式だが、この中で特徴的なのはSH一八住居のようにかまどが設置されていることだ。さらに、この住居では甑をはじめとする平底鉢などの韓式系土器が多数出土した（図3）。かまどが設置されている

図2　宮山古墳出土副葬品

（姫路市教育委員会所蔵・筆者撮影）

図3　市之郷遺跡出土甑

（兵庫県立考古博物館所蔵・筆者撮影）

点と韓式系土器の出土から見て、移住民が集落内に居住していたと判断される。このほかにもいくつかの住居で韓式系土器が多数出土した。この遺跡は宮山古墳と同時期である点と市川を間に置いて対岸に位置している点から見て、宮山古墳被葬者と関連する移住民の集落と推定される。

奥山一・二号墳は、宮山古墳から南に一・五キロ離れた奥山に立地する。古墳群は村の田んぼの真ん中に位置し、四基存在していたと伝えられ、うち二基が調査された。

一号墳は、直径約一五メートルの楕円形で高さは約三メートルだ。埋葬施設は粘土と割石で作られた石槨が設置され、その中に箱型木棺が置かれている。

三角板鋲留短甲、鉄鉾、鉄鏃、鉄刀、鉄剣、刀子、轡、鎹、U字型鋤先、鉄鎌、飾金具、碧玉制冠玉、鏡、金製耳飾、丸玉多数、ガラス小玉多数、木棺片などが出土した。金製耳飾と袋部の断面が八角形の鉄矛は大加耶産、U字型鋤先は新羅産だ。

二号墳は一号墳の北側に位置するが、大部分が流失し、ごく一部が残存するのみだ。埋葬施設は竪穴式石槨で、壁面は割石が五～六段に積み上げられ、底には小さい砂利が敷かれている。副葬品は横矧板鋲留短甲、鉄鉾、鉄刀、鉄鏃、鉄鎌、鉄環、鉸具、鎹一点、碧玉制冠玉、ガラス小玉などが出土した。三点の鉄矛は袋部の幅が広く長鋒であることから新羅産と見られる。

一・二号墳はどちらも、五世紀中葉に築造された点、鎹を使った木棺が竪穴式石槨の中に安置されている点、金製耳飾、鉄鉾、U字形鋤先のような大加耶と新羅産副葬品が確認されている点などから見て、宮山古墳からの流れを汲む移住民首長墓と推定される。

見野長塚《みのながつか》古墳は奥山古墳の東側に隣接する古墳で、墳丘はかなり削平されているが、全長三四メートル、幅三～六メートルで、深さ二〇～五〇センチの周溝が確認された。西側の前方部と後円部が出会う地点から南の周溝の外側まで続く小さい溝は排水溝と見られる。

埋葬施設は後円部と前方部にそれぞれ一基ずつ横穴式石室が築造され、どちらも入口が南に開いている。後円部の石室は基底部のみ残存しており、主軸は墳丘と直交し、右片袖式の羨道がついている。玄室は幅二・六メートル、残存長四・八メートル、羨道は幅一・二メートル、残存長八〇センチだ。床面には全面に川石が敷かれている。前方部の石室は石材まで全部流失して詳しい状況はわからない。

後円部石室からは、鏡、装身具、鉄器、須恵器、土師器と共に人骨が出土した。装身具としては金製耳飾、碧玉製冠玉、ガラス小玉などが確認されたほか、楕円形鏡板轡、心葉形杏葉、鉄鉾、鉄鏃と共に蓋杯、台附壺、高杯、𤭯、子持壺、器台など多様の須恵器が出土した。人骨は歯二点、頭蓋骨片三点が確認され、壮年男性のものと鑑定された。前方部石室でも須恵器と鉄斧、馬具、ガラス製小玉などが一部確認された。

見野古墳群のなかで見野長塚古墳より北側に位置する三号墳は左片袖式の羨道を持つ横穴式石室で、入口は南東にある。全長一一・一八メートル、現長四・三五メートル、幅一・六三～二・〇六メートル、高さ二・四五メートルで、羨道幅は一・六五メートルだ。玄室には箱型石棺が安置されている。前壁は高さ三五センチの台石一枚で築造され、入口部に立柱石を立て、その上に二枚の石が積まれ

図4　見野古墳群6号墳（筆者撮影）

ている。天井は玄室と羨道を二枚の石で覆っている。石室内から蓋杯、高杯、短頸壺、扁瓶、甕などの須恵器と耳飾、勾玉、水晶製玉、ガラス製小玉などの装身具、鉄器などが出土した。須恵器の型式と石室の形態から見て七世紀中葉の築造であろう。

六号墳は、一つの円墳に二基の横穴式石室が築造されている。両石室は六メートルほど離れているが、入口はどちらも南西方向にある（図4）。

東石室は両袖式の羨道を持ち、全長八・八メートル、現幅一・六メートル、高さ一・八メートルだ。川石を敷いて屍床とし、玄室前方部右側に箱型石棺が安置されている。側壁は四～五段に積まれ、天井石は三枚が残っている。石室内から多様な須恵器と土師器、金製小環耳飾、冠玉、ガラス製小玉などの装身具と、鉄刀、鉄鏃、馬具などの鉄器が出土した。須恵器は、入口近くより後壁側で出土したものが古い型式であることから、追葬が行なわれたものと見られる。

西石室は両袖式の羨道を持ち、全長八・五メートル、幅一・五メートル、高さ二メートルだ。側壁は四～五段に積み上げられ、天井石は四枚残っている。玄室には二基の小型箱型石棺が配置されている。石室内からは須恵器と土師器、装身具と鉄器などが出土した。

東西二基の石室は後壁の位置が同一で、規模と構造、入口方向なども同じように造られた双室墳で、ほぼ同時期に築造されたと思われる。須恵器の型式も同じ六世紀後葉から七世紀前半に編年される。

一〇号墳の場合、墳丘の大部分が流失して巨石を使った大型の横穴式石室が露出しており、奈良県の石舞台古墳を連想させる。南東に入口が開き、羨道は両袖式である。全長一〇・七メートル、現長四・〇メートル、幅二・一～二・三メートル、高さ約二メートル、羨道幅は二・〇メートルだ。玄室の天井と各壁は一枚の巨石で築造されている。また、羨道部の天井も玄室の天井石に準ずる巨石が使われている。玄室と羨道の天井の段差はほとんどなく、玄門両側には大型の立柱石が立てられている。副葬品は出土しなかったが、石材の使用法に古墳時代で最も遅い時期の特色が見られることから七世紀後葉に築造されたと考えられる。

この見野古墳群の被葬者は、見野長塚古墳群に連続して築造されている点、一つの円墳内に二基の横穴式石室を造営する百済地域の墓制が見られる点、金製小環耳飾が副葬されている点、隣接して見野廃寺が存在する点などから、韓半島からの移住民と見ることができる。

見野廃寺は奥山古墳群と見野長塚古墳の間に位置し、寺の跡地と想定される一帯はたび重なる改変で伽藍配置などの復元は困難だが、塔の心礎石が確認され、現在、姫路文学館の庭園に移設されている。

瓦は軒丸瓦六種、平瓦九種、方形塼が発見され、二期に大別できる。一期の軒丸瓦はほとんどに単弁の蓮華文が施されている。軒平瓦は、重弧文や素文、唐草文など三種類の模様が施されている。この文様の様相から見て八世紀中葉と考えられる。二期の軒丸瓦は三葉蓮華文が多く、平瓦当は全体的な規格と唐草文の形態に同笵の瓦が多く確認されている。見野廃寺は八世紀中葉に移住民氏族の寺院として創建され、以後、播磨国司により整備されたと推定される。

市之郷廃寺は、宮山古墳の対岸にあたる市川左岸の市之郷に位置する。

発掘調査によって土塀と区画溝である可能性の高い溝、この溝と並行する主軸を持つ掘立柱建物と瓦積載遺構、竪穴などが確認された。遺構内からは七世紀後半から平安時代にかけての遺物が出土し、さらに大量の瓦が出土した。これらは三期に分けられる。

一期の軒丸瓦はすべて蓮華文が施されており、素弁系、単弁系、複弁系に分類される。素弁八葉蓮華文、複弁八葉蓮華文、単弁六葉蓮華文などが代表的だ。これと共に鴟尾が確認されたが、複弁六葉蓮華文と複弁八葉蓮華文などの文様が施されているのが特徴で、軒丸瓦と同笵のものも確認された。文様の形態から見て七世紀後葉から八世紀中葉と考えられる。

図５　新羅神社（筆者撮影）

二期の軒丸瓦は素弁一六葉蓮華文と重圏文などが施されているのが特徴だ。軒平瓦には唐草文が施されている。この瓦は播磨国府系統のもので、八世紀後半から九世紀前半に該当する。

三期の軒丸瓦は単弁蓮華文と唐草文が施されたもので、播磨国府系統のものも含み、九世紀と推定される。この寺院は移住民氏族の寺院で、七世紀後葉に創建され、以後、播磨国司により整備されたと推定される。

新羅神社は、奥山古墳群と見野長塚古墳の南側に位置する（図5）。祭神は仲哀、応神、神功であり、神体は鏡である。由来についてはよくわかっておらず、神功のいわゆる新羅征伐と関連して創建されたと伝えられているが、この地域に居住した移住民によって造営されたと推定される。

市川流域には五世紀中葉、宮山古墳の被葬者である移住民が移住した後、八世紀中葉まで継続的に移住民の居住が確認されており、さらに現在でも新羅神社が健在なように移住民の伝承が語り継がれている。

本稿は筆者の『日本 속 古代韓国文化―近畿地方―』で書いたものを翻訳した。翻訳には白井美由紀さんに大変お世話になった。

参考文献

高田貫太「五・六世紀洛東江以東地域과日本列島의交渉에관한豫察」『韓国考古学報』五〇、大邱、韓国考古学会、二〇〇三

朴天秀『日本 속 古代韓国文化―近畿地方―』서울、東北アジア歴史財団、二〇一一

中期古墳と鏡

上野祥史

一　はじめに

古墳時代中期を考える上で、鏡はどのような視点を与えてくれるのであろうか。古墳時代中期には、帯金式甲冑などの武装具が王権と地域首長との関係を表象する威信財の代表的な存在であった。一般に、前期の鏡、中期の甲冑という印象は強い。しかし、同型鏡群に代表される「中期の鏡」も存在する。ここでは、様式という視点から古墳時代の鏡を整理し、「中期の鏡」とされる同型鏡群およびその関連鏡群を評価することにしたい。その上で、これらの鏡から古墳時代中期社会をどのように描き出せるのか、倭王権の配布論理と配布戦略という論点でその様相を述べてゆきたい。

二　鏡の様式区分と古墳時代中期

（一）古墳時代の鏡様式

鏡は、古墳時代を通じて副葬が継続する器物である。その多くは、古墳時代に王権中枢から地域首長へと配布されたものである。古墳時代の配布鏡には、漢鏡・三国西晋鏡・南北朝鏡の中国鏡と、生産時期が異なる三つの倭鏡群が存在する。（註1・2）主に型式分類や入手経緯など製品情報を基礎として、副葬傾向を反映し、古墳時代の配布鏡の変遷が推測されている。中国鏡と倭鏡の関連性を反映して、古墳時代の鏡は三つの段階に区分することが可能である。（註2）これら三段階の鏡を、三つの様式の鏡として認識しておきたい。時期により鏡の形態（様式）が異なることは、入手や生産の経緯を反映した「価値ある形」が変わることを意味しており、配布鏡の様式区分が可能であると考える。新たな器物様式の成立は、王権による新たな配布戦略の創出を示しているのである。

古墳時代の配布鏡は、漢鏡・三国西晋鏡と第一期倭鏡を古墳第一様式鏡群、第二期倭鏡を古墳第二様式鏡群、南北朝鏡と第三期倭鏡を古墳第三様式鏡群と呼ぶことにする。（註3）それぞれ、代表的な鏡をあげれば、三国西晋鏡は三角縁神獣鏡、第一期倭鏡は単頭双胴神鏡系倭鏡（鼉龍鏡《だりゅうきょう》）、方格規矩四神鏡系倭鏡や対置式神獣鏡系倭鏡であり、第二期倭鏡は斜縁神獣鏡B系倭鏡、南北朝鏡は同型鏡群、第三期倭鏡は旋回式獣像鏡系倭鏡や乳脚文鏡系倭鏡である。第一様式鏡群は奈良県新山古墳や佐味田宝塚古墳、第二様式鏡群は京都府久津川車塚古墳や大分県葛原古墳、第三様式鏡群は福井県西塚古墳や熊本県江田船山古墳の出土鏡を挙げておきたい。

第一様式鏡群は前期を通じて配布と副葬がおこなわれており、配布が停止した中期においても副葬が継続する事例はみえる。大阪府豊中大塚古墳や同盾塚古墳、京都府久津川車塚古墳などで帯金式甲冑とも共伴しており、千葉県城山一号墳や静岡県甑塚古墳など後期に副葬する事例も少数ではあるが存在している。第二様式鏡群は中期前葉から中葉にかけて配布がおこなわれており、その副葬時期もほぼ同時期に限られるようである。鏡種・数量ともに少なく、個体差が大きいため第二期倭鏡を抽出することは難しいが、明確に第二様式鏡群と認識できる斜縁神獣鏡B系倭鏡では、中期を過ぎて後期に副葬された事例はみえない。第三様式鏡群は中期後葉から後期にかけて、配布と副葬が継続している。後述するように、配布の終焉を描出することは難しいが、その始まりは千葉県祇園大塚山古墳や三重県神前山一号墳、大阪府長持山古墳など中期後葉に求められる。

これらを通していえることは、配布鏡様式の画期と古墳時代の時期区分とが明確に対応していないこと、そして副葬時期が配布時期と重なるとは限らないことである。ことに前者は、鏡様式の画期が古墳時代中期に一線を引くことになる。そこに、古墳時代中期という時期区分およびその特質を器物様式の視点から改めて考える必要を覚える。以下では、第三様式鏡群を取り上げて検討を進めてゆくことにしよう。

（二）第三様式鏡群の詳細

第三様式鏡群は、古墳時代中期に流入した南北朝鏡とそれを契機として新たな局面を迎えた第三期倭鏡を以て認識する。

踏返模倣を特徴とする南北朝鏡は、『宋書』に記載のある倭の五王の遣使と関連付けることが可能な新しい中国鏡である。南北朝鏡は、外区や鈕などに改変を加えた場合にのみ認識できるのであり、改変部分がなく同型資料の知られていない単独事例は、漢鏡か南北朝鏡かを峻別することは困難である。近年、同型鏡群の鈕孔形態の特徴から、前期古墳出土の中国鏡と区分できる可能性が指摘されている。[註4]こうした形態的特徴の整理によって、南北朝鏡の認識はより進むものと考える。類例のない単独例では、兵庫県宮山古墳出土の画文帯神獣鏡や、静岡県石ノ形古墳出土の画像鏡、そして兵庫県宮山古墳や千葉県姉ヶ崎二子塚古墳や和歌山県椒浜古墳などで出土した雲気禽獣文鏡などが、同型鏡以外の南北朝鏡である可能性を指摘できる。同型鏡群は多いものの、同型関係を認定できない単独の鏡を含む可能性は高いのであり、新来の中国鏡は南北朝鏡と呼ぶべきである。

同型鏡群は、東アジアでも日本列島に集中する状況から、倭製である可能性も想定できる。しかし、同型鏡群と関係の深い第三期倭鏡には、隅田八幡神社蔵の癸未年銘鏡や奈良県藤ノ木古墳出土鏡、福岡県壽命大塚古墳出土鏡など、中国鏡を模倣した鏡は面径が中国鏡に近い大型鏡・中型鏡に限り存在することから、倭鏡生産に二つの異なる模倣形態が併存することを想定するのは困難である。中国鏡生産と倭鏡生産という双方の視点から、概ね同型鏡群を南北朝鏡とみる認識が共有されている。

南北朝鏡の流入は、倭鏡生産に新たな展開をもたらした。第三期倭鏡生産の盛行とともに、大型鏡の南北朝鏡と中小型鏡の倭鏡という序列関係が生まれたのである。南北鏡は二三センチを超える超大型鏡と二〇センチ前後の大型鏡が多く、第三期倭鏡では一五センチ以下の中型鏡と小型鏡が大半である。[註5]相対的ではあるが、面径によって南北朝鏡と倭鏡の上下（優劣）関係を表現したのである。舶載品を上位に位置づけ、それに刺激を受け新たに創出した倭製品を下位に位置づける序列形態が生じたのである。なお、倭製品には鈴付の造形がみえる。鈴鏡は、第三様式鏡群の倭鏡の特徴の一つである。しかし、南北朝鏡に鈴を付加することはなく、南北朝鏡を模倣した倭鏡の大型鏡に鈴を付加した事例は少ない。むしろ、中小型鏡に鈴を付加した例が多い。舶載品を上位に、倭製品を下位に位置づけ、倭製品に鈴付の造形を加えることが、第三様式鏡群の序列の特徴といえるであろう。

この第三様式鏡群は、中期後葉（ON四六・TK二〇八型式期）を嚆矢として副葬が始まり、中期末葉（TK二三・TK四七型式期）と後期前葉・中葉（MT一五・TK一〇型式期）に副葬する事例が多く、数を減じつつも後期後葉以後（TK四三型式期・TK二〇九型式期）にも副葬は継続した。一般に中期と後期の境とされるTK四七型式期とMT一五型式期を挟んで、第三様式鏡群の副葬に大きな変化はない。新たな様式の成立こそ積極的に評価すべきであり、第三様式鏡群の起点となる中期後葉が大きな画期である。また、南北朝鏡の代替とも考えられる、交互式神獣鏡などの南北朝鏡を模倣した大型倭鏡は五世紀代に遡る資料がみえない。その嚆矢となる隅田八幡神社蔵の癸未年銘鏡は、五〇三年の制作と推定できる。倭鏡生産にも、第三様式鏡群の維持が六世紀以後にも継続する様子がみえる。

それは、鏡を配布した王権中枢の意図を反映するだけではない。地域社会で保有が継続する、という点においても、第三様式鏡群の価値は継続した。鏡の受け手である地域社会では、群馬県綿貫観音山古墳や千葉県金鈴塚古墳などのように、保有が長期に継続する例がある。地域社会でも第三様式鏡群の価値が存続したが故に、保有は継続したのである。第三鏡式鏡群の価値は、送り手の王権中枢が意図したものと、受け手である地域社会・地域首長が意識したものとが、同じ次元のものであるとは限らない。しかし、一つの器物をめぐり送り手と受け手の双方で価値を認める意識が継続したことを評価しておきたい。こうした保有が継続する地域社会の状況も配慮しつつ、王権中枢では倭鏡の創出や生産の継続を図ったものと考える。

第三様式鏡群は、五世紀後半から六世紀前半にかけて、「送り手」も「受け手」もともに価値を認める器物として存在した。第三様式鏡群の価値が継続した、TK二〇八型式期を嚆矢としてTK二三・TK四七型式期からMT一五・TK一〇型式期にかけての期間を、一つの様式期として評価したい。[註6]

三　倭王権の配布戦略と第三様式鏡群の評価
―器物様式と時代の画期―

（一）第三様式鏡群と武装具様式

帯金式甲冑を代表とする武装具様式は、古墳時代中期を画する指標である。[註7] 武装具様式を以て中期を画するという指摘は、二つの点において重要である。一つは、中期を貫く指標を明示した意義であり、もう一つは、武装具様式を以て中期政権の特質を議論していることである。中期を自明の時期区分として議論するのではなく、基準を明確にした上で、特定の器物様式から社会論を展開した意義は大きい。[註8]

帯金式甲冑の副葬はTK二三・TK四七型式期に収束し、MT

一五・TK一〇型式期には継続しない。[註9] また、武装具では、MT一五型式期を境に振環頭大刀が出現するなど、TK二三・TK四七型式期とMT一五・TK一〇型式期との間の画期が強調される。[註9・10] それは、TK二三・TK四七型式期からMT一五・TK一〇型式期へと連続する第三様式鏡群とは大いに異なるのである。

絶えず新しい器物＝価値が選択・創出され、その配布を通じて王権中枢が地域首長との関係を構築・更新した古墳時代にあっては、古い価値と新たな価値は重なりをもちつつ変化していった。それ故、単一の器物様式を基準とすれば、ほかの指標でみえる画期と整合しない状況も生じる。かつて中期古墳の鏡を考えた際に、帯金式甲冑を以て中期を画するという視点から、帯金式甲冑を含めた武具と共伴する鏡の傾向を整理した。[註11] 甲冑の新古と鏡の新古は対応するものの、鏡の画期と甲冑の画期が明確には対応しておらず、かえって長期保有した少数の事例が際立つ結果となった。それは、武装具と鏡とで様式の画期が一致しないことを明確にしている。古墳時代前期・中期・後期という段階的な枠組みでは、鏡の画期を明確に描き出すことはできない。第三様式鏡群を中期の鏡、あるいは後期の鏡とは言い切れず、時期区分とは切り離した名称で呼ばざるを得ない理由はここにある。同型鏡が倭の五王と結びつけて考えられつつも、後期に実在する鏡として、厄介な一面をもつ所以である。

ここで、帯金式甲冑を指標とする武装具様式を系譜と序列という視点で簡単に整理してみよう。帯金式甲冑は、既有の方形板革綴短甲を継承発展させて創出した武具であり、当初からその終焉に至るまで倭製品として存在し続けた。中期中葉に創出した眉庇付冑も、舶載品の模倣が原点ではなく、外来要素を融合して新たに創出したものであり、当初より倭製品として存在している。[註12・13] 帯金式甲冑の配布には、同一様式の武装を共有することで表現する紐帯原理と、その中でも特殊な構造あるいは特殊な附属品の付加によって表現した区分原理が内包されている。[註8] その序列の様相は、舶載品と倭製品が併存し、形態・材質によって区分を表現した第三様式鏡群とは異なる。武装具では、帯金式甲冑の後半段階である鋲留甲冑生産期に、小札甲が舶載されその模倣生産も始まる。小札甲は保有武装具の優位性を示す指標の一つではあるが、第三様式鏡群の南北朝鏡と倭鏡のように、截然と帯金式甲冑とを区分する存在ではなかった。様式の画期がずれるだけでなく、器物の系譜や序列の様相という点において、帯金式甲冑の武装具様式と第三様式鏡群は異なるのである。

（二）第三様式鏡群と馬装様式

では、TK二〇八型式期を嚆矢とし、TK二三型式期からTK一〇型式期を核とする様式のあり方は、鏡のみにみえる現象なのであろうか。生産と流通が第三様式鏡群と類似したものに馬具がある。馬具には、制御具の轡をはじめ、騎乗装置の鞍や鐙、固定連結装置としての雲珠や辻金具、そして装飾具・荘厳具としての杏葉や鈴・鐸などがあり、総体として体系的な馬装を構成する。馬具は古墳時代中期に出現し普及し始めるが、時々の対外交渉を反映して、その形態は大きく変化する。[註14・15] 古墳時代中期前半段階には、大阪府誉田丸山古墳や福岡県月岡古墳出土馬具のような新羅系や、兵庫県行者塚古墳や大阪府七観古墳出土馬具のような加耶系が併存している。しかし、中期後葉以降、大阪府長持山古墳出土馬具を嚆矢として、f字形鏡板付轡と剣菱形杏葉の組合せを基本とする馬装が普及し、TK一〇型式期ごろまでは主要馬装の一つとして価値を継続していたのである。[註16] この種の馬具の保有・副葬時期は、ＴＫ二〇八を嚆矢として、ＴＫ二三・ＴＫ四七型式期から、ＭＴ一五・ＴＫ一〇型式期に及んでおり、一つの様式段階として認識することができよう。この馬装様式の出現は、装飾性の高い金銅装馬具を新羅系から大加耶系へと系譜を転換させた。その変化は、日朝の交渉形態や渡来文物の入手経路、あるいは日本列島内での流通形態の変化と連動するものであり、[註17] 断絶の色彩が強い、かなり大きな変化であったといえよう。

また、このｆ字形鏡板付轡と剣菱形杏葉を指標とする馬具様式では、金銅装製品と鋳銅製鈴付造形製品が存在する。形態は同じであっても、材質による作り分けと鈴造形の付加がなされているのである。鈴付鋳銅製品は金銅装製品よりも下位に位置づけられ、ｆ字形鏡板付轡と剣菱形杏葉の馬具様式には、材質の違いで表現する序列が存在していた。[註18] 金銅製品は後に倭製化するものの当初は舶載品を中心としており、鋳銅製品は倭製品である。舶載品の入手・分配を経て、それを補弼する下位の倭製品を創出したことを示している。

舶載品を上位に、倭製品を下位に位置づけ、かつ下位の倭製品に鈴付の造形がある状況は、第三様式鏡群と共通している。鈴付の造形が、下位の倭製品に限られることも同じである。ｆ字形鏡板付轡と剣菱形杏葉で代表される馬装具様式と第三様式鏡群は、様式の画期と序列の様相が共通するのである。しかし、この期間を通じて、ｆ字形鏡板付轡と剣菱形杏葉が馬装を独占していたわけではない。楕円鏡板付轡および杏葉の普及や、鐘形鏡板付轡および杏葉の普及など、別系譜（別様式）の馬装が併存することは周知のとおりである。しかし、ｆ字形鏡板付轡と剣菱形杏葉という、大加耶あるいは非新羅という系譜をもつ馬装様式が、価値ある形として継続したことには注目しておきたい。細かな視点ではその意義や形態も変化するであろうが、特定の形態に価値を認め続けることを重視し、より大きな視点で器物様式をとらえ、それが第三様式鏡群と共時的かつ、同様の様相を示していることを積極的に評価しておきたい。

（三）第三様式鏡群の画期

第三様式鏡群とｆ字形鏡板付轡や剣菱形杏葉の馬装様式は、様式の画期と序列の様相が共通する。その出現と継続期間はほぼ重なっており、舶載品を模倣した倭製品の生産が始まること、舶載品を上位とし倭製品を下位に置く序列があり、倭製品に鈴付の造形が存在することは共通する。器物の故地は南朝と大加耶で異なるが、ともにＴＫ二〇八型式期の倭王権の国際交渉を反映して、新来の舶載品が新しい価値体系を生みだした結果として評価できよう。舶載品を倭製化して、保有者を階層区分する、鏡や馬具の序列形態は、帯金式甲冑とは異なる。ＴＫ二一六型式期以前とは、配布する器物の系譜が異なるだけでなく、その序列のあり方も変化したのであり、王権による器物配布戦略の質的な転換が図られたことを意味している。

なお、ＴＫ二〇八型式期は、倭において朝鮮半島系器物の主要系譜が大きく変化する時期である。[註17・19] 王権の主要交渉対象が、金官加耶や新羅から、大加耶や百済へと大きく変化する。装身具の一つである帯金具にも、その動きが鮮明にあらわれており、ＴＫ二〇八型式期に倭の帯金具は系譜を大きく転換するが、そこには新羅王権の質的変化など朝鮮半島側の事情が反映されている。[註20] ＴＫ二〇八型式期を境とした器物様式の変化は、東アジアの動きと連動するものであり、国際情勢を反映して配布器物とその戦略が転換する画期であった。

このＴＫ二〇八型式期を境とする画期は、古墳群の形成あるいは埋葬施設や墳形・規模など古墳の画期とも重なる。近畿地方で築造する大型前方後円墳は、前期より中期にかけて規模を大型化させてゆくが、大山古墳の築造を極点として、以後はその規模を縮小させる。大型前方後円墳が大阪平野に出現した後、百舌鳥・古市・佐紀・馬見という四地域で二〇〇メートルを超える大型前方後円墳を築造するが、ＴＫ二三・ＴＫ四七型式期の築造は古市古墳群に限られる。古市古墳群ではそれ以後も、軽里大塚や白髪山古墳など、規模を大幅に縮小しつつ大型前方後円墳の築造が継続するのに対して、百舌鳥古墳群や佐紀古墳群での大型前方後円墳の築造は、ＴＫ二〇八型式期に終焉を迎えＴＫ二三・ＴＫ四七型式期に継続しない。大型前方後円墳の築造という視点では、同じ中期の範疇にあっても、ＴＫ二〇八型式期を境として、ＴＫ二三・四七型式期はそれ以前と異質な状況がみてとれるのである。

　埴輪にも、この時期に画期が見出せる。大型前方後円墳ではＴＫ二〇八型式期には人物群像で情景を表現する様式が成立する。それは、後期にひろく普及する新たな古墳祭式の始まりである。ＴＫ二〇八型式期に創出された「かたち」が後期に至っても継続する。人物群像で表現する新たな埴輪様式も、第三様式鏡群や馬装具様式と共通した動きとして評価できよう。埋葬施設でも、大阪府藤の森古墳や高井田山古墳など横穴式石室が近畿地方に出現するのはＴＫ二三・ＴＫ四七型式期を前後する時期である。

　地域社会の首長墓では、ＴＫ二三・ＴＫ四七型式期頃を前後して、それ以後の古墳築造地域が固定されるという傾向も指摘されている。(註21)そして、地域社会において古式群集墳が出現し始めるのもこの時期である。(註22)

　古墳の規模や形態、構造あるいは相互関係などの視点でも、ＴＫ二〇八型式期からＴＫ二三・ＴＫ四七型式期にかけての時期は、古い要素と新しい要素が混在する様子がみえる。ここを起点とした動きは、その後の時期にも継続する特徴をもつ。第三様式鏡群の成立と存続は、こうした他とも関連した動きなのである。ＴＫ二三・ＴＫ四七型式期は中期と後期を弁別する考える上でも重要な鍵を握るが、中期か後期かという時期区分を前提とするのではなく、諸要素の複合体としてとらえうる様式の画期やその複合体としてみえる画期をもう少し柔軟に評価することが必要であると考える。

四　第三様式鏡群の配布戦略と歴史評価

（一）第三様式鏡群と倭王権の配布論理

　第三様式鏡群は、二、三面を複数する事例があるものの、その多くは単数副葬である。古墳時代前期には、奈良県黒塚古墳や京都府椿井大塚山古墳、奈良県新山古墳や佐味田宝塚古墳など、多量の鏡を副葬した事例が数多くある。古墳時代中期にも、一〇面以下ではあるが大阪府津堂城山古墳や京都府久津川車塚古墳などの多量副葬古墳がみえる。しかし、中期後葉以降は、多量副葬古墳は非常に限られる。六面を副葬した熊本県江田船山古墳や栃木県雀宮牛塚古墳、八面を副葬した福岡県勝浦峯ノ畑古墳、四面を副葬した奈良県藤ノ木古墳が注目される程度である。多量副葬が限られ、単数副葬を原則とする第三様式鏡群は、面径という質によって序列を表現するものの、古墳時代前期のように面径と数量という質と量による序列を表現したものとは異なる。

こと南北朝鏡に関しては、先の江田船山古墳のような例を除けば、複数面副葬でも二、三面程度である。南北朝鏡は単数保有を基本としており、共伴遺物の類似性から各地の有力首長の間で分有したという状況こそ相応しい。特定の有力首長の間で分有する状況は、中国王朝を背景とした序列の認識の場において効力をもつものと考え、倭王が僚属の軍郡号をも含めて称号を除正された機会に入手の経緯を求めるのである。史書には、倭王の遣使と官位除正に際して、僚属にも軍郡号が除正された記録があり、倭済の遣使では二十三名が除正されている。こうした中国王朝による権威の承認、官位除正を可視化するものが南北朝鏡であり、それに連なる倭政権内部での序列を可視化したものが第三様式鏡群であったと考える。[註6]面径には、保有者・被葬者の政治位相が反映されているのである。

なお、多量副葬が、肥後・日向・筑前あるいは下野といった倭世界の周縁地域で目立つことは注目される。第三様式鏡群の配布に、各地域社会での再分配を意図した一括配布が推定できるからである。そこには、鏡の配布主体である倭王権が、遠隔地では広域圏の秩序維持を特定の地域首長に委ねた様相が描き出せるのである。

さて、単数副葬はもう一つの意味を有すると考える。それは、鏡を保有・帰属する意識の変化である。王権中枢は、古墳時代中期に帯金式甲冑を創出し、その後も馬具、装飾付大刀と威信財を創出し続ける。帯金式甲冑以後の威信財は、着装を前提とした（基本とした）威信財であり、石製腕飾や鏡など保有を前提とする前期の威信財に対して、着装するものへと威信財は性格を転じてゆく。その本義は、祭祀具から装身具へと、「つかう」ものから「よそおう」ものへと変化したといえよう。王権と地域首長をつなぐ威信財は、この方向性を中期から後期にかけて継続させた。鏡も、単数保有を基本として、その質によって格付を表現する器物として機能したと考える。基本的には、「保有するもの」「つかうもの（道具）」としての鏡でありながら、その保有意識は、甲冑や馬具など「着装するもの」に近いものであったことを示していよう。先に指摘した、第三様式鏡群と特定の馬装様式が同調する現象も、こうした背景から首肯できよう。それは、器物の性格を反映したものだけではない。「送り手」である倭王権の配布意図の変化をも含んでいる。受け手に特定個人を対象としない、集団を対象とした配布から、特定個人を対象とした配布へと変化したことを示すのである。配布器物は、送り手である大王もしくは王権中枢を担う有力首長と、受け手である地域首長の人格的結合を象徴するものでもあり、特定個人間の結びつきを示すものとして機能していた。これらは、辛亥年銘鉄剣に示された特定個人間の人的結合を媒介として社会関係を構築していた実情とも重なるものである。また、そこにこそ単数保有を基本として、面径の大きさで序列が表現される意識も生じえるのである。ＴＫ二〇八型式期を嚆矢として、ＴＫ二三・ＴＫ四七型式期の五世紀後半に新しい鏡の価値体系が創出され、鏡の分配を通じた王権と地域首長との関係表象は新たな局面を迎えたといえよう。

（二）第三様式鏡群と倭王の配布戦略

同型鏡群は、文献資料と出土資料との接点として注目される資料である。早くから、倭の五王の遣使と関連付けて考えられてきた。新来の中国鏡であるが故に、その入手経緯が注目され、中国という器物の系譜のゆえに、東アジア国際情勢を前提として常に議論されてきた。現状では、宋への入貢による入手から、数次にわたる倭の五王の遣使と入手時期を具体的に対応させた理解が深まりつつある。[註23・24]単純な「倭の五王の鏡」から、暦年代観を対照させ、同型鏡群を南朝と倭の関係の中で、より具体的に詳細に評価する方向へと動きつつある。

南北朝鏡と同型鏡は同義ではない。同型鏡以外の南北朝鏡が存在することは、先に示したとおりである。同型鏡群に限れば、古墳時代中期の暦年代観から、同型鏡群の副葬が始まるON四六・TK二〇八型式期は、五世紀中葉に想定できるため、同型鏡群の入手の上限を五世紀中葉に求め、四三八年もしくは四五一年の遣使と結びつけて理解する傾向が強い。少なくとも、暦年代観と同型鏡の副葬傾向から、同型鏡群は五王遣使全般と結びつけて考えることはできない。倭の五王の遣使と同型鏡群の入手は同義ではないのである。なお、それに先行する、同型鏡群以外の南北朝鏡を積極的に評価すれば、倭の五王の遣使を通じて南朝鏡を入手した理解も成り立つが、どこまで遡り得るかについては現状で不確定な部分が多い。

南北朝鏡の入手は、その歴史的背景にある南朝への遣使以外に、積極的に判断できる根拠はない。南北朝鏡（同型鏡群）を模倣した倭鏡に五〇三年と想定できる紀年銘があり、大型の模倣倭鏡の多くがTK一〇型式期以降の副葬であることから、入手時期の下限は五世紀末に想定されている。[註6・24]入手時期と王権による配布時期は重なりをもちつつも、まったく重なるわけではない。新たな威信財を常に創出し続ける古墳時代において、特定器物の配布が長期にわたって継続することは想定しにくく、基本的に配布は短期間に終了したと考えるのが一般的である。しかし、既知の副葬事例が六世紀以降に限られる同型鏡も存在しており、配布期間が六世紀に及んでいた可能性も想定しておきたい。[註25]

さて、第三様式鏡群で表現する価値体系は、五世紀後葉から六世紀中葉を通じて継続したのであり、南北朝鏡は倭の五王の期間を超えてその社会的価値を維持したものと考える。そこには、いわゆる雄略朝から継体朝へと連続する一面を評価できるのである。記紀にある雄略以後の王位継承系譜を認めれば、第三様式鏡群の価値は、雄略以後も、継体・欽明に至るまで継続したのである。鏡や馬具の様式にみる連続性は、雄略朝以後の雄略朝政策の継続性、そして継体朝における前代の意識体系の継承性を明確に示しているのではないだろうか。それは、正統の継承とでもいうべき性格を帯びたものであろう。継体朝には、創出型の威信財と継承型の威信財が併存するといわれるが、第三様式鏡群の動向をより「継承」的側面で評価しておきたい。[註10・26]一方、帯金式甲冑がTK四七型式期を境に姿を消し、捩環頭大刀がMT一五型式期を境に普及するという武装具の変化は、応神以下の王統との区別を意識した継体朝が、過去との断絶や新たな価値の創出をより鮮明にしたものと評価できよう。南北朝鏡を模倣した大型倭鏡の創出が、癸未年銘鏡に象徴される六世紀初頭を契機とするならば、第三様式鏡群にも新たな画期が見出せるのであり、継体期の威信財継承路線と威信財創出路線の両面を反映したものと評価できるのである。また、第三様式鏡群の視点からは、雄略朝と継体朝の連続や断絶だけでなく、検討対象として取り上げることが少ない、雄略と継体の狭間にある清寧以後の王朝についても、雄略朝期との同質性を指摘できるのである。

なお、これらは、いずれも南北朝鏡の「受け手」である倭の論理で東アジア世界における流通を評価したものであるが、「送り手」

である南朝の論理で評価した視点も芽生えつつある。ただ、宋から入手したという単純な理解でなく、同型鏡群の流入を段階区分して、各鏡種が選択された背景を推察し、南北朝鏡が中国世界から送り出されることの意味・価値・評価を積極的に推論したものである。画文帯神獣鏡の流通を、劉裕による膠東半島の領有など歴史事件と関連付けて理解しようとするものなどである。(註4) 器物の授受の背景には、「送り手」の論理・事情と「受け手」の論理・事情が独立して存在する。同型鏡の流通は倭・古墳時代社会視点での評価が多いが、南朝にも鏡を送り出す事情・背景は当然存在したのである。そのことを見落としてはならない。

五　おわりに

中期という時代の枠組みをひとまずおいて、鏡の様式区分を整理し、様式の画期という視点から、一般に中期の鏡とされる同型鏡とそれに関連した第三様式鏡群の特徴を整理してみた。第三様式鏡群は、ＴＫ二三・ＴＫ四七型式期からＭＴ一五・ＴＫ一〇型式期へと連続することを示し、それが特定の馬装具様式とも共通する一つの様式期としてとらえる考えを提示した。王権中枢と地域首長・地域社会との関係を媒介する器物として、その価値認識が継続することを積極的に評価しておきたい。そこでは、中期という時代の枠組みと鏡様式の画期とのずれが鮮明となった。また、現状の暦年代観や編年観では、中期＝倭の五王＝同型鏡という従来の理解が成り立たないことを示した。こうした視点は、器物様式の変遷や相関関係に沿って、新たに画期を評価することの重要性を示していよう。それは、武装具様式の視点で古墳時代中期を画し論ずる視点と共通する。前期・中期・後期という枠組みを自明のものとせず、器物様式の画期を尊重して、より柔軟に時代の変化を評価することも重要なのではないだろうか。そのことによって、新たに中期という時代の枠組みそのものが再考されることになるものと考える。

（註1）森下章司「古墳時代仿製鏡の変遷とその特質」『史林』七四―六、一九九一

（註2）上野祥史「中国鏡」一瀬和夫・福永伸哉・北條芳隆編『古墳時代の考古学4　副葬品の型式と編年』同成社、二〇一三

（註3）第一期倭鏡を前期倭製鏡、第二期倭鏡を中期倭製鏡、第三期倭鏡を後期倭製鏡とする認識もあるが（下垣仁志『古墳時代の王権構造』吉川弘文館、二〇一一）、後述するように鏡様式（配布・生産）の画期と時代の画期は必ずしも一致するとは限らず、その画期の設定そのものが議論の対象になりうるため、ここではあえて倭鏡生産の三段階という名称を用いた。各期の生産時期は、第一期倭鏡が前期に相当し、第二期倭鏡が中期前葉から中葉にかけて、第三期倭鏡が中期後葉から後期にかけてが相当する。

（註4）辻田淳一郎「古墳時代中期における同型鏡群の系譜と製作技術」『史淵』一五〇、二〇一三

（註5）上野祥史「韓半島南部出土鏡について」『国立歴史民俗博物館研究報告』一一〇、二〇〇四

（註6）上野祥史「祇園大塚山古墳の画文帯神獣鏡―同型鏡群と古墳時代中期―」上野祥史・国立歴史民俗博物館編『祇園大塚山古墳と五世紀という時代』六一書房、二〇一三

（註7）橋本達也「古墳時代中期甲冑の出現と中期開始論―松林山古墳と津堂城山古墳から―」『待兼山考古学論集―都出比呂志退任記念―』大阪大学考古学研究室、二〇〇五

（註8）橋本達也「中期甲冑の表示する同質性と差異性―変形板短甲の意義―」『七観古墳の研究』京都大学大学院文学研究科、二〇一四

（註9）橋本達也「古墳時代中期甲冑の終焉とその評価―中期と後期を分かつもの―」『待兼山考古学論集Ⅱ―大阪大学考古学研究室二〇周年記念論集―』大阪大学考古学研究室、二〇一〇

（註10）高松雅文「継体大王朝の政治的連帯に関する考古学的研究」『ヒストリア』二〇五、大阪歴史学会、二〇〇七

（註11）上野祥史「帯金式甲冑と鏡の副葬」『国立歴史民俗博物館研究報告』一七三、二〇一二

（註12）橋本達也「古墳時代中期における金工技術の変革とその意義―眉庇付冑を中心として―」『考古学雑誌』八〇―四、日本考古学会、一九九五

（註13）橋本達也「東アジアにおける眉庇付冑の系譜」『国立歴史民俗博物館研究報告』一七三、二〇一二

（註14）千賀　久「日本出土の「非新羅系」馬装具の系譜」『国立歴史民俗博物館研究報告』一一〇、二〇〇四

（註15）諫早直人『東北アジアにおける騎馬文化の考古学的研究』雄山閣、二〇一二

（註16）内山敏行「古墳時代の轡と杏葉の変遷」『黄金に魅せられた倭人たち』島根県立八雲立つ風土記の丘、一九九六

（註17）高田貫太『古墳時代の日朝関係―新羅・百済・大加耶と倭の交渉史―』二〇一四

（註18）内山敏行「中期後半から後期前半の下毛野」右島和夫・若狭徹・内山敏行編『古墳時代毛野の実像』季刊考古学別冊一七、二〇一一

（註19）朴天秀『加耶と倭―韓半島と日本列島の考古学―』講談社、二〇〇七

（註20）上野祥史「龍文透彫帯金具の受容と創出―新羅と倭の相互交渉―」『七観古墳の研究』京都大学大学院文学研究科、二〇一四

（註21）土生田純之『古墳時代の政治と社会』吉川弘文館、二〇〇六

（註22）和田晴吾「群集墳と終末期古墳」『近畿Ⅰ』新版古代の日本五、角川書店、一九九二

（註23）武寧王陵出土鏡と南朝―百済―倭という当時の東アジア国際秩序の関係を以て、同型鏡群が百済を中継して日本列島へと将来されたと理解する向きもあるが、日韓両地域の同型鏡群は大半が日本列島から出土しており、百済を中継した入手の場合には、大半の同型鏡群が百済を通過して倭へと将来されたと考えねばならない。それは、仏教や中国思想あるいは瓦や青銅製品などほかの中国系文物や情報の伝播とは相当様相が異なり、東アジアの物資情報伝達として整合的に理解するのは難しい。

（註24）川西宏幸『同型鏡とワカタケル―古墳時代国家論の再構築―』同成社、二〇〇四

（註25）武寧王陵出土の浮彫式獣帯鏡は五二五年に副葬されたものであり、その同型鏡が滋賀県三上山下古墳と群馬県綿貫観音山古墳から出土している。前者は、ＴＫ四三型式期（六世紀後葉）の甲山古墳出土と推定されており、後者はＴＫ二〇九型式期（六世紀末葉）の古墳である。いずれも、副葬年代は六世紀中葉を遡らない。配布期間を入手期間と同じ五世紀に限定して、六世紀まで長期保有された結果と考えることもできるが、六世紀にまで配布が及んでいた可能性は否定できない。

（註26）福永伸哉「いわゆる継体期における威信財変化とその意義」『井の内稲荷塚古墳の研究』大阪大学稲荷塚古墳発掘調査団編、二〇〇五

古墳時代中期の武器・武具生産

橋本達也

一　はじめに—古墳時代中期における甲冑と鉄器生産遺跡—

古墳時代中期というと、この時代を代表するのは、まず偉容を湛える大型前方後円墳の姿であろう。また東アジア世界との活発な通交にも特徴づけられる。然して、この時代をもっとも代表する遺物は何かといえば、それは鉄製甲冑をおいて他にない。古墳時代中期は「巨大古墳の時代」であり、「倭の五王の時代」であり、また「甲冑の世紀」である。

この古墳時代中期の甲冑を考える上で、まず確認しておかねばならないのは、その分布の核が古市・百舌鳥古墳群を中心とする近畿中央部に存在するとともに、東北南部から九州南部にまで広域展開し、しかも地方様式が存在しないことである（図1）。その生産地は明らかになっていないが、これらの状況証拠から、それが古市・百舌鳥古墳群の被葬者集団が形成する政治勢力下で一元生産され、配布されたものとみなされる。

とくに、甲冑は大王から地域小首長までが同形品を共有することが特徴で、そこには甲冑の授受を媒介とする政治関係の確認、同じ政治集団に連なるアイデンティティ表示機能の存在が示されている。同時に甲冑の保有には数量・付属具の組合せ、特殊品の有無などで表わされるセットの優劣が存在し、そのような質的差異が階層序列や職掌などの社会的地位を表出していると理解できる。

さらに、甲冑は鉄を惜しみなく用い、同時代の器物の中でもその生産に関わる技術レベルがもっとも高いことから、これが単なる必需の実用武具ではなく、政治性をもつ稀少財という側面の強いことを示唆する。たびたび行なわれる新技術、新

図1　中期甲冑出土古墳の分布（註31）

形式の導入、生産量の拡大といった現象を自生的な発展や渡来工人の自主的な活動のみで語ることはできず、その生産は近畿中央政権の直轄的な管理下の工房で行なわれたと考えるのが妥当である。

一方、生産遺跡の側に目を移すと、一九九〇年代以降、古墳時代中期の近畿中央部における鍛冶関連遺跡の検討が進んだことにより、各遺跡ごとの性格に加えて、近畿中央政権や有力首長層による鉄器生産工房の管掌形態にまで議論が進んでいる。しかしながら、鍛冶関連遺跡では、鍛冶炉・鞴羽口・鉄滓・微細遺物など特徴的な遺物の検出とその研究は進んだが、そこで何が作られたのかといった本質的な課題はほとんど未解明のまま残されている。

古墳出土甲冑の型式学的研究は、生産工房のあり方まで検討を進めてきた一方で、実際の生産工房である遺跡ではその生産品が不明という、相互の研究に重なりのほとんどない状況がつづいている。今回、本稿でも新出資料があるわけではないが、ここでは現状で両者の間をあえて最大限近寄せて検討した場合には、どのような社会像が描けるかについて、とくに甲冑を軸として武器・武具の生産について追究してみたい。

二　甲冑の生産とその変遷

(一)　甲冑生産工房

生産遺跡出土の甲冑片　甲冑生産を明らかにするためには、鍛冶関連遺跡での製品ないし未製品、あるいは関連廃材などの出土を期待することになるが、現状ではそれに関連する資料はわずかしかない。具体的には、奈良県御所市南郷角田遺跡の「小札状鉄板」一点、千葉市古山遺跡二二号住居の三角板革綴衝角付冑片五点、千葉市鎌取遺跡四四号住居の小札片二点である(図2)。

南郷角田遺跡では、鉄・銅・銀・ガラスなどの素材とそれに関わる技術を複合的に集積した生産工房から排出された廃滓品が出土しており、「小札状鉄板」も出土している。ただ、これには孔が一ヵ所二孔のみで、威孔や下搦孔はなく、小札の構造的要件は満たしていない。筆者が実見したところ、これは帯板式の肩甲片だと理解した。同時に小型鉄鋌も確認され、そのほかの鍛冶関連遺物とともに鉄

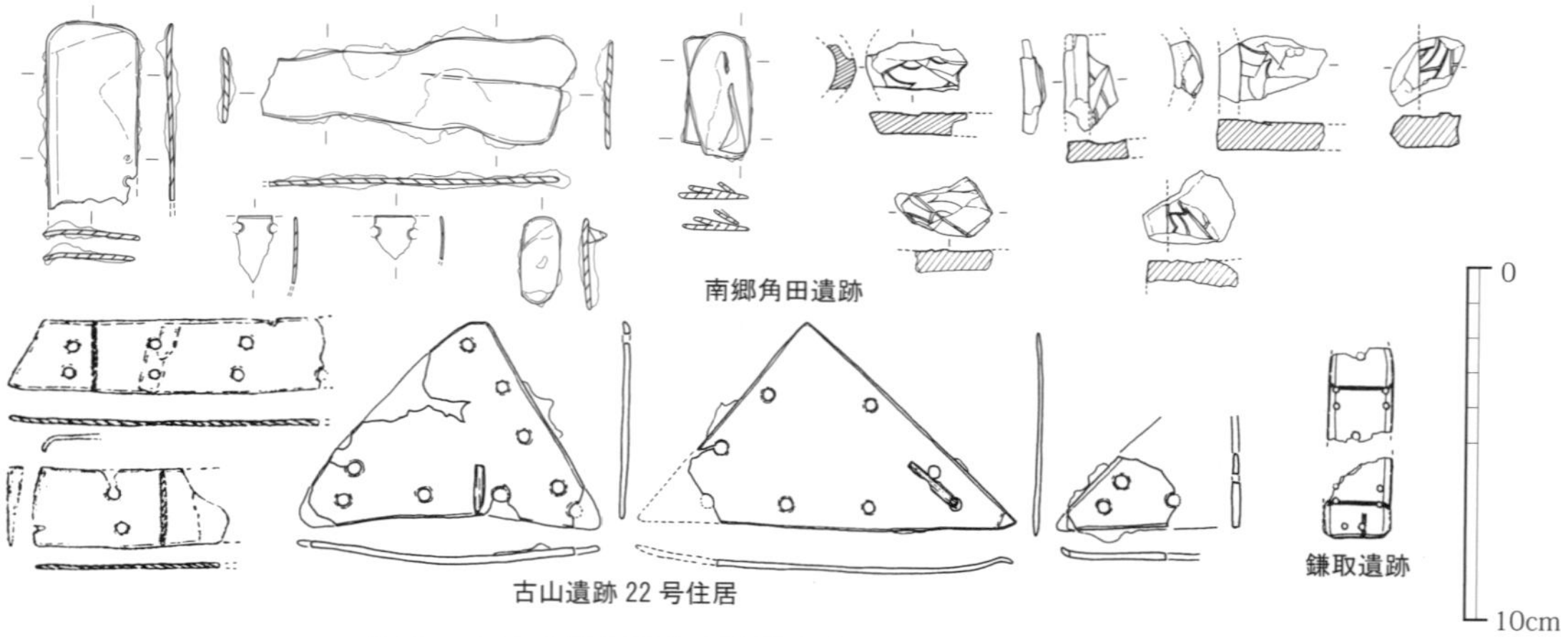

図2　古墳時代中期生産遺跡出土甲冑・武器関連資料

器生産に関わるものとみられるが、とはいえこれらが本遺跡での甲冑生産までを明らかにするものではない。古山遺跡・鎌取遺跡はともに鍛冶関連遺物をともなう集落遺跡であるが、両遺跡の甲冑片も本格的な甲冑生産を明らかにするものではない。これらには甲冑の再利用や修理などの加工を考慮せねばならず、(註1)結局のところ現状で古墳時代甲冑の生産工房は未解明とせざるを得ない。

甲冑生産をめぐる研究史　では、すでに短甲だけでも五四〇例を超える中期の甲冑はいかにその生産が行なわれたのであろうか。このテーマは主として甲冑自体の形態・技法変遷に基づく型式学的研究で追究されてきたのであるが、そこで描かれてきた工房の姿、生産体制をあらためて確認しておこう。

この問題をはじめて本格的に論じたのは野上丈助であった。野上は短甲の型式変遷と時期を追って増加する出土量の推移から生産組織の拡充過程を読み取り、また規格性の高い短甲が数多く存在する背景に近畿中央政権による鉄素材の独占、専業的工人組織の成立とその直接的支配があると推定した。(註2)

次いで、北野耕平は基本的な構造・技法が共通し、各地の古墳から大量に出土する中期甲冑は近畿中央部の一地域において政権が掌握した組織によって生産されたものであり、その配布も政権によってなされたものと評価した。加えて、甲冑の配布状況は中央と地方首長層の政治関係を表わすものであり、そこには軍事組織の形成が反映されると指摘し、以後の研究に大きな影響を与えた。(註3)

また、小林謙一も中央と地方間でみられる甲冑型式の共通性と近畿中央部を中心とする分布状況から、近畿中央政権の鉄素材の占有とそれを背景とする工人の掌握を想定し、甲冑製作の工人組織は中央政権の統制下にあったと推論した。(註4)

これらのように、おおむね一九七〇年代には今日に至る古墳時代中期の甲冑生産に関わる論点は出揃っている。すなわち、中期においては、斉一性の高い帯金式甲冑が日本列島の広域に分布し共時的に変遷すること、甲冑分布の中心が古市・百舌鳥古墳群周辺にあることから、近畿中央政権のもとで、その生産組織は統轄されていたとみなされるのである。さらに、中期中葉以降、工房には渡来系工人が編入され、それにともなって技術革新とともに生産量が増大したことも多く論じられてきた。

武器・武具生産地の候補　では、その生産地、工房の実体はどのようなものであったのか。直接的な証拠はないが、これまでの研究史からその候補を検討することは不可能ではない。

古墳時代中期における近畿中央部の鍛冶関連遺跡に関しては花田勝弘の研究に代表される。(註5)花田は、鍛冶関連の遺構・遺物を丹念に集成し、それらの出土状況や立地などから、鍛冶専業集落、大型古墳群内の工房、集落内鍛冶工房といった遺跡ごとの性格の違いを見出した。さらに、後にはこれに居館内・近接工房を加えている。(註6)

花田の研究以降、注目されるようになった近畿の鍛冶関連遺跡のなかでは、天理市布留遺跡、御所市名柄遺跡、堺市陵南遺跡で刀剣類の木製装具とその未製品が出土しており、武器の生産が確認できる。また、花田が居館近接工房と評価する南郷角田遺跡について、坂靖は甲冑・帯金具などの複合的な生産に関わった工房であることを指摘した上で、(註7)南郷遺跡群を布留遺跡とともに「豪族」が渡来人を統括しながら組織化した工房と評価した。(註8)内山敏行や鈴木一有も南郷角田遺跡を甲冑生産地と理解している。(註9・10)その場合、刀剣などの武器とともに、甲冑も「豪族」管掌レベルの工房で生産が行なわれたと理解することになるが、これについては後に検討したい。

中期政権管掌下の鍛冶工房　鍛冶関連遺跡そのものに目を向けると、五・六世紀の最大の鍛冶工房が柏原市大県遺跡群であることは疑いない。ここでの生産活動のピークは六世紀代であるが、五世紀前葉から八世紀まで操業が行なわれ、鍛冶炉、羽口、鉄滓、鉄片、砥石などの鍛冶関連遺物が大量に出土している。また、鹿角製刀子柄未製品、獣骨加工品、シカ・ウマ・ウシなどの獣骨が出土しており、鹿角製品や革製品の生産加工に関与したこともうかがえる。それらは武器・武具に関連するものであったことを推測させ、花田は刀剣類・甲冑などの生産を予測している。[註11]

　このような、鉄滓・羽口・砥石が多量に出土し、鍛冶操業が長期にわたる特徴的な集落はほかに交野市森遺跡や葛城市脇田遺跡などに限られる。

　これらの鍛冶関連遺跡のうち、布留・脇田・南郷遺跡群などは近畿中央の有力首長層（「豪族」）管掌下にある工房と考えられるが、とくに最大規模の大県遺跡群は政権によって計画的に配置、維持された生産工房であると指摘されていることが重要である。[註12]坂靖も「有力地域集団」と大王が経営した工房は峻別すべきとした上で、大県遺跡と森遺跡とが大王直営の鉄器工房であると指摘する。[註13]また、最近でも花田は、大県遺跡群・森遺跡では、武器・武具を基幹として農工具などの鉄器生産が行なわれたとの考えを示している。[註14]

　須恵器生産における陶邑が中央政権の管掌下に操業し、ほかの生産地と比して大規模かつ継続的に営まれたことと同様に、大県は新たな渡来人を編入して鉄器生産工房として管理されたとみなされる。古墳時代中期中葉の初期須恵器段階に操業を開始し、古代まで継続して工房として存続するという様相も、陶邑の動態と共通している。また、中期の中央政権によって編成された工房は、各地への技術伝習センターとしての役割も担ったに違いない。

　すなわち、政権直轄の鉄器生産工房が大県遺跡群であり、またそれに近い性格を有する森遺跡は、たとえば陶邑窯跡群に対する千里窯跡群と同様に、大阪平野北部の拠点として一定の自立性を有しつつ大県遺跡群を補完する関係にあったとみるのが相応しい。

甲冑型式学と鉄器生産研究との間　上述のように、研究史上、甲冑は近畿中央政権が広域の首長層に配布した強い政治性を帯びた器物であること、その様式的斉一性・完成精度から分散的で自立性のある工房ではなく、政権が直轄的に生産管理を行なう限定的な工房が想定されてきた。とくに渡来系の高い技術レベルを有する工人は、より政治的な規制を強く受けた工房に編成されたと考えられる。[註15]また、その生産は一時的なものではなく継続的で、かつ他よりも大規模でなければならない。

　こういった条件からみると、これまで有力候補と目されてきた南郷角田遺跡は、近畿の有力首長麾下にあること、経営が短期的であること、とくに中期後葉へ存続しないことから、この時期に大量生産の行なわれた甲冑生産工房とみるのは適切でないと筆者は考える。

　一方で、いまだその生産品が何であったのかの解明はなされていないが、中央政権の鉄器生産工房であり、渡来人の集住・活動する河内にあって、古市古墳群に近い大県遺跡群は立地・規模・存続期間などいずれにおいても、中期・後期の政権との直接的な政治関係を抜きに考えることはできないもので、政権の最重要器物である甲

冑生産を担った第一の有力候補とみることが相応しい。(註16)

ただし、甲冑の生産には単に鉄加工技術のみではなく、金工、皮革加工、漆工などの技術がともなわなければならないが、大県遺跡を坂が「単一的な鉄器生産工房」と評するように、(註17)現状で鉄器以外の複合的な生産技術の関連資料が不十分であることも事実で、いまだ論拠として弱いのは確かである。とはいえ、大県遺跡はその規模に比して、調査範囲がわずかで、いまだ全容は判明しておらずその性格を見定めることも現状ではできない。ただ、甲冑をはじめとする鉄器関連技術からみると、おそらく、この時期の手工業生産工房は、技術ごと、製品ごとの分業ではなく、複合が一般的な体制だと推察されるので、(註18)中央政権の鍛冶工房たる大県遺跡群が「鍛冶専業集落」あるいは「単一的な鉄器生産工房」とする評価にはにわかに同調できない。(註19)

なお、甲冑生産地の候補が大県遺跡群のみに限定できるかどうかも資料的には根拠がなく、森遺跡や布留遺跡でもその可能性を否定まではできない。ただ、甲冑生産には分散的な体制が考えにくいことからすれば、少なくとも大和の有力首長麾下の工房である布留遺跡を含む可能性は低いとみなされる。

(二) 甲冑生産の変遷

さらに、古墳時代甲冑生産に関連して波及する課題がある。従来、方形板革綴短甲と長方板革綴短甲との間には一大画期を見いだし、型式変化の背景に生産組織の変革も捉えてきたが、近年、京都府精華町鞍岡山三号墳での両者の中間的属性を備えた短甲の発見もあって、古墳時代前期の方形板革綴短甲をもとに中期の長方板革綴短甲が創出された過程がより明らかとなった。さらに、帯金式甲冑とよぶ長方板革綴短甲と三角板革綴短甲に代表される様式が成立した中期前葉段階を経て、中期中葉段階には鋲留技法が導入され、器種および生産量を増大させつつ、中期末には一連の帯金式甲冑の生産は終了する。すなわち、前期から中期末までの長期的な継続性がより明確となっているが、それでは、この間の工人・工房はどのように継承され、変遷したのであろうか。

方形板革綴短甲は野上丈助が早くに指摘したように、個々に差異が顕著で、資料数が少ないことから、生産組織は小規模であるに違いない。その所在地は不明ながら、古市・百舌鳥古墳群成立以前、その生産・配布を管掌した主体者には大王墓の築造動向からすれば、佐紀盾列古墳群西群を造営した政治勢力が想定され、生産工房は奈良盆地内の北部〜東部のいずこかであろう。それが技術・生産組織の飛躍をともないつつ再編され、古市・百舌鳥古墳群の政治勢力の下へ発展的に継承されたということになろう。その際に河内に移動した可能性が考えられ、さらに渡来工人の編入によってそれを飛躍させた中期中葉以降の大県遺跡群へと、段階を追って工人・工房が編成され、変遷したと想定できる。

しかしながら、河内で鍛冶工房が検出できるのは、渡来人の関与がうかがえる中期中葉（ＴＫ七三型式段階）以降であり、大県遺跡群であっても中期初頭までさかのぼる資料はない。中期前葉以前の工房については、現状の資料ではまだ解明し得ない残された課題である。

なお、従来、中期中葉の鋲留技法の導入段階は画期と認めつつも、在来の甲冑生産工房へ新来の技法を有する渡来系工人の参入・融合という、むしろ連続性が強調される傾向にあった。しかし、実際にこの段階には鍛冶工房となる遺跡が前代までとは違う形に再編されたと考えられることからすれば、この間には単純に連続性のみでは捉えられない工房の構造転換をともなう変革の存在も認めねばならないのである。

埴輪生産とのアナロジー　あわせて、甲冑など武器・武具生産の変遷を考える上で、手工業製品としての埴輪の変遷は興味深い関連性を有しているので確認しておきたい。

　古市古墳群で最初の大王墓、藤井寺市津堂城山古墳の円筒埴輪はB種ヨコハケの出現、円筒埴輪の規格化、大きさの分化などの点において中期型埴輪出現の画期と位置づけられるが、[註20] 近年の調査では、佐紀盾列西群の埴輪の特徴を引き継ぎつつ、多系譜の埴輪を集積して、中期型埴輪が生み出される過渡的な様相を有することも明らかとなった。[註21] また、津堂城山段階は、土器製作集団の延長にある前期的な埴輪生産から、仲津山古墳段階に完成する形態・技法の規格化、埴輪生産集団の統合といった中期的様相の萌芽期とも評価される。[註22] すなわち、中期的な円筒埴輪とその大量生産は前期段階の埴輪生産の上に、中期初頭から前葉段階に掛けて獲得されたといえる。

　さらに、中期中葉段階には渡来系技術の窖窯技術が導入され、Bc種ヨコハケ技法も加えて、より規格化・大規模生産へと変遷を遂げる。また、中期は近畿中央政権の求心力が強く、地方でも直接的な影響を受けた工人による製品が見出されるが、それが後期になると地方生産の進行とともに近畿中央政権の影響が薄れ、各地で独自様式が顕在化する。

　すなわち、前期の発展上での中期的様式の成立と生産拡大、中期中葉の渡来文化の導入にともなう工人組織の再編・規格化・大量生産化と広域ネットワークでの中央政権の影響力の拡大、地域首長層をも含む広域の序列化の進行、後期における地方生産の拡大と地域様式の林立という変遷が確認できる。この状況は鉄器生産あるいは武器・武具生産の動向とかなり共通性が高い。そこには、各時期の各種手工業生産と政治権力との関係、渡来人の参入とその編成に明確な方針のあったことが示されているのであろう（図3）。

三　武器の生産

古墳時代中期は、近畿中央政権から一元的に配布される甲冑を軸とした武器・武具の授受を通して、列島の広域で政治的紐帯を表示したとみなされ、かつ、上記のように甲冑は政権麾下の特定工房で生

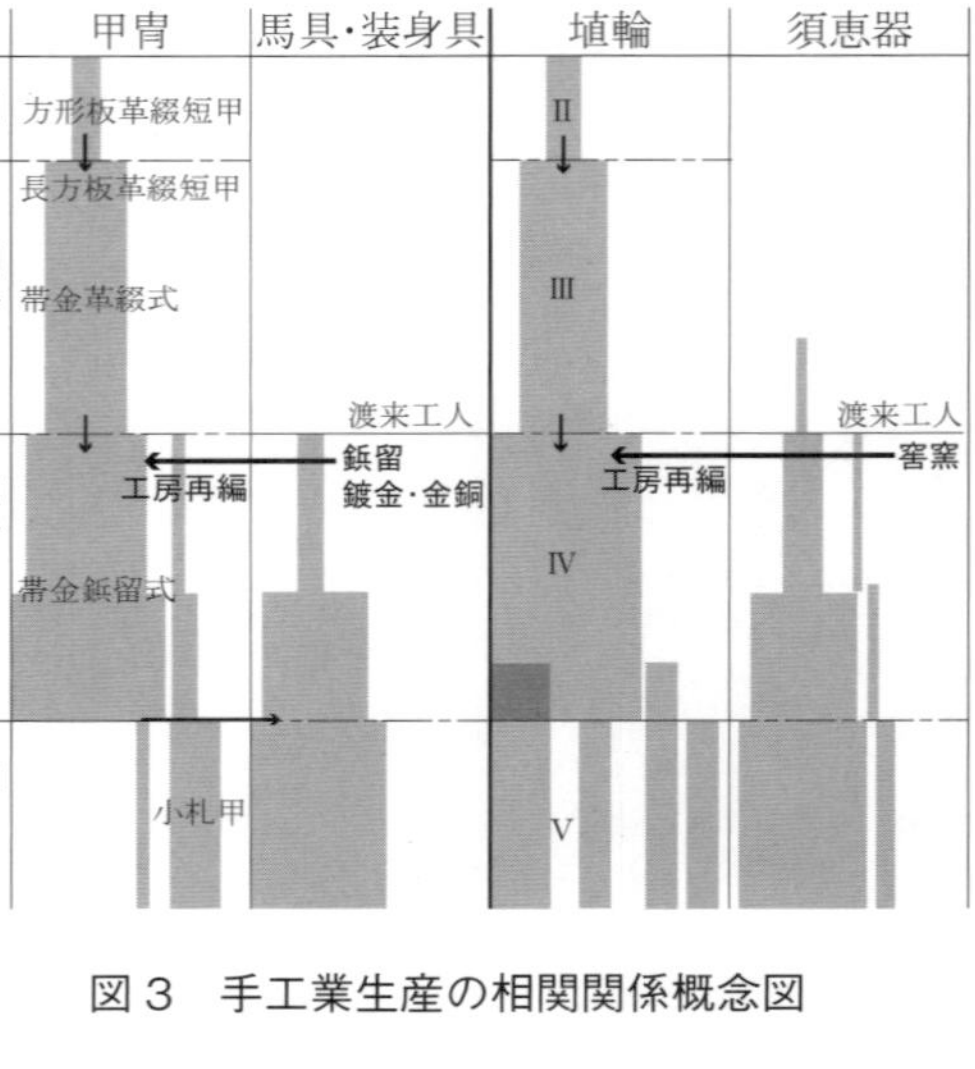

図３　手工業生産の相関関係概念図

産されたと考えられるが、では甲冑以外の武器・武具の生産はいかに理解できるであろうか。これには手掛かりとなる遺物の出土した遺跡がいくつかある（図4）。

近畿中央部での武器生産　布留遺跡三島（里中）地区は鉄滓・羽口とともに木製刀剣装具およびその未製品が出土し、武器工房であることは確実である。同様に鍛冶関連遺跡のうち陵南遺跡では木製刀装具未製品、葛城の名柄遺跡でも木製刀装具およびその未製品が出土し、南郷角田遺跡では刀剣の鹿角装具片が多数出土している（図1）。

布留遺跡・名柄遺跡・南郷遺跡などは坂靖が指摘したように、鍛冶集団を内包する複合的手工業生産工房であり、渡来人を統括しながら政権を構成する有力首長層によって管理されたものであろう。すなわち、古墳時代中期の刀剣類は中央政権が必ずしも直轄的な生産管理を行なうのみではなく、各有力首長層からの上納品による再分配、もしくは各有力首長層からの直接分配も行なわれたことを推察せしめる。

武器の地方生産　また、福井市河合寄安遺跡では、水場遺構から木製刀剣装具未製品が出土しており[註23]、その形態も布留遺跡出土品

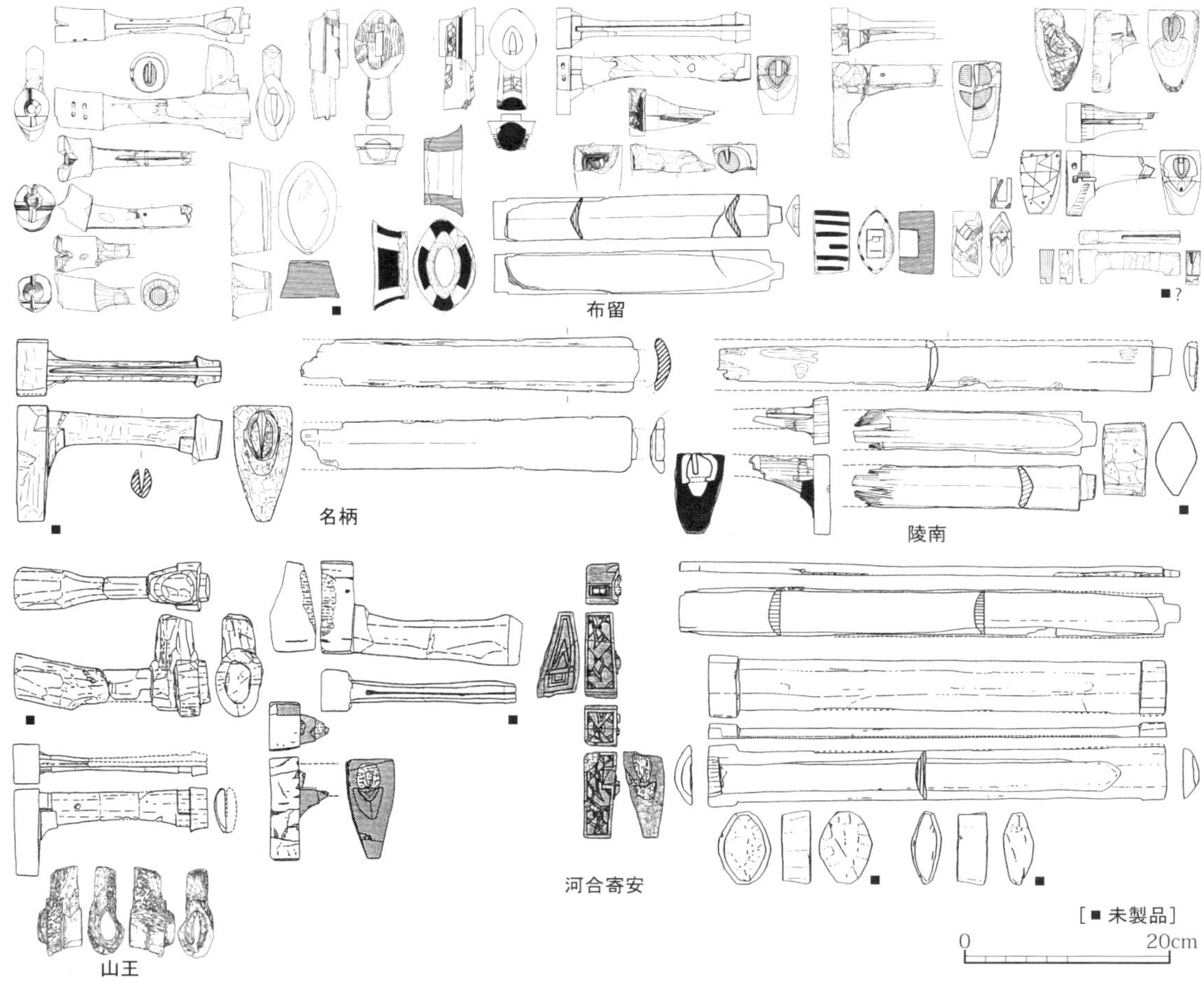

図4　古墳時代中期の生産遺跡出土武器資料

や、古墳副葬品として広く知られる有段有突起Ｂ類鉄剣や楔形柄頭鉄刀装具である。多賀城市山王遺跡では居館にともなって鉄滓・羽口・砥石などの鍛冶関連遺物が出土し、鹿角製剣装具が鹿角素材・未製品・削り屑など生産関連資料とともに出土している。これらから、刀剣類は近畿中央部で生産されたものと同じ様式のものが地方でも生産されていた可能性が浮かび上がる。ほか、総社市窪木薬師遺跡では鉄滓や鉄鋌を出土した鍛冶関連建物から短頸鏃が出土しており、ここでも武器生産に関わっていた可能性がうかがえる。

古墳時代中期には、武器・武具の保有が首長層の社会的地位を表わしたがゆえに、高い規格性をもって広域で型式変化も鋭敏に連動する。そのため、従来は刀剣類・鏃などに関しても中央政権の生産・配布を軸に評価が加えられてきた。たとえば、豊島直博は大刀では鉄身体本体の地方生産は考えられず、大県遺跡群や、布留遺跡など近畿中央部の工房で生産されたものが地方へ流通したと理解するが、[註24]実際にサビ、刃こぼれ、歪みの発生といった一般的な課題とともに、分業の確立していないこの時期の工房から刀身のみが遠隔地に運ばれ、装具は地方で生産するというようなことがあり得るだろうか。

布留遺跡はそもそも複合工房であり、上述のように中央政権の工房たる大県遺跡群も鉄器生産を軸とする複合工房であろう。当然、刀剣は装具をともなって流通したであろう。また、その鉄器生産量を低く見積もるわけではないが、列島全体で既出土の武器だけでもそのすべてを近畿中央部の工房がまかない、直接配布したとみるには分布が広域かつ数量が多すぎるのではないか。生産遺跡の状況からすれば、刀剣・弓矢などの武器生産を行なうための鍛冶、木工、漆工などに関わる居館内工房や居館近接工房などが各地の首長層麾下に組織されており、そこから配布されたものが一定数存在したと考えるのが妥当である。一見では武器の地方様式・地方生産がみえにくいのは、水野敏典が指摘するように、古墳時代中期には甲冑などの特殊品を除けば、各地で独自形式の武器生産の可能な技術が普及しているにもかかわらず、「畿内的な鉄器型式」に関する社会規範、政権を象徴する意匠としての求心力が存在したからであろう。[註25]

その型式的な斉一性は、形態・技術に関わる情報が基本的に近畿中央政権麾下の工房から発せられ、それを技術伝習などを通して各地の生産工房が享受していたからである。在地生産の拡大とともに、小地域様式が顕在化する古墳時代後期の鉄鏃などとは対照的で、中期の武器は鉄素材の供給とともに、その生産情報は中央で管理・発信され、地方様式が生じにくいような構造化がなされていたと考えられる。

そうであれば、一見では一括性の高い古墳時代中期の武器・武具には、①中央政権が直接生産配布を管理する甲冑および武器、②中央有力首長層が生産管理・配布する武器、③地方有力首長層下で生産される武器が重層

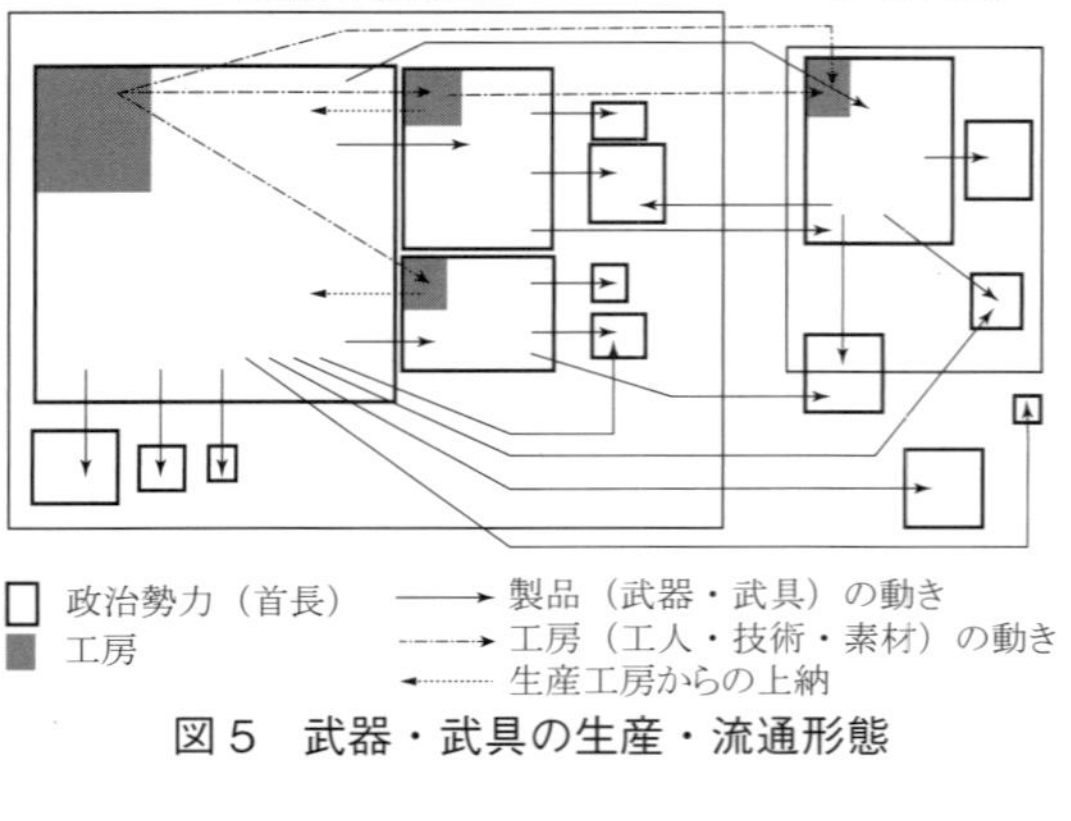

図５　武器・武具の生産・流通形態

的に存在することになる。生産地が限定的である甲冑は中央政権からの直接配布が主であるが、生産地が多元的に存在した刀剣や弓矢に関しては単一の結びつきではなく、①・②・③、①と②、①と③、②と③などの組合せが存在し、その重層的で多様な授受・移動の関係が、首長層の社会的地位も表示したと考えられよう（図5）。

九州南部の武器生産と地方様式　また、武器の地方生産を考える上で、九州南部の状況はある意味、特徴的で示唆的である。九州南部では、通有の中期的武器が古墳や地下式横穴墓から出土しているが、一方で圭頭鏃や短く薄い剣など鉄板に刃を付けたような技術レベルの低い在地独自様式の鉄製武器が数多く展開する。また鳥舌鏃を指向し、形態は模倣しながらも、技術的には圭頭鏃の薄い鉄板加工技術によっているため再現性の低い在地変容品なども生み出されている（図6）。

宮崎県の山間盆地、えびの市島内地下式横穴墓群では、甲冑や刀剣、長頸鏃などの明らかに中央政権から配布されたような武器・武具を多量に副葬する一方で、独自に発達する圭頭鏃や剣、短い刀、独特の鹿角装具、骨鏃など特徴的な副葬品も多数存在する。この墓群近くでは、その造営者達の集落である可能性の高い内小野遺跡で鍛冶遺構・羽口・金床石などの遺物のほか、鉄鋌片も出土している。また、近在する妙見遺跡では鋳造鉄斧片が出土しており、地域内で鉄器生産の行なわれたことは確実である。おそらくは刀剣・鏃（弓矢）などの武器が生産されたのであろう。

上述したように、古墳時代中期の武器生産は各地方でも近畿

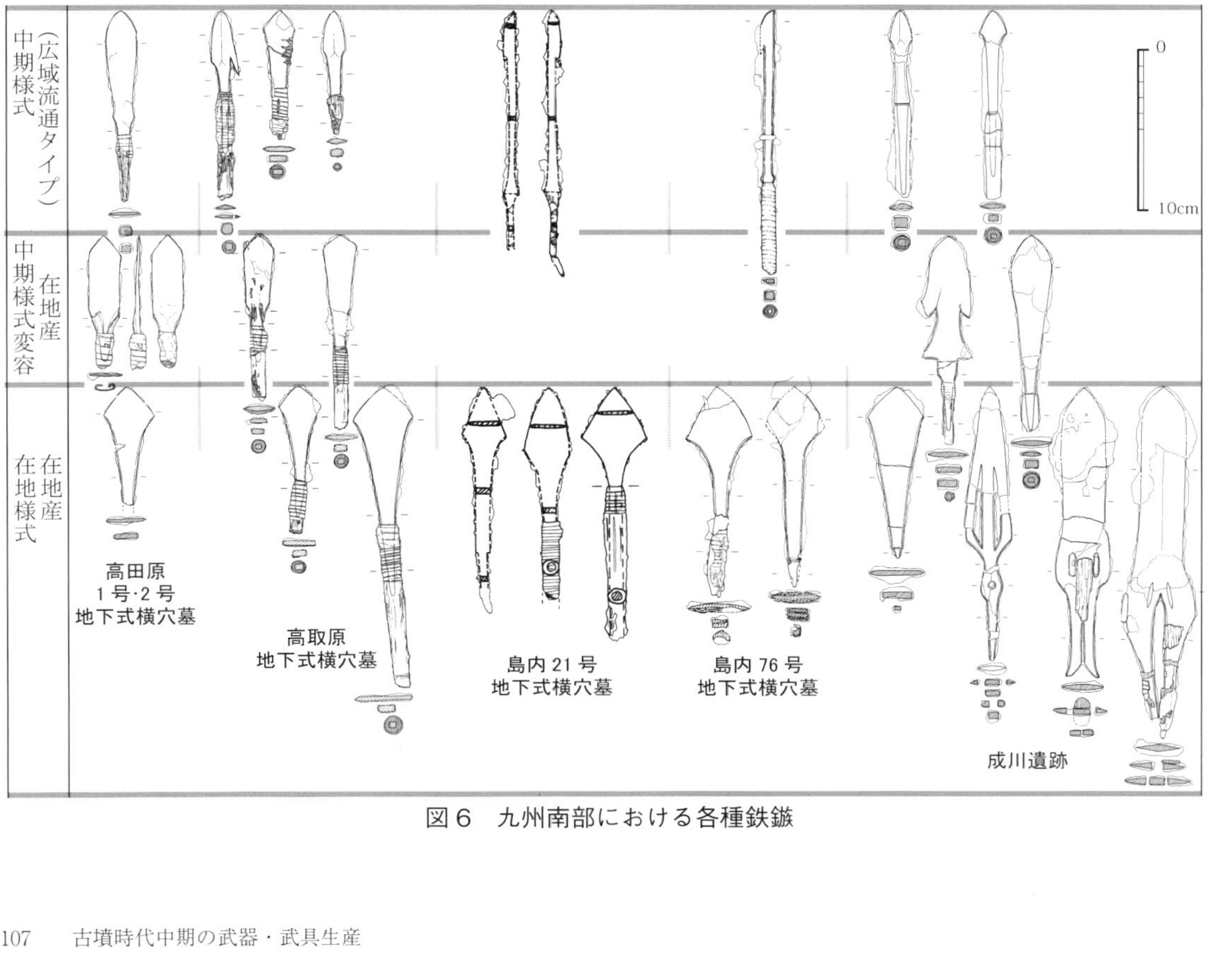

図6　九州南部における各種鉄鏃

中央部の工房での技術伝習やあるいは工人派遣を受けて、共通規格のものも再現は可能であったと考えられる。ところが、九州南部は他地域と比べて鍛冶技術に明らかなレベル差が生じ、本来の近畿中央部から発せられた情報を再現できなかったために独自様式の武器が目立つのである。逆に言うと、刀剣鏃などの武器に独自様式が発現している中期前葉には九州南部でもその生産の始まっていたことが確実である。(註26)

すなわち、一般的に鉄器の地方生産は古墳時代後期以降であることを指摘される場合が多いが、それは地方様式が顕在化していて捉えやすいだけの問題であり、中期初頭から中期前葉のうちには広く列島各地域にも工房が移植されはじめていたのである。

四　結　語―中期的武器・武具生産の構造―

ここまで述べてきたことをまとめると、古墳時代中期、まず四世紀後葉に前期以来の発展的継承の上に新たな政治変動にともなう再編によって、中期的武器・武具の生産体制が整備されたものと考えられる。次に、五世紀前葉には渡来工人の参入による中期技術変革によって、新形式・新型式が生み出され、また生産規模の拡大化が行なわれる。さらにその後、六世紀初頭の政治変動を経て、新政権が新たな後期的武装具様式への転換を図る。(註27)その際には各地への影響力の拡大とともに、各地へ扶植した生産工房が拡大し、やがて手工業技術・製品が中央発信で掌握できる範囲を超え、在地生産の拡大を許容せざるを得なくなったところに中期的な武器・武具生産の終焉が見出されるであろう。

古墳時代中期の甲冑は近畿中央部の中央政権麾下の限定された工房で生産され、刀剣・弓矢などの武器は中央政権麾下、中央政権を構成する有力首長層麾下、地域首長層麾下の各工房で生産されたと考えられる。さらにその下位には農工具などの生産を担当した専業度の低い鍛冶工房も存在し、おおよそ、この時代にはその技術レベルに応じた工房の階層構造が形成されていたであろう（図7）。なお、ここまでに言及していないが甲冑同様に、技術レベルが高く、渡来工人が新たにもたらした稀少財である馬具や帯金具や冠なども中央政権麾下の工房で中期中葉以降、甲冑と関連をもちつつ生産が始まる。(註28・29・30)

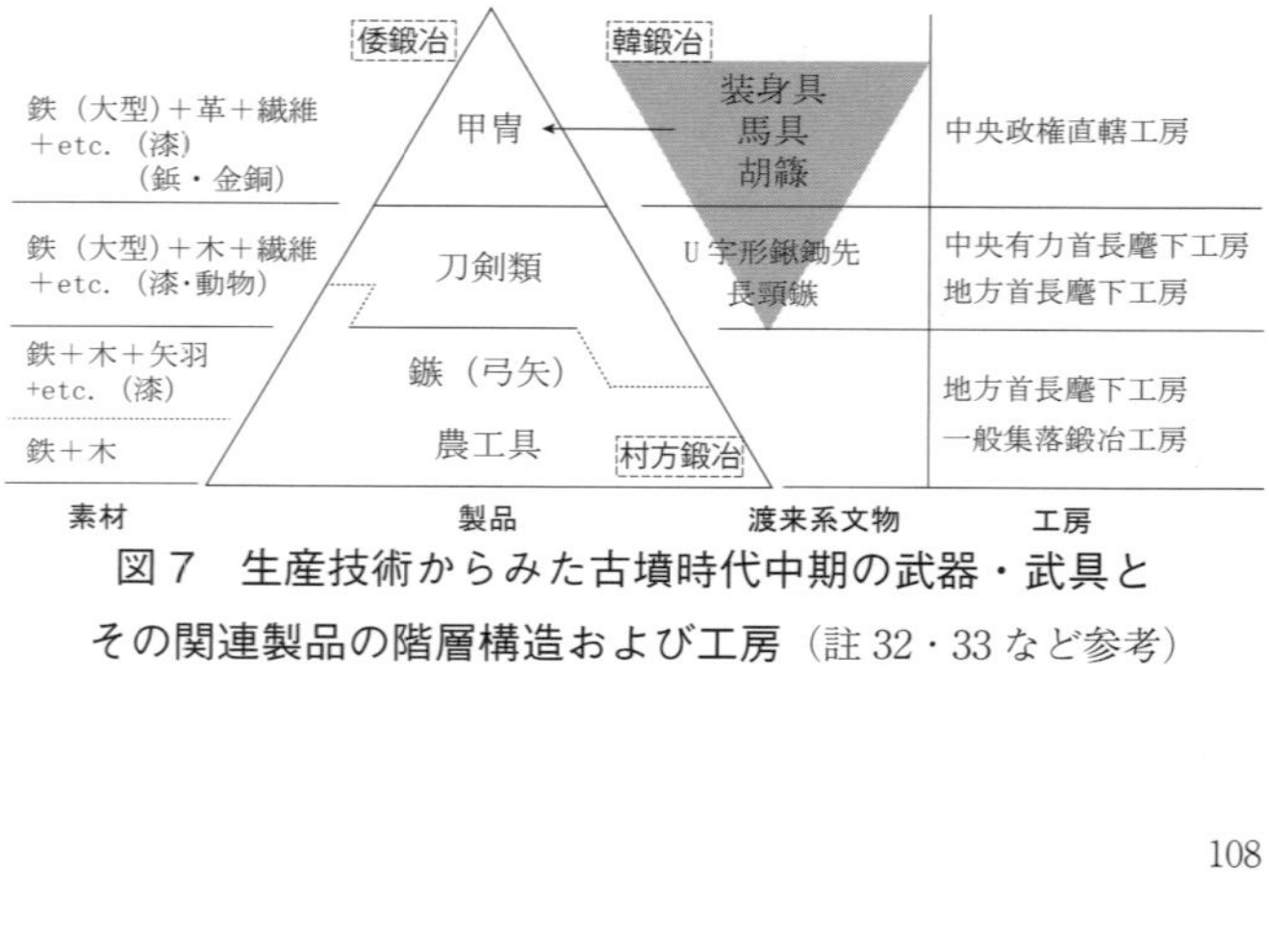

図7　生産技術からみた古墳時代中期の武器・武具とその関連製品の階層構造および工房（註32・33など参考）

これら古墳時代中期の武器・武具は汎列島的な共通性の高さが特徴であるが、それは、その様式として現われる約束事やその変遷に関わる情報が近畿中央政権によって発せられているためであり、そして、そこには政権の軍事組織に連なる紐帯の表示機能が存在することを背景としている。

しかし一方で、一見では同形であっても、その生産から配布の過程には、それぞれの場面に固有の意味が存在し、また受領から副葬までの間にも重層的な意味が加えられたであろうことも疑い得ない。とくに配布者と受領（保有）者の関係では、往々にして上下の主従関係の表示に至ったものと推測され、むしろ、そのような武器・武具という器物を介した紐帯の確認と序列化がこの時代を代表する政治的特質の一つでもあろう。

武器・武具の生産工房の姿を、資料自体から描くのはいまだ難しい状況であることはかわらない。しかし、それは単に一器物の生産を明らかにするという問題に留まらず、須恵器や埴輪などほかの手工業製品との連動性などともあわせて、中央政権の技術力の集約、大規模生産拠点の整備、生産品の広域配布・流通などを介した求心力・影響力の拡大といった政策方針を明らかにするテーマであることは疑いなく、今後も新たな論点、成果の期待できる課題であることをここでは確認しておきたい。

（註1）このことは田中新史によってその可能性を検討する必要性が指摘され（田中新史「古墳時代中期前半の鉄鏃（一）」『古代探叢』Ⅳ、早稲田大学出版部、一九九五、二四七‐三〇八頁の二七八頁）、その後、内山（註9、三八〇頁）・鈴木（註10）も踏襲している。なお、南郷角田遺跡出土遺物の実見観察には奈良県立橿原考古学研究所附属博物館 坂靖氏のお世話になった。

（註2）野上丈助「古墳時代における甲冑の変遷とその技術史的意義」『考古学研究』一四—四、考古学研究会、一九六八、一二‐四三頁

（註3）北野耕平「五世紀に於ける甲冑出土古墳の諸問題」『考古学雑誌』五四—四、日本考古學會、一九六九、一‐二〇頁

（註4）小林謙一「甲冑製作技術の変遷と工人系統」『考古学研究』二〇—四・二一—一、考古学研究会、一九七四・七五、四八‐六八・三七‐四九頁

（註5）花田勝広「倭政権と鍛冶工房—畿内の鍛冶専業集落を中心に—」『考古学研究』三六—三、一九八九、六七‐九七頁

（註6）花田勝広「手工業生産の展開と渡来人—鉄器生産の展開と渡来人—」『渡来文化の受容と展開—五世紀における政治的・社会的変化の具体層（2）—』第46回埋蔵文化財研究集会実行委員会、一九九九、三‐四八頁

（註7）坂　靖「古墳時代における大和の鍛冶集団」『橿原考古学研究所論集』一三、吉川弘文館、一九九八、三一‐五五頁の四三頁

（註8）前掲註7文献、四九頁

（註9）内山敏行「古墳時代の武具生産—古墳時代中期甲冑の二系統を中心に—」『地域と文化の考古学』Ⅱ、六一書房、二〇〇八、三七九‐三九二頁の三八〇頁

（註10）鈴木一有「武器・武具」『古墳時代研究の現状と課題』下、同成社、二〇一二、一〇七‐一二七頁の一一四頁

（註11）前掲註5文献、八九頁

（註12）菱田哲郎「古墳時代中・後期の手工業生産と王権」『文化の多様性と比較考古学』考古学研究会、二〇〇四、五七‐六六頁の五九‐六〇頁

（註13）坂　靖「古墳時代中期の遺跡構造と渡来系集団」『古代学研究』一九九、古代學研究會、二〇一三、九‐一六頁の一一頁

（註14）花田勝広「鍛冶と製鉄」『講座日本の考古学8　古墳時代（下）』青木書店、二〇一二、九九‐一二三頁の一二〇頁

（註15）橋本達也「古墳時代中期における金工技術の変革とその意義—眉庇付冑を中心として—」『考古学雑誌』八〇—四、一九九五、一‐三三頁の二四‐二五頁

（註16）河内手人（註5文献、九一頁）あるいは物部氏（註6文献、三二頁）との関係を指摘する見解もあるが、六世紀代以降の工房がこれらの氏との関係を有していたとしてもその集団組織がそのま

ま五世紀代にもさかのぼるものとはできない。

(註17) 前掲註7文献、三六頁

(註18) 橋本達也「東アジアにおける眉庇付冑の系譜—マロ塚古墳出土眉庇付冑を中心として—」『国立歴史民俗博物館研究報告』一七三、国立歴史民俗博物館、二〇一二、四一一・四三四頁の四二六頁

(註19) ただし、遺跡周辺は市街地化が進んでいるため、今後とも、新たな成果を得ることはかなり難しい。また、大県遺跡を花田は「鍛冶専業集落」、坂は「単一的な鉄器生産専業工房」と評価しているが、甲冑は馬具・金工製品などとも技術的な関連性が高く、各々は近い範囲で生産されたと考えられるので(註15文献)、筆者は大県遺跡群でも鉄器のみならず、金工製品の生産も遺跡群内もしくは近隣で行なっているであろうと推測する。また、現状では五世紀後葉には鍛冶炉の存在が明らかにされているが、鉄の精錬は遺跡の開始期にさかのぼり、あるいは製錬も行なわれていた可能性を推測する。鉄製品の技術、数量にもとづくものであるが、いずれにしても調査範囲が限られている現状では明確にできない。

(註20) 上田　睦「古墳時代中期における円筒埴輪の研究動向と編年」『埴輪論叢』五、埴輪検討会、二〇〇三、一・三三頁の一一・一五頁

(註21) 藤井寺市教育委員会事務局(上田　睦ほか)『石川流域遺跡群発掘調査報告XXⅥ』二〇一一、三九・四三頁

(註22) 一瀬和夫「円筒埴輪の外面調査から—B種ヨコハケの成立と波及に関する覚書—」『埴輪—円筒埴輪製作技法の観察・認識・分析—』第52回埋蔵文化財研究集会実行委員会、二〇〇三、六四・七九頁の七〇・七二頁

(註23) 白崎一夫・白島裕司「福井市河合寄安遺跡の調査」『鉄器研究の方向性をさぐる—刀剣研究をケーススタディとして—』第9回鉄器文化研究集会、鉄器文化研究会、二〇〇三、一七九・一八二頁

(註24) 豊島直博『鉄製武器の流通と初期国家形成』奈良文化財研究所学報第八三冊、奈良文化財研究所、二〇一〇、一八〇頁

(註25) 水野敏典「古墳時代中期の武器・武具にみる交流の諸相と斉一性」『古代近畿と物流の考古学』学生社、二〇〇三、一三九・一四七頁の一四〇・一四六頁

(註26) 橋本達也「副葬鉄器からみる南九州の古墳時代」『前方後円墳築造周縁域における古墳時代社会の多様性』第6回九州前方後円墳研究会、同大会事務局、二〇〇三、一九七・二一八頁の二〇〇・二〇四頁

(註27) 橋本達也「古墳時代中期甲冑の終焉とその評価—中期と後期を分かつもの—」『待兼山考古学論集Ⅱ』大阪大学考古学研究室、二〇一〇、四八・五〇一頁

(註28) 前掲註15文献に同じ

(註29) 前掲註18文献、四二五・四二六頁

(註30) 馬具は中期後葉以前は型式的に安定せず、舶載品が主体であるとの理解によってこれらの生産の開始には甲冑との連動性を否定的にみる見解もある(内山敏行「外来系甲冑の評価」『古代武器研究』二、古代武器研究会、二〇〇一、六二・六九頁の六八頁)。

(註31) 鈴木一有「甲冑分布図」『古墳時代甲冑集成』大阪大学大学院文学研究科、二〇一三

(註32) 塚本敏夫「金銅・ガラス装飾」『古墳時代の考古学5　時代を支えた生産と技術』同成社、二〇一二

(註33) 水野敏典「古墳時代の鉄鏃製作技術と編年」『古墳出土品がうつし出す工房の風景—手工業生産の実像に迫る—』大阪大谷大学博物館、二〇一四、一四・二七頁

祭祀の意味と管掌者

—五世紀の祭祀遺跡と『古語拾遺』「秦氏・大蔵」伝承—

笹生　衛

一　はじめに

巨大な前方後円墳が、列島内の各地で次々と造られた五世紀。筆者は、この時代を、古代祭祀の重要な画期と考えている。律令期につながる祭具や祭祀構造（祭式）の直接の原形が形成された時代と考えるからである。[註1]

では、なぜ五世紀が古代祭祀の上で大きな画期となったのか。その祭祀の意味は何で、誰が管理・執行（管掌）したのか。これを明らかにしなければ、我が国の政治・文化と大きく関係する祭祀を歴史的に位置づけることはできないだろう。

この疑問に答えるには、やはり考古資料のみでは限界があり、文献史料の情報が必要となる。そこで、中臣氏とともに律令祭祀を管掌した忌部（齋部）氏の『古語拾遺』を取り上げ、考古資料との比較検討を行ない、先の疑問に迫ってみたい。

『古語拾遺』は、大同二年（八〇七）、齋部広成が中臣氏の専横を批判し誤りを正した文献で、忌部氏の主張を述べた内容は、当然、史料批判が必要である。一方で、そこには『記紀』が収載しない伝承があり、忌部氏固有の伝承を伝える文献でもある。

ここでは、まず、五世紀代の祭祀の変化について、宗像沖ノ島や列島内各地の考古資料から確認する。続いて、『古語拾遺』独自の内容で、五世紀、雄略天皇時代（長谷朝倉朝）のこととして語られる、秦氏と大蔵の伝承について、考古資料との整合性を確認して『古語拾遺』の内容を検証する。これを受けて、五世紀の祭祀の意味と管掌者について考えてみたい。

二　五世紀代の変化

宗像沖ノ島祭祀遺跡　列島内の祭祀遺跡は、五世紀の前半から中頃に大きな画期をむかえた。その具体的な様相は、宗像沖ノ島の祭祀遺跡で確認できる。

宗像沖ノ島の祭祀遺跡では、四世紀後半、大和地域と朝鮮半島を最短で結ぶ航路上に位置する玄界灘の孤島、沖ノ島が水上交通上の役割を重視され、[註2]島自体の立地・環境の働きに神霊を認める形で祭祀が始まったと考えられる。[註3]祭祀の成立期、四世紀後半頃の遺跡は、遺跡の最高所、I号巨岩の周辺に展開する一六〜一九号の四遺跡である。これに続く二一号遺跡は、南側のF号巨岩の上に移る。

初期の一七号遺跡[註4]と続く二一号遺跡[註5]の出土遺物を比較したのが表

1である。一七号遺跡では、I号巨岩南側の隙間に納めたように遺物は出土した。銅鏡が主体となり、鉄製の刀剣類、石製腕飾りと玉類が加わる組成である。

これに対し二一号遺跡では、F号巨岩上に岩で区画を作り、その内側から遺物は出土した。出土遺物は、一七号遺跡と比較すると銅鏡の数は明らかに減少する反面、鉄製の武器・武具と工具が増加、鉄素材の鉄鋌、刀形・斧形など鉄製模造品、子持勾玉や有孔円板などの石製模造品、手捏土器が加わっている。

二一号遺跡の年代については、出土した子持勾玉が大平茂による分類のB－2類で、五世紀中頃を推定できる。(註6)また、二一号遺跡出土と伝えられる「画文帯同向式神獣鏡」は、福岡県津屋崎古墳群の勝浦峯ノ畑古墳出土のものと同型鏡で、二一号遺跡と勝浦峯ノ畑古墳との鏡の分有関係が指摘されている。(註7)同古墳の年代は、前方後円墳編年七期、TK二一六・二〇八型式の五世紀中頃を推定でき、(註8)二一号遺跡の年代は五世紀中頃を含むと考えられる。これは、先の子持勾玉の年代と矛盾しない。

また、出土した臼玉には、五世紀中頃から北九州産の石材を使用したものが出現するとの指摘がある。(註9)これは、勝浦峯ノ畑古墳と二一号遺跡との銅鏡の分有関係とあわせて、五世紀中頃には、北九州・宗像地域の首長が沖ノ島祭祀へ関与し始めていたことを示唆している。

四世紀後半に成立した沖ノ島祭祀は、五世紀前半から中頃にかけて、供献品の主体を銅鏡から鉄製の武器・武具、工具類、鉄鋌へと変化させ、石製模造品を加え、地域の首長が関与する形に再編成されていたと考えられる。

列島内の祭祀遺跡　鉄製品と石製模造品の組み合わせは、沖ノ島祭祀遺跡に特有のものではない。同じ組成を持つ五世紀の祭祀遺跡は表2に示す通り、(註10)東北から九州まで広く分布する。鉄製品には刀剣、鏃、鉾の武器、U字形鋤先、曲刃鎌といった最新の農具、鉇や斧、刀子などの工具類があり、鉄素材の鉄鋌、斧形など鉄製模造品を含む（図1）。さらに、初期須恵器の存在も共通する。初期須恵器は、TK二一六・二〇八型式を中心としながらTK二三型式を含む例が多く、TK二〇八型式段階、五世紀中頃までには、祭祀の場における鉄製品と石製模造品の組み合わせは、列島内各地で共通して成立していたと考えてよい。

表2を見ると、七遺跡で石製模造品の原石や剥片、未製品が出土しており、石製模造品は、祭祀に合わせ、その場で製作されたと推定できる。また、千束台、出作、荻鶴の各遺跡では鍛冶炉や鍛冶滓、加工鉄鋌が確認でき、出土した鉄製模造品も、やはり祭祀にあたって鉄鋌から製作されたと考えられる。この状況は、沖ノ島の二一号遺跡で北九州産の石材を臼玉に使用する点と共通し、地域の人々（勢力）が、祭祀を準備し実施していたことを示している。さらに、表2の七遺跡では、紡錘車などの紡織具が出土しており、祭祀と紡織具との深い関係が窺える。祭祀の場やその近くでは、紡織具を使用して布帛類が織られていた可能性が高く、この布帛類は、供献品や祭の用具（祭料）として祭祀の中で重要な機能を果たしたと考えられる。

鉄製品と布帛類の組み合わせは、律令期の幣帛と共通し、その原形となる神への供献品のセットを構成した。五世紀後半から六世紀、これに馬具が加わり、律令期の幣帛の原形となる組成が成立す

表１　沖ノ島祭祀遺跡 17 号・21 号出土遺物比較表（遺物の後の数字は出土点数）

	銅鏡	鉄製武器	鉄製農・工具	鉄製模造品	鉄素材	装身具・玉類	石製模造品（滑石製品）	土器類
17 号遺跡	変形方格規矩鏡 7、変形内行花文鏡 3、鼉龍鏡 2、変形文鏡 1、変形獣帯鏡 2、変形画像鏡 2、変形三角縁神獣鏡 3、変形夔鳳鏡 1	剣 6、有樋鉄剣 1、刀 5	蕨手刀子 3 点			硬玉勾玉 1、碧玉管玉 10、ガラス小玉 75、碧玉車輪石 2、碧玉石釧 1、鉄釧 4	滑石勾玉 2・管玉 11・棗玉 4・小玉 298	
21 号遺跡	獣帯鏡片 1、鼉龍鏡片 1、素文鏡 1、鏡片 2	剣 10 以上、刀 18 以上、石突 1、鏃 20 以上、衝角付冑 1、	鎌 2（雛形の可能性あり）、蕨手刀子 7、刀子 9、鉇 3、鉄斧 7、鋳造鉄斧 2	雛形鉄刀 14 以上、雛形鑿形品 1、雛形斧 9	鉄鋌 6	硬玉勾玉 4、琥珀勾玉 3、碧玉勾玉 5、硬玉管玉 8、ガラス小玉 303、銅釧 3、鉄釧 3（刀装具含む？）	滑石勾玉 22・管玉 26・臼玉多数・棗玉 3・子持勾玉 1・有孔円板 3・剣形 3・斧形 2	手捏土器（椀 1、高杯 1、小形丸底坩 1、甑 1）

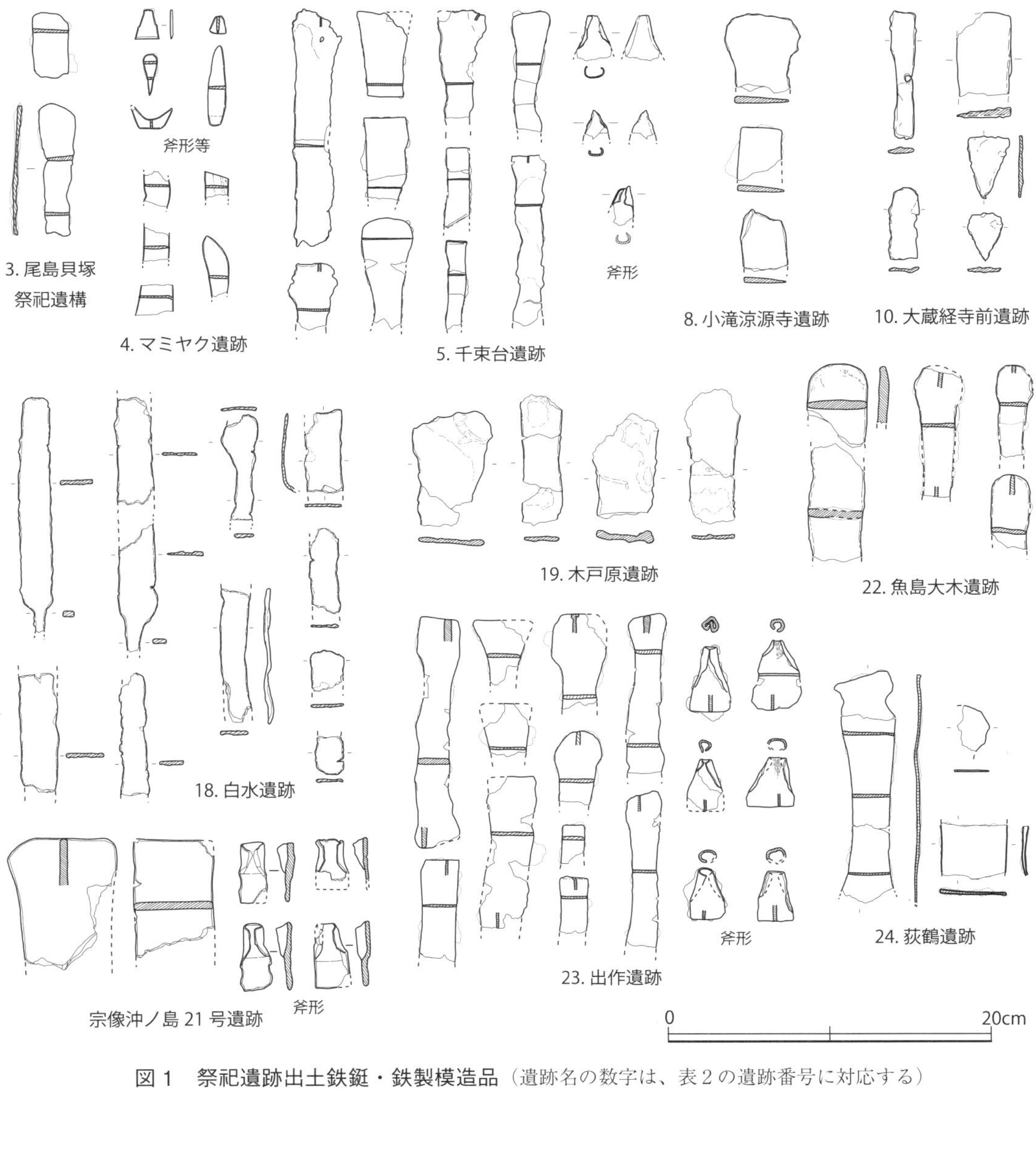

図１　祭祀遺跡出土鉄鋌・鉄製模造品（遺跡名の数字は、表２の遺跡番号に対応する）

表2　5世紀代祭祀遺跡一覧表 -1（出土遺物に続く数字は，報告書・実測図等で確認した出土点数）

	遺跡・遺構名	所　在　地	立地状況	金属製品	石製品（ガラス製品含む）	土製品	木製品	土器類	土師器・須恵器型式	年代	備考
1	建鉾山遺跡 高木地区	福島県白河市	建鉾山の山麓	銅製儀鏡1，鉄矛1・鉄剣片3・鉄刀片4	鏡形27・釧形1・斧形26・曲刃鎌形11・刀子29・有孔円板518・剣形569・勾玉24・臼玉278			土師器（壺・坩・高杯）	土師器： 福島県古墳中期土器編年Ⅰ～Ⅱ期	5世紀前半	式内都々古別神社に隣接。
2	宮田諏訪原遺跡 1区1号祭祀遺構	群馬県渋川市	榛名山に面する赤城山の西麓	銅製小型乳文鏡1，鉄鏃38，鉄製U字形鍬先4・曲刃鎌1・鎌7（鎌形3）・刀子6，小札1，不明鉄製品3	蛇紋岩製有孔円板20・剣形86・刀子形3・偏平勾玉9・臼玉482以上・原石・未製品			土師器（甕8・小型甕7・坩9・壺6・小型壺1・短頸壺1・高杯14・杯124），手捏土器8，須恵器（双耳高杯1）	須恵器： 陶邑窯TK23型式	5世紀後半～6世紀初頭	火山灰層（Hr-FA）に覆われて，5ヶ所の祭祀跡が存在。1号祭祀遺構は，巨岩周辺に土器集積を伴い形成される。
3	尾島貝塚祭祀遺構	茨城県稲敷市	霞ヶ浦内，浮島東端の湖畔部	鉄族2，鉄製U字形鍬先1・曲刃鎌1・刀子2・鉄斧1，鉄鋌2，鉄釘？1，棒状鉄製品3，環状鉄製品1	滑石製鏡形1・有孔円板190・剣形48・勾玉6・臼玉33，石製紡錘車1，滑石原石コア4，砥石3	土製鏡形24，鍬先形4，勾玉2		土師器（壺2・甕10・高杯3・鉢2・杯22・椀1・器台1・坩5），手捏土器（臼5・鉢43・甕6・椀3・杯3・坩2・小形土器13）	須恵器： 陶邑窯TK216～208型式，TK43・209型式	5世紀中頃～6世紀代	『常陸国風土記』で九ヶ所の社があるとされた浮島内，尾島神社に隣接する祭祀遺構。焼土と土器集積で構成される。土器集積に隣接して総柱構造の掘立柱建物が存在。
4	マミヤク遺跡 1号祭祀遺構	千葉県木更津市	東京湾に面する台地上の集落内	鉄鏃10以上，鉄製U字形鍬先1・曲刃鎌1・刀子形1・穂摘具形2・鍬先形1・鎌形7・斧形2・大刀形1，その他鉄片2	滑石（緑灰色石材等含む）製鏡形1・有孔円板12・偏平勾玉4・剣形6・臼玉2,247，滑石未製品・剥片，碧玉質管玉1，滑石製子持勾玉1	土玉1，管状土錘1		土師器（甕約50・壺14・䠊1・杯約100），手捏土器9，須恵器（杯蓋9・杯身11・高杯5以上・䠊5・甕6）	須恵器： 陶邑窯TK208型式～TK23型式	5世紀中頃～後半	集落内の土器集積を伴う祭祀遺構。2ヶ所存在。
5	千束台遺跡 祭祀遺構	千葉県木更津市	台地上の集落内	鉄鏃4，鉄製U字形鍬先2・曲刃鎌1・穂摘具（手鎌）8・刀子3以上・鉇1・斧形3以上，鉄鋌（破片含む）30以上，鉄滓	石製鏡形2・縢形？1・刀子形1・双孔円板467・双孔方板33・単孔円板30・無孔円板31・剣形214・偏平勾玉42・釧形2・棒状製品16・臼玉18,779・剥片1,490	鏡形2，勾玉1，丸玉1		土師器（杯417・高杯74・甕70），手捏土器69，須恵器（甕1・樽形䠊2・䠊2・蓋杯1・双耳高杯1）	須恵器： 陶邑窯TK208型式， 土師器：古墳時代中期3期～5期（小沢編年）	5世紀前半～後半	集落の内（集落域の外縁付近）に営まれた土器集積を伴う祭祀遺構。土器集積の中には柱痕が確認され，柱の周辺に須恵器甕や土師器杯等を配置した形が推定できる。祭祀遺構の周辺で鉄滓，羽口，鍛造剥片が出土。
6	国勝神社裏遺跡	千葉県袖ケ浦市	台地上の端部	鉄鋌7	双孔円板10・単孔円板2・剣形24・臼玉6，紡錘車1，石屑			土師器，手捏土器		5世紀代？	古社に隣接した祭祀遺構。
7	長須賀条里制遺跡	千葉県館山市	沖積地の溝・旧河道内	銅製珠文鏡1	滑石製有孔円板11・剣形7・偏平勾玉9・管玉2・臼玉169・子持勾玉1，滑石製紡錘車1	鏡形4，勾玉3・丸玉25，臼形3	鍬，鍬未製品，扉材	土師器（甕壺63・坩45・高坏75・杯椀鉢105），手捏土器等33，須恵器（甕壺䠊等19・高杯7・蓋杯11）	須恵器： 陶邑窯TK208型式～TK47型式	5世紀中頃～後半	水田の灌漑用水路と取水施設，旧河道で行われた祭祀遺構。祭祀関係の遺物は主に灌漑用水路と旧河道内から出土，扉材は取水施設の蓋に転用された形で出土。羽口3点が出土し，隣接部分に鍛冶遺構が存在した可能性あり。
8	小滝涼源寺遺跡 SX1・2	千葉県南房総市	海岸段丘上	鉄剣1・鉄鏃1，鉄製鎌形3（短冊状で，鉄鋌の可能性が高い。）	滑石製有孔円板10・剣形10・勾玉1・管玉2・臼玉224	勾玉2		土師器（甕壺760・坩170・高坏90・器台55・杯椀鉢10），手捏土器等140	土師器：古墳時代前期Ⅶb期（君文セ編年）～古墳時代中期3期（小沢編年）	4世紀中頃～5世紀前半	房総半島の先端。自然石周辺などに形成された土器集積を伴う祭祀遺構。遺跡内では17ヶ所の祭祀遺構が存在。部分的に焼土を伴う。
9	沢狭遺跡3号 祭祀遺構	神奈川県平塚市	沖積低地の溝周辺	鉄鏃6，鉄製U字形鍬先1	滑石製有孔円板19・剣形10・偏平勾玉2・臼玉1,134		鋤1	土師器（甕8・壺7・高杯18・杯椀17），須恵器（甕1・壺1）	須恵器： 陶邑窯TK216型式	5世紀中頃	流路に面して形成された土器集積を伴う祭祀遺構。遺跡内には祭祀遺構3ヶ所が存在。
10	大蔵経寺前遺跡 祭祀遺構群 （祭祀坑・ 2号墳突出部西）	山梨県笛吹市	山麓の集落内	棒状鉄片2，板状鉄片（細型鉄鋌及びその切片含む）59，鉄製鉸具1，突起状鉄製品1	石製有孔円板30・剣形14・勾玉形7・臼玉3,372・臼玉未製品12，ガラス小玉2，石製紡錘車1	土製人形1		土師器（鉢14・甕3・高杯385・坩30，䠊12），須恵器（蓋1・杯2・甕4・䠊1），手捏土器（臼形？を含む）304	陶邑窯TK216・208型式並行段階の土師器を含む。	5世紀中頃～後半	主な遺物は，土器集積を伴う一辺約3mの土坑（祭祀坑）等，祭祀関連遺構群から出土。5世紀代の集落に伴う祭祀遺構。
11	天白磐座遺跡	静岡県浜松市	丘陵上	鉄刀1・鉄鏃4・鉄矛1，鉇1	滑石製勾玉1			土師器（鉢・高杯・杯）， 手捏土器	土師器：古墳時代前期後葉～中期～後期前葉	4世紀後半～6世紀前半頃	河川を見下す丘陵頂上，巨岩の岩陰から遺物は出土。
12	山ノ花遺跡	静岡県浜松市	沖積地の大溝内	鉄刀1	滑石製有孔円板23・剣形4・子持勾玉1・勾玉2・偏平勾玉5・管玉7，緑色瑪瑙製勾玉1，瑪瑙製丸玉1，水晶製丸玉1，ガラス製勾玉3・小玉17	紡錘車2	大刀柄・鞘・鞘尻，弓，叉鍬，平鍬，鍬柄，横鍬，大足，鋤，鎌柄，斧柄，刀子柄，紡錘車，綛かけ，杵，槲，槲台，刀杼，中筒？，腰掛，腰当，琴，琴柱，儀杖，蓋，舟形，鏃形，刀形，剣形，案（机），案足（机台），槽，曲物，箱物，櫛，櫂，横槌，鈎状吊手，編台，木錘，高床建物の建築部材	土師器（甕・壺・坩・高杯），須恵器（杯蓋身・高杯・壺・䠊・甕・甑・器台）	須恵器： 陶邑窯TK73型式，TK216型式，TK208型式，TK23型式，TK47型式，MT15型式	5世紀中頃～6世紀初頭	幅20m，深さ2mの大溝（河道）内から遺物が出土。溝の岸部分には矢板を設置。

表2　5世紀代祭祀遺跡一覧表 -2（出土遺物に続く数字は、報告書・実測図等で確認した出土点数）

	遺跡・遺構名	所在地	立地状況	金属製品	石製品（ガラス製品含む）	土製品	木製品	土器類	土師器・須恵器型式	年代	備考
13	馬見塚遺跡B地点	愛知県一宮市	沖積地	鉄鏃2、鉄製刀子1、長方形鉄板6（報告では鎌であろうとするが、長方形の形状から鉄鋌の可能性がある。）	滑石製有孔円板4・剣形1・勾玉2・管玉5・臼玉91、ガラス小玉1	鏡形1		土師器（大型壺1・複合口縁壺1・広口壺7・小型壺3・鉢1・手捏土器11・坩2・高杯20・台付甕9）、須恵器（有蓋高杯身2・杯蓋2・杯身1・𤭯2）	須恵器：陶邑窯TK208型式、TK23型式、	4世紀後半～5世紀代	土器集積を伴う祭祀遺構か。
14	土山遺跡	三重県名張市	丘陵上	銅製四獣鏡・素文鏡・弭金物、鉄剣・鋳造鉄斧・鉄製刀子・鉇	有孔円板・剣形・勾玉・管玉			土師器、ミニチュア土器		5世紀前半	丘陵上の岩盤周辺に土器集積を形成する祭祀遺構。
15	布留遺跡豊田地区	奈良県天理市	扇状地上の河川周辺	鉄製小型鍬（斧形）2・小型鎌1	滑石(緑泥石)製有孔円板4・剣形1・勾玉1・管玉2・臼玉787			土師器（高杯60・小型壺2・甕1）、須恵器（甕1）	須恵器：陶邑窯TK216型式～TK208型式	5世紀中頃	豊田川の河岸に形成された土器集積を伴う祭祀遺構。
16	西河内堂田遺跡	奈良県五條市	谷内の尾根筋上	鉄製品7（鉄鋌1、鉄製鎌形1を含む。）	滑石製有孔円板1・臼玉107			韓式系土器平底鉢4、土師器（高杯、甕等）		古墳時代中期後半（5世紀）	方形竪穴遺構跡に形成された土器集積を伴う祭祀遺構。
17	岐尼遺跡	大阪府能勢町	自然堤防上	広根鉄鏃1、鉄製鉇1・斧形2・鍬先形？4、鉄板状製品1（撥形の形状から鉄鋌の可能性あり。）	滑石製有孔円板4・勾玉2・臼玉70・環状円板（釧形）1、碧玉製管玉1、ガラス製小玉1、砥石2			土師器約80（壺・甕・台付椀・高杯・坩・小型器台）、手捏土器・粗造土器、須恵器（杯蓋身・甕）	須恵器：陶邑窯TK47型式・TK43型式	5世紀～6世紀	配石遺構と土器集積を伴う祭祀遺構。
18	白水遺跡	兵庫県神戸市	沖積地	鉄矛1、鉄製小型方形刃先2、鉄製鉇1、鉄鋌23（切片含む）、断面方形棒状鉄製品2、小塊状鉄片22	滑石製勾玉1・小勾玉1・有孔円板6・臼玉717		鋤1、又鍬1、斧柄1、布巻具（中筒）？1、木錘2、竪杵2、槌1、矢形1、箱形製品、板材	土師器（高杯6・椀2・壺1・甕6、SX01出土。坩3・直口壺3・高杯17・椀2・壺113、甑1、流路2出土）、須恵器（蓋3・杯4・高杯2、流路2出土）、製塩土器7（流路2出土）、韓式系土器1（流路2出土）	須恵器：陶邑窯TK208型式、TK23型式	5世紀中頃～後半	流路に面した祭祀遺跡。鉄製品と石製模造品は土器集積を伴う土坑（SX01）から出土、木製品・製塩土器は流路から出土した。
19	木戸原遺跡遺構10	兵庫県南あわじ市	扇状地上の河川周辺	鉄鋌6	滑石製有孔円板12・剣形1・臼玉222・管玉4			須恵器直口壺1・高杯1、土師器高杯1・坩2		5世紀前半～中頃	祭祀遺物を伴う土坑。
20	荒神島遺跡	香川県香川郡直島町	瀬戸内海中、島嶼内の山裾	鉄刀5・鉄剣4・鉄鏃2、棒状鉄製品1、柄状鉄製品3、板状鉄製品7（鉄鋌状の製品2点含む。）	滑石製有孔円板15・偏平勾玉4・滑石製勾玉2・臼玉3			土師器（坩7・𤭯1・高杯5・甕3・壺3）、手捏土器（壺9・鉢6・高杯4）、粗製小型土器（丸底土器2・丸底壺2・𤭯1・甕1・鉢2・師楽式様土器1）、粗製鉢形土器3・甕形土器1、須恵器（杯蓋2・高杯蓋1・杯身4・高台付杯2・杯1・甕2）	須恵器：陶邑窯TK208型式、TK10型式、TK43型式、TK209型式	5世紀中頃～6世紀	島嶼内の自然石群周辺に形成された土器集積を伴う祭祀遺構。
21	高島岩盤山山頂遺跡	岡山県岡山市	瀬戸内海中、島嶼内の山頂の巨岩周辺	銅製小型重圏文鏡1、鉄鏃1、棒状鉄製品1、鎌状鉄器1、板状鉄製品1（鉄鋌状の製品）	滑石製有孔円板4・偏平勾玉2・剣形1、板状品1			土師器、手捏土器、須恵器（杯）		5世紀後半～6世紀初頭	岩盤山頂の巨岩周辺から遺物が出土。
22	魚島大木遺跡	愛媛県越智郡魚島村	瀬戸内海中、島嶼内の海浜	銅製小型鏡1、鉄鏃1、鉄鋌9、板状鉄製品5、鉄片3	滑石製有孔円板39・偏平勾玉1・臼玉60			土師器、小型師楽式土器		5世紀中頃～後半	瀬戸内海の中央に位置する島嶼内の祭祀遺跡。
23	出作遺跡SX1	愛媛県松前町	沖積地の旧河道周辺	鉄鏃1、鉄製三叉鍬1・凹字形鍬先1・U字形鋤先1・曲刃鎌3・穂摘具2・鋳造鉄斧（トウ鍬）1・刀子3・鉾形1・斧形10、鉄鋌10以上、鍛造残片、鍛造未製品、鍛冶滓	有孔円板141・剣形4、・偏平勾玉14・臼玉1,951、紡錘車2、未製品、剥片	紡錘車1、円盤状土製品1、小形模造土器27		土師器（甕10、壺9、𤭯3、高杯19、杯6、足付杯2、椀4、器台2、甑2）、黒色土師器（壺3、高杯1、足付杯2、椀3）、手捏土器32、須恵器（杯蓋4、杯身2、高杯7、𤭯5、把手付椀2、壺4、器台2、甕5）	須恵器：陶邑窯TK208～23型式	5世紀中頃～後半	流路に面して形成された土器集積を伴う祭祀遺構。遺跡内には祭祀遺構約20ヶ所が存在。
24	荻鶴遺跡祭祀遺構	大分県日田市	筑後川と花月川の合流点に面する沖積地	板状鉄鋌3、小鉄板片2、鉄鏃片？1	滑石製小円板2			土師器（甕2、高杯脚部2、小型坩5、小型鉢2）、手捏土器27		5世紀前半～中頃	西約8mに鉄床石・炉・鍛造剥片・鞴羽口を伴う竪穴鍛冶遺構を検出。

る。鉄製品を含む五世紀代の供献品のセットは、朝鮮半島から流入した鉄素材と最新の技術で作られた、当時の最新・最上の品々として神々に捧げられたのである。（註11）

五世紀前半から中頃にかけて、日本列島の各地に展開した祭祀は、地域外から鉄素材（鉄鋌）・鉄製品や初期須恵器の供給を受けながら、地域内（祭祀の場近く）で作られた石製模造品・手捏土器・土師器、そして紡織具から推定できる布帛類を使い執行されていた。そこには、鉄素材や初期須恵器を入手できる地域の首長層が関与していたと考えてよいだろう。

三　物資の集積と技術革新

各地の祭祀遺跡で出土する鉄製品や鉄鋌などは、どこから供給されたのか。五世紀代、鉄製武器・武具、鉄鋌が畿内に多量に集積されていたことは、奈良県の大和六号墳、大阪府の古市・百舌鳥古墳群などの出土鉄製品から明らかで、初期須恵器の生産地は、やはり大阪府の陶邑窯である。したがって鉄製品・鉄鋌や初期須恵器の供給源は、畿内の大和王権に求めるのが自然だろう。

巨大倉庫群の成立　同時代、大和王権による物資集積と物流の実態を窺わせるのが、大阪府の前期難波宮の下層、法円坂遺跡の高床倉庫群である。（註12）確認された倉庫は一六棟、規模は桁行五間（九・九三〜一〇・三七メートル）、梁行五間（八・二五〜九・四三メートル）と巨大で、ほぼ東西方向で棟方位を揃え、二群二列で計画的に配置されていた。出土した須恵器の型式によりＴＫ二〇八型式からＴＫ二三型式の間で廃絶したと考えられ、成立はＴＫ二〇八型式を遡る可能性があるという。少なくともＴＫ二〇八型式期、五世紀中頃には、この巨大な倉庫群は間違いなく機能していた。倉庫群は、さらに調査区の東側へ広がる可能性が高く、収容量は、列島内の古代の収納施設では最大級である。（註13）

遺跡は、上町台地の北端に位置し、北約八〇〇メートルには「難波の堀江」に比定される大川があり、密接な関係が指摘されている。五世紀中頃、瀬戸内海や河川の水運と連結させ、ここで膨大な物資を集積し、管理する大和王権の姿を想像できる。その物資には、朝鮮半島南部から瀬戸内海を経由してもたらされた鉄素材、鉄鋌が含まれていたと考えてよいだろう。（註14）

紡織技術の革新　五世紀は新たな鍛冶技術や須恵器焼成技術の導入が行なわれた技術革新の時代であった。それは紡織技術にも当てはまる。すでに、角山幸洋は、出土繊維の分析から、錦、平絹（筬目入）の導入といった技術革新が古墳時代中期にあったことを指摘している。（註15）これは、近年の東村純子の研究で、さらに細かな状況が明らかとなった。東村は高機・地機による直状系の製織技術に対応する糸枠と整経箆に注目し、それが、ＴＫ二〇八型式の頃には出現したとする。また、五世紀代、その出土地点は大和・畿内と周辺地域に分布し、韓式土器や朝鮮半島系の算盤玉形紡輪が伴う点から渡来系集団の関与を推測する。（註16）先進的な紡織技術は、朝鮮半島からの渡来系集団がもたらしたものであり、それを、五世紀中頃には大和および周辺の勢力が掌握していた状況を推定できる。

大和王権は、五世紀中頃には膨大な物資を集積・管理し、大和王権を中心に鍛冶や須恵器焼成、紡織の先端技術を掌握していた。そのような時代背景の中、列島内の各地で、鉄製品などを使い共通した祭祀が展開し始めたのである。

四　『古語拾遺』の「秦氏・大蔵」伝承と祭祀

「秦氏・大蔵」伝承　五世紀代の大規模な倉庫群の成立、新たな紡織技術の導入という、考古学的な事象と直接対応する内容を持つのが、次の『古語拾遺』「秦氏・大蔵」伝承である。

> 長谷朝倉朝に至りて、秦氏分散けて、他族に寄隷きき。秦酒公、進仕りて寵を蒙る。詔して秦氏を聚めて、酒君に賜ふ。仍りて百八十種の勝部を率領て、蚕ひ織りて調を貢り、庭の中に充積む。因りて、姓を宇豆麻佐と賜ひき〔言ふこころは、積みし随に埋もり益れり。貢れる絹・綿、肌膚に軟らかなり。故、秦の字を訓みて波陀と謂ふ。仍りて、秦氏の貢れる絹を以ちて、神を祭る剣首に纏く。今の俗も猶然あり。謂はゆる秦の根源之縁なり。〕此より後に、諸国の貢調、年年に盈ち溢れき。更に大蔵を立てて、蘇我麻智宿祢をして、三蔵（齋蔵・内蔵・大蔵）を検校へしめ、秦氏をして其の物を出納さしめ、東西の文氏をして其の簿を勘へ録さしめたまふ。[註17]

ここからは、長谷朝倉朝（雄略天皇の時代）に、①渡来系氏族の秦氏による絹織物の新たな技術導入があり、②諸国からの貢納品を集積・管理する大蔵が成立したという二点を読み取れる。この伝承は『記紀』にはなく、同様の内容が『新撰姓氏録』山城国諸蕃、秦忌寸の項にある。[註18]九世紀初頭、忌部氏と秦氏は『記紀』には収載されなかった氏族伝承を共有していたのである。

この伝承は、雄略天皇の時代のこととして語られる。埼玉県埼玉古墳群稲荷山古墳の鉄剣銘にあるワカタケル大王が『日本書紀』の大泊瀬幼武天皇（雄略天皇）で、その辛亥年が西暦四七一年ならば、この内容は五世紀の記憶を語っていることになる。それは、法円坂遺跡の巨大倉庫群の成立、渡来系氏族による直状系製織技術の導入、そしてTK二〇八型式の五世紀の年代とも一致する。

『古語拾遺』三蔵の伝承は、直木孝次郎が、法円坂遺跡の倉庫群をテーマとした『クラと古代王権』の冒頭で触れ、神武朝の「齋蔵」成立は齋部広成の造作した虚伝とする。[註19]直木の指摘どおり三蔵の伝承は誤りを含むものの、雄略朝における大蔵の成立と紡織技術の導入は、先に見たように考古資料と整合し、五世紀代の事象を、ある程度反映していると考える。

絹を纏く剣　では、忌部氏が、この伝承を氏族伝承に挿入した理由は何か。その答えは、「秦氏の貢れる絹を以ちて、神を祭る剣首に纏く。今の俗も猶然あり」の一文にある。「首に絹を纏く神祭りの剣」とは、『延喜式』四時祭上、祈年祭々料（幣帛）の「倭文纏刀形（倭文三寸）・絁纏刀形（絁三寸）・布纏刀形（布三寸）」を指すと考えられ、月次祭々料にも含まれる。『延喜式』の祭料では、祈年祭と月次祭のみにある特徴的な品である。

両祭とも諸国の官社へ幣帛を捧げ、祈年祭は稲作の豊かな稔を、月次祭は国内の安寧を祈る。『神祇令』に「中臣、祝詞宣べ。忌部、幣帛班て」とあるように、忌部氏は祈年・月次祭で幣帛を管掌する氏族であった。その忌部氏に、祈年・月次祭の幣帛の由来を説明するものとして伝来したのが、『古語拾遺』のこの伝承だったのである。これは、『古語拾遺』末尾に唐突に挿入される御年神の伝承が、祈年祭で御年神へ白猪・白馬・白鶏を供える由来を説明することと軌を一にする。

祈年祭の刀形は、『延喜式』木工寮に「倭文纏刀形（長さ三尺三

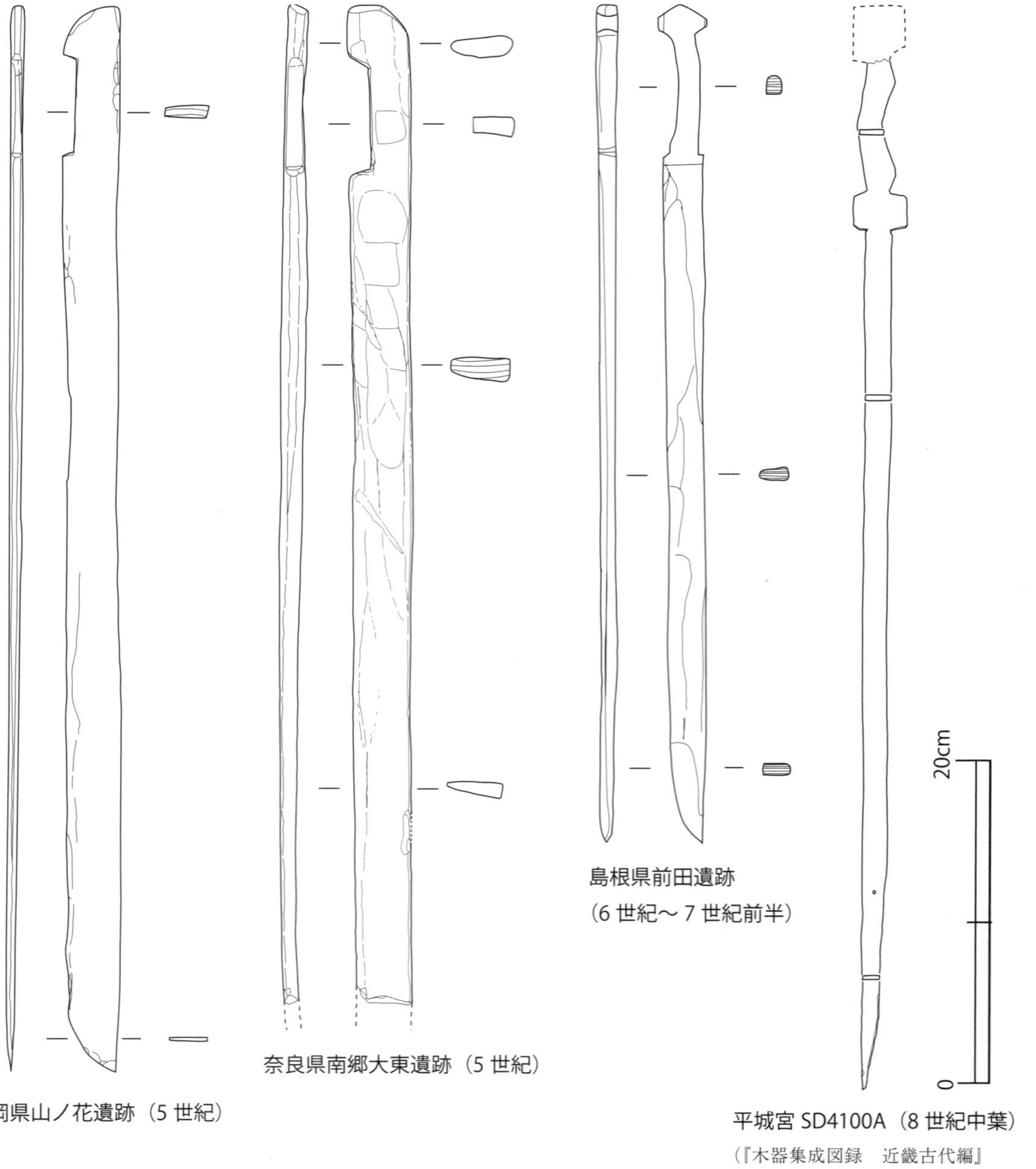

図２　木製刀形（山ノ花・南郷大東・前田遺跡は各報告書より）

寸、廣さ一寸五分、絁纏、布纏また同じ）」とあり、長さ六九センチ、幅四・五センチほどとなる。類似した長さの木製刀形は、表2の静岡県山ノ花遺跡の例（長さ六六・九〜六六・四センチ）[註20]のほか、五世紀代の奈良県南郷大東遺跡の例（六二・二センチ以上）[註21]があり、考古資料では五世紀以来の系譜を持つ（図2）。絹を巻いた神祭りの剣の起源が、雄略朝とする伝承と矛盾はない。

供献品の供給源　『古語拾遺』「絹を纏く神を祭る剣」の伝承は、祈年祭の幣帛が、雄略朝以来の伝統を持ち、その製作には秦氏のような渡来系氏族の先進的な技術が必要であったという認識を、忌部氏は持っていたことを示している。そうすると、『延喜式』祝詞で朝廷から神々へ捧げる「明るたへ・照るたへ・和たへ・荒たへ」は、先進的な紡織技術で織られた美しく優れた布を指すと考えられる。また、この伝承は、大蔵の成立と一連の形で語られており、神祭りに使う絹など布帛類と大蔵との関連を示唆する。

五世紀代の巨大な倉庫群の成立と新たな紡織技術の導入という考古学的な事象は『古語拾遺』「秦氏・大蔵」伝承と整合し、五世紀の祭祀遺跡からは、倉庫群に集積された可能性が考えられる鉄鋌が広範囲で出土する。この点から考えると、各地の祭祀遺跡で出土する鉄製品や鉄鋌などは、大和王権が集積・管理し、先進技術で作った品々であり、それらは各地の首長層が関与した祭祀に大和王権が供与した品々であったと推定できる。

五　神観と祭祀の意味

神観と祭祀の場　なぜ大和王権は、鉄製品などを各地の祭祀に供与したのか。それは祭祀の意味と深く関係する。

表2に示した祭祀遺跡の立地を見ると、尾島貝塚、小滝涼源寺遺跡、荒神島遺跡、魚島大木遺跡は、半島先端や島嶼に位置し、宗像沖ノ島祭祀遺跡も同様である。また、長須賀条里制遺跡、沢狭遺跡、天白磐座遺跡、山ノ花遺跡、白水遺跡、出作遺跡などは、河川に面して立地する。半島先端や島嶼は、中央（大和）と海外、そして列島内の各地を結び物資・情報をもたらす水上交通路の要衝であり、河川は地域の農業生産に不可欠な灌漑用水源となる。これら交通・生産の上で重要な働きが現われる環境（場）で祭祀は行なわれていたことになる。

『日本書紀』は、宗像の神を「海の中に降り居して天孫を助け奉り、天孫の為に祭られよ」「海の北の道の中に居す」とする。『延喜式』「祈年祭祝詞」では、水分（みくまり、分水嶺・水源）に坐す皇神を祀り、稲の豊かな実りを祈る。「大忌祭祝詞」では、川の合流点「川合」で穀物神「若うかのめの命」を祀り、「山の口に坐す皇神たち」は、山々から灌漑用水の「甘き水」を下す。

水上交通で要衝となる環境や、灌漑用水源の働きに神を見て、これを祀り、交通・生産の安寧と維持を祈る。ここに祭祀の本質があったと考える。

祭祀と災害　祭祀は災害とも関係した。『日本三代実録』の貞観六年（八六四）七月一七日条は、富士山の大噴火とその甚大な被害を伝える。朝廷は、噴火を祭祀の不備に対する富士山の神「浅間の神」の祟りと判断、八月五日に幣を捧げ解謝の祭祀を命じている。これと類似した状況を想像できるのが、表2の宮田諏訪原遺跡である。榛名山二ツ岳の火山灰に埋没しており、噴火に伴い豊富な鉄製品を捧げた祭祀の遺構と考えられる。噴火災害に対する浅間の神への祭祀と通底する。[註22]そして、富士山の噴火記事の直後、貞観六年七月二五日には「國家を鎮護し災害を消伏するは、尤も是れ神祇を敬ひ、祭禮を欽むの致す所なり」との詔勅が出て、朝廷と国司は厳格に神を祀り、その祟りを防ぎ災害を防がなければならないとの認識が示されている。

また、『延喜式』「風神祭」祝詞には「五の穀物を始めて、天の下の公民の作る物を、草の片葉に至るまで成したまはぬこと、一年二年にあらず」とあり、祀られない神の祟として、数年間、天下の農作物が実らない災害が発生したことを物語る。

岡田莊司が指摘するように、古代の神々は恵みを与える一方で、祟り災害をもたらす存在でもあった。[註23]この神観は、多くの恵みを与える反面、災害も多い日本列島の自然環境に由来すると言える。朝廷と国司は、その神を祀り、災害を防ぎ日々の生産・生活の安寧を保証することに責務を負っていたのである。

供献品と治天下大王　これに対応し、律令期、稲の豊作と国内の平安を祈る祈年・月次祭が行なわれた。そこで、忌部氏が管掌し諸国の主要な神社に班たれた幣帛は、盾、槍、鉾、弓・靫の武器・武具、農具の鍬、絁などの布帛類で構成された。その内容は、五世紀代の祭祀遺跡で確認できる品々と共通する。

この五世紀後半、辛亥年（四七一）の年紀を記す稲荷山古墳出土鉄剣の金象嵌銘には「大王」と「治天下」の文字があり、大王が統治する領域の意識が形成されていたと考えられる。その領域内では、各地の首長層が関与し、大和王権（大王）が供与した鉄製の武器、農・工具、鉄鋌などの品々を使い神々を祀っていた。

これらをあわせて考えると、前述の朝廷と国司は、大和王権・大王と地域の首長に置き換えることができ、律令期の文献・祝詞に見える神観や祭祀の原形は五世紀に遡ると考えられる。大和王権は、鉄製品・鉄鋌など自らが管理する優れた品々を各地に供与し、各地ではそれを捧げ地域の環境の中で神々を祀り、災害を防ぎ交通・生産・生活の安寧を保証する。この点にこそ、天下を統治する大王と、地域の首長は責務を負っていたと言ってよいだろう。

六　まとめ

大和王権・大王は、多量に集積した物資と、最新の技術で作った優れた品々を各地の首長層に供与し、彼らは、それを捧げ地域の神々を祀り、交通・生産・生活の安寧を保証する。このような祭祀の形が、五世紀中頃から後半には成立し、同時期に確認できる大王が統治する領域「天下」の意識と一体となって展開したと考えられる。その祭祀の痕跡は各地に祭祀遺跡として残り、捧げ物の記憶は「秦氏・大蔵」伝承として『古語拾遺』に伝えられた。

しかし、この形は、スムーズに令制祭祀へは連続しなかった。表2に示した遺跡のほとんどが六世紀前半に存続せず、五世紀の祭祀の形は、六世紀前半、一時的に中断したと考えざるを得ない。列島内の政治的な混乱を反映しているのかもしれない。

それでも六世紀後半には、再び祭祀遺跡が確認できるようになる。六世紀後半の宗像沖ノ島七号遺跡のほか、東国では千葉県の東田遺跡、長野県の青木下Ⅱ遺跡、西国では島根県の前田遺跡など、六世紀後半から七世紀前半の年代幅を持つ祭祀遺跡が確認できる。ただ、遺物の組成は基本的に五世紀代のそれを踏襲する。[註24]そして、この直後、七世紀中頃から後半には、神郡が成立、[註25]供献品・祭具の

組成を引き継ぎながら令制祭祀が整備・編成されたと考えられる。(註26)

五世紀の後、六世紀後半に祭祀の復興があり、七世紀中頃から後半に令制祭祀の編成が行なわれた。供献品や祭具の組成、そこから復元できる祭式を見ると、その規範としたのは、やはり五世紀代に作られた祭祀の形であったと考えられる。日本の古代国家と祭祀において、雄略治世とされた五世紀の中頃から後半は、直接の起源となり規範とする時代として記憶されていたのだろう。

（二〇一四年三月二五日脱稿）

（註1）笹生　衛『日本古代の祭祀考古学』吉川弘文館、二〇一二
（註2）白石太一郎「ヤマト王権と沖ノ島祭祀」『「宗像・沖ノ島と関連遺産群」研究報告Ⅰ』「宗像・沖ノ島と関連遺産群」世界遺産会議、二〇一一
（註3）笹生　衛「日本における古代祭祀研究と沖ノ島祭祀―主に祭祀遺跡研究の流れと沖ノ島祭祀遺跡の関係から―」『「宗像・沖ノ島と関連遺産群」研究報告Ⅱ・1』「宗像・沖ノ島と関連遺産群」世界遺産会議、二〇一二
（註4）宗像大社復興期成会『続沖ノ島』一九六一
（註5）宗像大社復興期成会『宗像沖ノ島』一九七九
（註6）大平　茂『祭祀考古学の研究』雄山閣、二〇〇八
（註7）小田富士雄「沖ノ島祭祀遺跡の再検討2」前掲註3に同じ
（註8）津屋崎町教育委員会『津屋崎古墳群Ⅰ』二〇〇四
（註9）篠原祐一「五世紀における石製祭具と沖ノ島の石材」前掲註2に同じ
（註10）笹生　衛「古代祭祀の形成と系譜―古墳時代から律令時代の祭具と祭式―」（『古代文化』六五―三、二〇一三）の第1表による。
（註11）前掲註1に同じ
（註12）㈶大阪市文化財協会『難波宮址の研究　第九』一九九二
（註13）直木孝次郎ほか編『クラと古代王権』ミネルヴァ書房、一九九一
（註14）都出比呂志は、鉄・塩・陶器の流通と、法円坂遺跡が立地する難波との関連を指摘している。
都出比呂志「五世紀の難波と法円坂遺跡」前掲註13に同じ
（註15）角山幸洋「10　織物」『古墳時代の研究　第8巻　古墳Ⅱ副葬品』雄山閣、一九九一
（註16）東村純子『考古学からみた古代日本の紡織』六一書房、二〇一一
（註17）沖森卓也ほか編著『古代氏文集　住吉大社神代記・古語拾遺・新撰亀相記・高橋氏文・秦氏本系帳』山川出版社、二〇一二
（註18）『新撰姓氏録』には「諸の秦氏を役ひて、八丈の大蔵を宮の側に搆ひて、其の貢物を納めしむ。故、其の地を名づけて長谷朝倉宮と曰ふ」とある。大蔵は宮の側にあり、長谷朝倉の宮号のもととなったとする。
田中　卓校注『神道大系　古典編六　新撰姓氏録』㈶神道大系編纂会、一九八一
（註19）直木孝次郎「倉庫からみた国家・社会の発展―序文にかえて」前掲註13に同じ
（註20）㈶浜松市文化協会『山ノ花遺跡　木器（図版）』一九九八
（註21）奈良県教育委員会『南郷大東遺跡群Ⅲ』二〇〇三
（註22）笹生　衛「富士山の古代祭祀とその背景―火山活動・災害と古代の神観・祭祀―」『山梨県山岳信仰遺跡調査報告書―富士山信仰遺跡に関わる調査報告―』山梨県教育委員会、二〇一二
（註23）岡田莊司「天皇と神々の循環型祭祀体系―古代の崇神―」『神道宗教』一九九・二〇〇、二〇〇五
（註24）前掲註1および註10文献に同じ
（註25）小倉慈司「律令制成立期の神社政策―神郡（評）を中心に―」前掲註10に同じ
（註26）前掲註10文献に同じ

前方後円墳の巨大性
―日本列島の墳墓はなぜ大きいのか？―

松木武彦

一　はじめに

世界の歴史的記念物のうちでも、日本列島の古墳はとくに大きい部類に属する。その最大級のいくつかは、エジプト古王国のピラミッドや秦の始皇帝陵などと比較されるほどの規模をもっている。このような大規模な記念物を生み出したことが、日本列島国家形成過程のもっとも顕著な特徴といえよう。古墳の巨大性をどう評価するかについては近年積極的な提言もなされているが、[註1]まずはその巨大性が生じた要因やメカニズムを、さまざまな尺度の歴史的枠組の中で考究してみることが必要であろう。それはまた、日本の先史・原史社会が人類史上いかなる特質や個性をもっていたかという問題に迫るための鍵ともなるのである。

二　古墳は古代末期～中世初期の歴史的産物

世界史的にみると、ユーラシアの中～高緯度地帯における巨大な構築物や建造物は、前後四次のホライズン（地平）をもって顕在化した。[註2]第一ホライズンは新石器時代の共同体記念物で、石室墳や環状列石（ストーン・サークル）に代表されるように、西ユーラシアにおいてとくに顕著である。第二ホライズンは古代国家の支配層による記念物で、ギリシア・ローマの神殿や競技場、秦漢の宮都や皇帝陵などがこれに当たる。第三ホライズンの記念物は、その古代国家が瓦解して中世国家が形成される黎明期に出てくる王侯貴族の墳墓で、ゲルマン諸民族および朝鮮半島や日本列島のエリート層の間で盛んに築造される。第四ホライズンは、キリスト教・イスラム教・仏教といった世界宗教の記念物として中世に盛期を迎える聖堂や寺院の建築である。以上四つの各ホライズンの記念物を歴史的な表現に言い換えれば、第一は先史共同体記念物、第二は古代帝国記念物、第三は古代末～中世初頭エリート記念物、第四は中世宗教記念物とすることができよう。

古墳は、上記のうち第三ホライズン、すなわち古代末～中世初頭エリート記念物の一例である。詳述すると、ローマと漢に代表されるユーラシアの広域古代帝国が瓦解し、その廃墟や周辺に、後の中近世国家につながる民族的アイデンティティを統合原理の一つとする政体が分立のきざしをみせる段階の所産と理解されよう。このホライズンにおいて、東ユーラシアでは朝鮮半島と日本列島、西ユーラシアでは北西ヨーロッパやブリテン島などに、大きな墳丘、入念

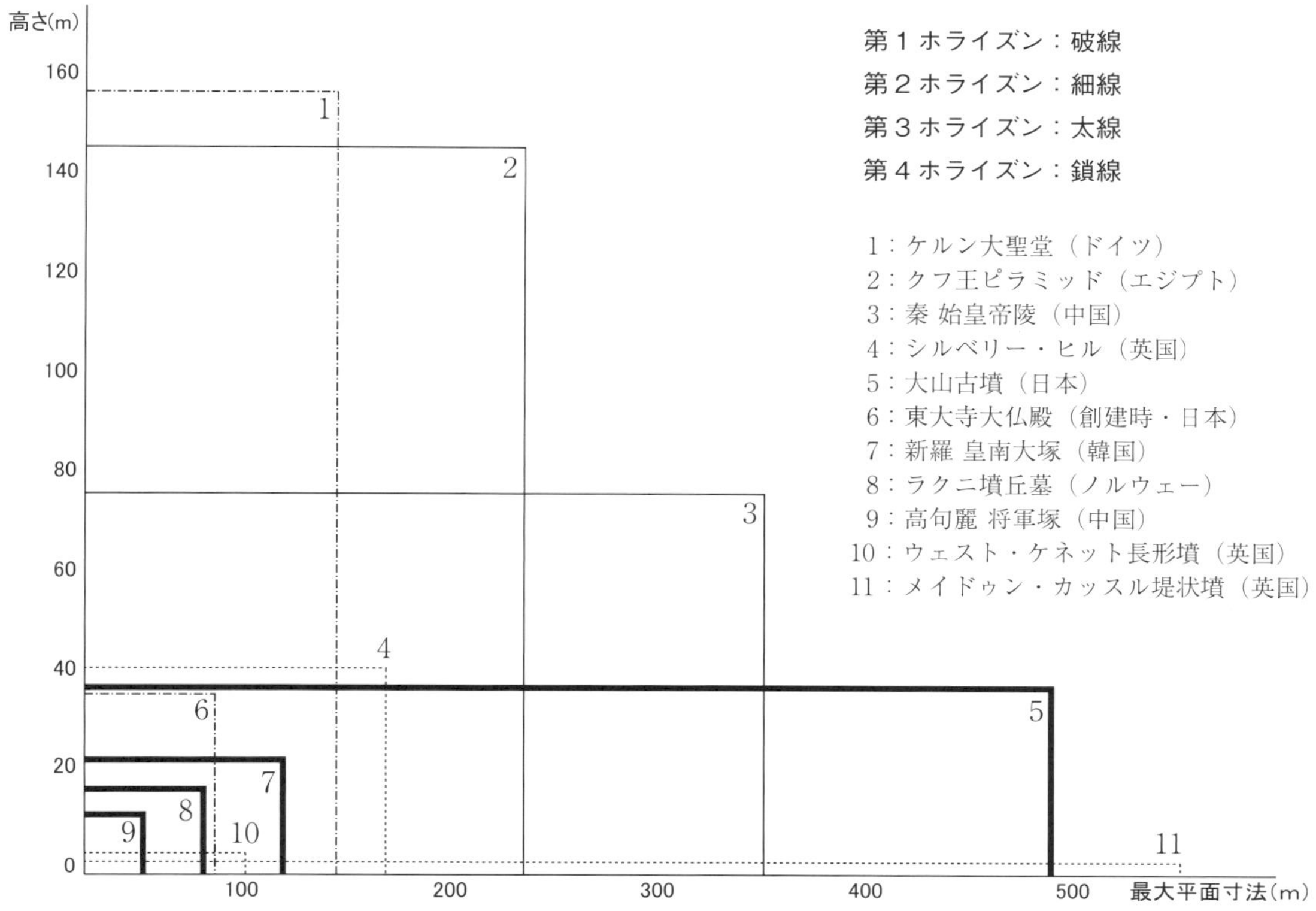

図１　各ホライズンの記念物の規模

な埋葬施設、豊富な副葬品をもった墳墓が発達した。これらはみな、古代帝国が崩壊したあとに原初的な中世国家が形成される過程でエリート層の威信表出と社会統合の手段ないしは装置として編み出された歴史的存在と一括できるのである。

上記のような歴史的整理を前提として、日本列島の古墳の巨大性が評価されなければならない。同じ第三ホライズン、すなわち古代末〜中世初頭エリート記念物のうちに限った中であらためて日本列島の古墳のスケールを計ってみると、その墳丘の寸法は、西ユーラシアの最大例と日本列島を除く東ユーラシアの最大例とは主丘の径が一〇〇メートル内外という点でほぼ同等であるのに対し、列島の古墳、とくにその規模の上位を占める前方後円墳は、最大の例で主丘の径が約二五〇メートルと二倍以上にもなる上に、しばしばそれと同じくらいの長さをもった前方部が付けられ、巨大性が一段と強調されている。列島古墳の巨大性という言い方は、歴史的文脈を意識した相対評価としても妥当といえよう。

三　日本列島の古墳が巨大化した六つの要因

では、同じ古代末〜中世初頭エリート記念物のうちで、日本列島の古墳がなぜ、いかなるメカニズムで、そうした巨大性を有するに至ったのであろうか。この問題について、若干の仮説を並べてみたい。[註3]

①「早熟」の階層社会　日本列島は、いまみた同じ世界

史的ホライズンの墳墓文化をもつ朝鮮半島および北西ヨーロッパやブリテン島などと同様、文明中心からの刺激を受けつつ国家形成の途をたどる「二次国家」[註4]の地域の一つである。こうした地域では、内発的な社会複合化が進展するより前に、文明中心からの文化的・経済的あるいは軍事的刺激の下で、エリート層の形成やそれを上位とする階層化が早熟的に生じやすい。文字による支配機構や身分制度がまだ熟しない土壌にこのような階層化圧力が高まると、知覚や感覚に直接訴える未開的なメディア（儀礼や記念物築造など）が、階層的威信の表現・演出手段として花を開かせてしまうことになる。列島においても、二次国家の形成過程としての階層化圧力が昂じていたところに、墳墓がその表現メディアとして採用されたことが触媒となって、規模の差異表現がきわめて顕著な古墳が生み出されたのではないかという仮説が成りたつ。

②「同質異量」の差異表現　このような規模による差異表現は、威信を演出するために同じ表現方法を用いる者が多ければ多いほど、言い換えれば同じ表現方法の規範に参加する階層幅が厚ければ厚いほど、互いの差異を明示するために、より大きな量的格差のダイナミック・レンジが設けられなければならなくなる。主丘部の寸法で小は一〇メートル未満から大は約二五〇メートルに至る列島古墳の規模の著大な幅は、直接的にはこのためであって、とりわけ最上位者が自らの威信をより明確に演出するためには、規模の極端な拡大に走らざるをえなかった。

　別の視点から見ると、このような「同質異量」の表現方法から上昇離脱して独自の表現型を排他的に独占するという、いわば「異質」の表現方法を、最上位者がなかなか実現できなかった姿が古墳であったと理解できる。[註5]その「踏ん切りのつかなさ」というものが、古墳の巨大さの裏返しであったともいえよう。こう考えると、方墳や八角形墳・上円（多角形）下方墳など、前方後円墳とは違う形を最上位者が採用しようとした古墳終末期の動きこそが、「同質異量」の差異表現の桎梏をようよう打ち破って上昇せんとした画期と認められ、続いてそれをも廃しつつ寺院や都城の建立に走って古墳自体を終わらせた暁に、①で述べた未開的メディアを克服して文字による支配機構や身分制度が定着したという伝統的理解に逢着する。伝統的な国家形成論の多くはこの点を重視する。

　このように、「同質異量」の威信演出・差異表現の規範が長く続いたという理解、言い換えればそこからの質的離脱を最上位者が長く達成できなかったという見方は、前方後円墳が築かれた時代のあり方を「部族連合」[註6]、「身分の相互承認システム」[註7]、「支配共同体」[註8]とそれぞれ形容し、文献にいう「大王」の専制度を比較的低く見積もるという古墳時代の評価にもつながってくる。

③「質より量」のコスト投入　ところで、東ユーラシアの墳墓のうちでも、日本列島の前方後円墳とは対照的に規模が比較的小さいことで注意されるのは、高句麗の例を代表とする方形階梯積石墳である。これらは専門的な石工・石造技術の産物で、規模よりもむしろ高度な専門技術による洗練度や精緻さがその視覚的威容を引き出しており、記念物築造のためのコスト投入の方向としては「専門技術力集約型」（「量より質」型）ともいうべき一種の先進性をみせる。これに対して列島の古墳の大多数は、単純な土築作業を重ねることで得られる巨大性から視覚的威容がかもし出されるもので、コスト投入の方向としては後進的な「単純労働力集積型」（「質より量」型）

と表現できる。つまり、そうした技術上の後進性が、列島においては古墳の巨大化を促したという仮説である。

④「原始的共同性」の残存　このような巨大化を促す後進性を、上記の技術だけでなく、社会のあり方そのものに帰する考え方もできる。現在の古墳時代研究では、古墳による「同質異量」の差異表現をそのまま身分秩序の表示とみる案が有力であるが、日本列島には、前方後円墳を主とする古墳が大から小まで膨大にあり、その零細なものは列島の津々浦々に至るまで分布している。つまり、身分表示という一個の政治的システムとみなすには、あまりにも社会の底流ないし基層にまで根ざしすぎている感があるのである。

このことは、列島の古墳が、東ユーラシアのほかの地域の墳墓以上に、その営造に共同体的な性質を強く残していた可能性を示す。(註9)いうなれば、第三ホライズンの記念物でありながら、文明圏の周辺域において、古い第一ホライズンの先史共同体記念物に近い色合いをその根底に保っていた可能性が考えられよう。

地域で卓越した規模をもつ前方後円墳はしばしば「一代」の産物で、その築造が同じところで継承されないことが多い。(註10)この不安定さは、そうした大形墳の築造を、身分秩序やそれに基づく地域支配のような一定の継続性をもった構造や制度の表示とみなす説にはきわめて不利であろう。つまり、そうみなすには、多くの地域において巨大古墳はあまりにも「儚《はかな》い」存在といわざるをえないのである。したがって、かかる古墳の性格については、その巨大さを生み出した莫大な労働量が、地域支配のような安定した構造を通じてそれに集約された帰結ととらえるよりもむしろ、もっと一過性の強い半ば偶発的な要因でそこに集められたメカニズムこそを追究すべきであろう。共同体的な儀礼の場や宗教的な記念物としての古墳の性格を再評価することは、それと関わって有効である。

小さくも洗練された高句麗の古墳を、身分秩序の表示とし、専門技術者による受注的労働の成果と理解するならば、列島の古墳はもっと土俗的な文化の基層に根ざした共同体行為の結果と評価する余地がある。同じ第三ホライズン・東ユーラシアの墳墓といえども、その文化的・社会的基盤はこのように異なっていて、前者に対する後者の著しい巨大性もまた、そうした質的差異に根ざしたものであった可能性が高い。

⑤「ガラパゴス現象」を生んだ地理的環境　さらにまた別の視点から日本列島の古墳の巨大性を考えるとき、多大な労働力を注ぎ込んだ記念物や構築物が、同時期の列島においては古墳以外にほとんど顕在化しないのに対し、朝鮮半島諸地域では都城や山城などの防御施設が古墳とともに発達するという違いに注意される。すなわち、列島においては記念物や構築物の造営コストがほぼ古墳という一点に集中し、そのことが古墳の巨大性につながった側面は否定できない。

コスト争奪という点で古墳の「ライバル」となりうる防御施設が列島で発達しなかった理由として、四周を海で囲まれた島嶼であるゆえに、近隣から侵攻されるリスクが朝鮮半島諸地域に較べると格段に低かったため、機能的にも象徴的にも防御施設の存在意義が高まらなかったという環境要因が考えられる。進化考古学的にいえば、古墳の巨大化は、ガラパゴス諸島で特殊化した生物進化になぞらえられよう。

⑥「ダイナミック・レンジ」の顕著な文化伝統　最後に、前後の

時代も含め、古墳以外の物質文化の特質に目を配ると、列島の人工物に顕著な傾向の一つとして、古墳と同じ「大形化」という現象が、青銅製祭器・鏡など、ほかにもいくつか認められる。言い換えれば、同じ種類の器物において小~大のダイナミック・レンジが著大化するという現象が、列島の物質文化では際立っているということである。

この現象が生じたのが、祭器や威信財（鏡）や墳墓（古墳）など、集団やその代表者を象徴する道具や場においてであった点には注意すべきであろう。集団間や代表者間の競覇的関係を表現するメディアとして、それらが用いられた可能性が高いからである。強弱や優劣のアナロジーとして、「大小」を物質上に表現することは、ホモ・サピエンスの普遍的な認知に基づく行為として多くの文化にみられるが、日本列島においては、この行為が社会関係の形成に利用される度合いがとくに強く、その最たる例が古墳であったといえそうである。なお、「大小」と並んで「多寡」の表現も、青銅製祭器・鏡ならびに鉄製品の埋納や副葬などに例示されるように列島においてとくに目立つ。この点から、「大小」「多寡」というダイナミック・レンジの顕著化を、日本列島の物質文化のパターンにみられる重要な「くせ」と敷衍し、古墳の巨大性はその一例と理解することができよう。

このような文化の「くせ」が列島で生み出された要因が、文明の最縁辺域という地理的条件によるものか、最初は偶発的に生じたものがタテ方向の文化伝達によって繰り返されたことによるものか、あるいはその両方か等々の問題については、とくに認知考古学による古墳時代研究の今後の課題である。

四　古墳の規模が中期に最大となった三つの背景

以上では、おもに空間的な思考の枠組によって、日本列島の古墳が巨大化するという現象の要因を考えてきた。次に思考を時間的な枠組に移し、古墳時代でも中期といわれる時期にその現象が極みに達した理由を求めてみたい。

①政治的不安定　表1に、古墳時代を通じて主丘部の寸法が五〇メートルを超える古墳を抽出し、[註11] 時期順（左→右）および規模順（上→下）に並べてみた。近畿中央部（畿内）の古墳は太字で示してある。これをみれば、前期前半は近畿中央部の古墳の規模が卓越するのに対し、前期後半から中期初頭になると他地域の古墳の規模が増し、それに押し上げられるかのごとく中期中頃に向けて近畿中央部の古墳もさらに巨大化したけれども、近畿中央部以外の地域の古墳（岡山の造山など）もまたその一角を占めるに至ったことがわかる。

これは、古墳の規模で威信を表示する競覇的関係、言い換えれば近畿中央部も含めた各地有力者ないし有力集団のあいだでの記念物築造競争が、前期を通じて高揚し、中期中頃に向けてもっとも熾烈になったことを示す。つまり、中期にピークを迎える古墳の巨大化は、かならずしも近畿中央部の有力者ないし有力集団を頂点とした政治秩序の確立と安定の反映などではなく、列島規模での威信比べの中で近畿中央部の有力者ないし有力集団が「逃げ切り」を図れるかどうかという、むしろ政治的には不安定な局面を示したものとみなせよう。換言すれば、政治的な不安定が競争を最高度に助長したことに、中期における古墳巨大化の基因を見いだす理解である。

表１　時期別・規模別にみた大形古墳の展開

	前期				中期				後期	
	1	2	3	4	5	6	7	8	9	10
250m						**誉田御廟山**				
						大山				
200m					**百舌鳥陵山**	造山				
				五社神						
									河内大塚	
					仲ツ山	作山				
	箸墓	**柳本行燈山**	**渋谷向山** **メスリ山**							
150m					**市庭**		**にさんざい**			**見瀬丸山**
	西殿塚				**宮山**		**市野山**	**岡ミサンザイ**		
				佐紀陵山	**佐紀石塚山** **墓山** （男狭穂塚）	太田茶臼山				
				津堂城山 **摩湯山** **五色塚**	**宝来山** **築山** 神明山	**ウワナベ** **コナベ** **磐之媛陵** 太田天神山				
	桜井茶臼山			金蔵山	**久津川車塚** **西陵** 網野銚子山 御墓山	**新木山**	**淡輪ニサンザイ** 両宮山			
100m				**巣山** 蛭子山 （小盛山）	（秋常山） 浅間山		**河合大塚山** **鑵子塚**	**軽里大塚**	**今城塚** （丸墓山）	
			西山 安土瓢箪山	**櫛山** **島の山** **乳の岡** 昼飯大塚 甲斐銚子塚 太田茶臼山 梵天山	**（乙女山）** **古室山** **百舌鳥大塚山** **いたすけ** 女狭穂塚 白石稲荷山 名取雷神山	**百舌鳥御廟山**	舟塚山	**狐井城山** 馬塚		
	浦間茶臼山	**東殿塚**	尾上車山	**東大寺山** **（富雄丸山）** **貝吹山** （甲斐丸山塚）	壇場山 佐古田堂山 富田茶臼山 （兜塚） （免鳥長山） （女体山）	雲部車塚 （八幡山） 内裏塚		**鳥屋ミサンザイ** 七輿山	**石上大塚** 断夫山	**別所大塚**
	中山大塚 **黒塚** **椿井大塚山** **弁天山Ａ１号** 豊前石塚山	**アンド山** **平尾城山**	青塚茶臼山 手繰ヶ城山 *前橋八幡山*	**二ツ塚** **玉手山７号** **松岳山** 石山 坊の塚 守山白鳥塚 六呂瀬山 前橋天神山	**野中宮山** **玉丘** 神宮寺山 北山１号 宝塚１号 （野毛大塚） 愛宕山 大鶴巻	**屋敷山** **大鳥塚** 池田 石人山 （女良塚） 御富士山	**黒姫山** 御所山 （白鳥塚） 井出二子山	**西乗鞍** **田出井山** 九条塚 摩利支天塚	**高屋築山** 岩戸山 琵琶塚 築瀬二子塚 前二子	前橋二子山
	久里双水	***下池山*** **燈籠山** 中山茶臼山	***フサギ塚*** ***新山*** 花光寺山 鶴山丸山 柳井茶臼山 一貴山銚子塚 松林山	**佐味田宝塚** （温江丸山） （月の輪） 天神山 *上侍塚* 稲荷森	**ナガレ山** **瓢箪山** **恵解山** 白鳥 渋野丸山 亀塚 長目塚 唐仁１号 *（明合）* 甲斐天神山	**はさみ山** 船塚 宝塚２号 琴塚 堂山 三之分目 岩鼻二子山	横瀬 笹塚	**郡山新木山** 平塚	**宇治二子塚** **ボケ山** **白髪山** 中二子	**ウワナリ塚** こうもり塚 笹森稲荷
50m	**馬口山** ***波多子塚*** ***元稲荷*** **森１号** ***西求女塚*** 丁瓢塚 網浜茶臼山 那珂八幡	**天神山** **五塚原** **玉手山３号**	**寺戸大塚** **玉手山１号** 白米山 馬の山４号 金立銚子塚 長柄桜山１号 *藤本観音山*	**天皇ノ杜** **和泉黄金塚** 垣内 法王寺 和邇大塚山 能褒野王塚 *粉糠山* 寺谷銚子塚 長柄桜山２号 矢場薬師塚 亀ヶ森	**風吹山** **（豊中大塚）** *（聖塚）* （鴨谷東１号） （産土山） （椿山） 長浜茶臼山 殿塚 （伊勢塚） 上ノ塚 （公卿塚）	（新宮） 三ツ城 岩原双子塚 雨宮 妙感寺	（糸井大塚） 登越 舟山 不動山 鶴山	埼玉稲荷山 保渡田八幡塚 （丸塚山）	埼玉二子山 三条塚 府中愛宕山 筑波八幡塚	*山代二子塚* 綿貫観音山

＊墳丘の形は字体と（　）の有無で表示：正体＝前方後円墳、斜体＝前方後方墳、（正体）＝円墳、（斜体）＝方墳
＊墳丘の規模は主丘部寸法で表わす（円墳は径、方墳は長辺の長さ、前方後円墳・前方後方墳の場合はそれぞれ後円部径・後方部長辺の長さ）
＊太字は畿内の古墳

その後の状況をみると、中期後半以降はこうした競争が沈静化し、近畿中央部の古墳の卓越性が回帰した状況が読み取れる。先述のようにほかの地域では一過性の行為といえる大形前方後円墳の築造を、古市・百舌鳥古墳群として連続的に興行しえた強みによって近畿中央部の「逃げ切り」が成功し、結果、競争圧力が低下したことで古墳の巨大化にブレーキがかかったと考えられる。すなわち、政治的な安定の実現が古墳の巨大化を終わらせたという解釈である。[註12]

②古墳の「リストラ」 前期後半から中期中頃における古墳巨大化の背景として近年注目されるのは、この間、集落の分布や住居の数にかなり劇的な変動が生じたという認識である。前期中頃までの古墳を支えていた奈良県纒向、岡山県津寺などの伝統的大集落の多くが軒並み瓦解し、集落の再編が始まった状況が各地で指摘される。造山古墳という列島屈指の巨大前方後円墳を中期前半に築いた吉備中南部では、ちょうどこの時期に平野部一円での住居数が激減していた可能性が高い。[註13] 住居数が人口を反映するとすれば、吉備においては古墳巨大化のときに人口が減少しているという、一見矛盾した関係が認められるのである。

ただし、造山古墳の出現とともに、その周辺の諸小地域においては大規模な古墳の築造がいっせいに途絶えた。[註14] つまり、吉備中南部における古墳築造の労働力は、このとき全体としては収縮したとみられ、「巨大古墳出現＝人口減少」という関係は、実際には矛盾ではなく、むしろ整合的ともいえるものである。ここから、伝統的大集落が瓦解して人口も減るという危機を迎え、古墳の数を制限して一本化し、少なくなった労働力をそこに集約する、いわば、地域の古墳の整理と集約という「リストラ」の産物が古墳の巨大化であったとする仮説も浮かび上がってこよう。社会が危機に瀕したときに記念物が大形化するという、人類学の一般理論でよく見かける理屈とも、この仮説は協和的である。

③国際的共鳴 さらに視野を広げてみると、列島の古墳が巨大化する前期後半から中期中頃にかけての時期には、同じ第三ホライズンに属する東ユーラシアの墳墓もまたその規模のピークを迎えていることに注意が向く。具体的にいうと、先述の方形階梯積石墳を主とする高句麗・輯安の王墓群や、同じ様式を採用した漢城（ソウル・石村洞）の百済王墓群は、列島の古墳時代前期後半～中期前半に当たる時期にもっとも発達し、新羅の王墓群とみられる慶州の古墳群はやや下るけれども中期前半～中頃に盛期をもつなど、いずれも列島古墳の巨大化と併行する。

これら高句麗・百済・新羅の各王墓群および日本列島の古墳は、副葬品目の基本が共通し、しばしば型式や特徴が混交するなど、けっして相互に没関係的ではなく、密接な交流をもちながら築かれたことは明らかである。すなわち、構成する器物や情報をやり取りし、互いに意識し合いながら東ユーラシア諸地域の墳墓が営み合われたのは確かであり、それらがほぼいっせいに大形化や発達をとげていることは偶然とは考えがたい。さきに述べた列島内部の有力者や有力集団の相互間に加え、列島外部の諸国とのあいだの競覇的関係の高揚もまた、古墳の巨大化が中期に極みに達した要因の一つとみなせよう。

五　おわりに―墳墓巨大化の必然性と偶発性―

以上に述べてきたことを整理して、日本列島の古墳がなぜ大きいのかという問題に答えようとすると、あくまでも現時点では、さしあたり次のような仮説を出すほかはない。

まず、日本列島はユーラシア東端沖の島嶼であり、大陸に生じた文明の最縁辺に位置するという所与の前提がある。古代帝国の瓦解期、周辺諸地域でもそれぞれ独自の階層化が進むが、なかでも最縁辺にあって古代帝国による政治的征服や経済的併呑などの洗礼を被らなかったがゆえに古い社会の共同体的性格がまだ強く残っていた列島では、生まれつつある階層的威信や威信者相互の秩序を、彼ら彼女らを祀り上げる共同労働の大きさによって示すというプリミティブな表現手法―古墳―が発達することとなった。また、このような早熟的な階層化進展のため、有力者間の政治的統合と集権的序列化が遅れた結果、彼ら彼女らのあいだに競合関係が遅くまで残り、そのことが「同質異量」の威信表出競争をエスカレートさせて古墳の巨大化に拍車をかけた。

このような内的要因に加え、コストの大部分を墳墓造営に集中したことによる島嶼固有の「ガラパゴス現象」や、おそらくは自然環境の変化に起因する人口減少やそれにともなう集落再編などの危機への対応としての古墳の「リストラ」、さらには中世的秩序に向けての国際的競合の激化が招いた威信競争の高揚、ダイナミック・レンジを著大化させる文化的「くせ」などの条件が加わって、第三ホライズンのうちでも特筆すべき規模を備えた記念物が、列島に生み出されることになったと考えられる。このように、地理的条件に起因する内的・空間的な必然要因に、環境変動や国際状況などの外的・時間的な偶発要因が相乗的に付加されたことが、中期をピークとする列島古墳の巨大化につながったのであろう。

（註1）福永伸哉「古墳時代と国家形成」一瀬和夫・福永伸哉・北條芳隆編『古墳時代の考古学9　21世紀の古墳時代像』同成社、二〇一四

（註2）事象の配列と歴史観の組み立てに関していえば、特定の時間「幅」という「引き出し」に諸事象を納入整理する従来的な「時代区分」法に対して、ある特徴的な時間「面」に前後の事象を引き付けて整理する方法もありえよう。前者は昆虫や甲殻類に似て外骨格的な、後者はヒトをその霊長とする脊椎動物さながら内骨格的な思考法ともいえる。「古代」「中世」「近世」という世界史的時代設定には、その成立経緯からみて、後者の方法がよりそぐわしいと考えている。なお、ここでも示唆しているように、筆者は、世界史の同時性と連帯性を尊重すべきとの立場から、古墳時代は、少なくとも世界史的には古代末期から中世初期に当てるべきであると考えている。詳細は別稿（松木武彦「古墳がしめすコトの考古学」『東北学』二二、柏書房、二〇一〇）を参照されたい。

（註3）日本列島の墳墓が大形化した理由に関して、以下の本文に述べる①と③～⑤は二〇〇二年に発表した内容（松木武彦「日本列島에 있어서 大形墳墓의 出現」『동아시아 大形古墳의 出現과 社會變動』文化財研究國際學術大會發表論文第一一集、國立文化財研究所（韓国文献、邦訳有）二〇〇二）をベースに、若干の肉付けをしたものである。

（註4）Fried.M.H.*The evolution of political society; an essay in political anthropology*. Random House, New York.1967

（註5）「前方後円墳が画一的で階層性をもつことのなかに、格差が量的であって質的ではないという点をむしろ重視する」という新納泉の叙述（新納　泉「「前方後円墳国家論」私感」『考古学研究』五一―一、二〇〇四、一頁）のように、階層の中の質的同一性に留意する発言は古墳時代研究の中でしばしば聞かれるが、そのことについての理論的な分析はあまりみられないようである。

（註6）近藤義郎『前方後円墳の時代』（日本歴史叢書）、岩波書店、一九八三

（註7）都出比呂志「国家形成の諸段階―首長制・初期国家・成熟国家―」『歴史評論』五五一、一九九六

（註8）広瀬和雄『前方後円墳国家』角川書店、二〇〇三

（註9）古墳が本来もつ共同体的性格は近藤義郎の古墳成立論（註6）で深く論じられているが、古墳の共同性・公共性をさらに端的に主張した仕事に北條芳隆の論考がある（北條芳隆「前方後円墳と倭王権」北條芳隆・溝口孝司・村上恭通編『古墳時代像を見なおす―成立過程と社会変革―』青木書店、二〇〇〇）。

（註10）岡山・吉備中枢部の造山古墳はその顕著な例で、同地域の次の大形前方後円墳である作山はやや離れて相互に視認できない場所に営まれ、造山付近には以後は大きな古墳は築かれない。宮崎・西都原古墳群の男狭穂塚・女狭穂塚、香川の富田茶臼山など、同様の例やそのことの指摘は多い。

（註11）古墳のランクを見きわめる際、前方後円墳と前方後方墳については、墳丘の全長ではなく後円部径ないしは後方部辺長を判断基準とすべきことを、その理由とともに別稿（松木『未盗掘古墳と天皇陵古墳』二〇一三、一六一頁）に述べた。

（註12）このことは、五世紀後半以降に「首長墓」の造営地が各地で固定化し、「王墓」が確立するという土生田純之の見解（土生田「国家形成と王墓」『考古学研究』五二―四、二〇〇六）と符合しよう。

（註13）松木武彦『吉備地域における巨大古墳形成過程の研究』二〇〇六・二〇〇九年度科学研究費基盤研究（B）成果報告書、岡山大学大学院社会文化科学研究科、二〇一〇

（註14）背景として、古墳築造の労働力が造山に集約された可能性をかつて述べた（松木武彦「古墳時代首長系譜論の再検討―西日本を対象に―」『考古学研究』四七―一、二〇〇〇）。なお、大形古墳の出現の背景にこうした状況がみられることを初期に明確に指摘したのは野上丈助である（野上丈助「摂河泉における古墳群の形成とその特質（1）（2）」『考古学研究』一六―三・四、一九七〇）。

第三章　文字史料から描く五世紀の大和政権

倭王武上表文の真意
—いわゆる「高句麗征討計画」を中心に—

熊谷公男

一　はじめに

筆者に与えられた題は「『倭の五王』の実像」であるが、ここでは著名な倭王武の上表文を取り上げ、その真意をさぐることを通して倭の五王の実像にせまってみたい。

倭の五王といえば、だれしも中国の南朝に遣使し、皇帝から冊封、すなわち官爵を授与されたことをまっさきに思い浮かべるであろう。そしてそれとともに想起されるのが、「使持節、都督倭・新羅・任那・加羅・秦韓・慕韓六国諸軍事、安東大将軍・倭国王」といった、朝鮮半島の国名・地域名がずらりと並んだ特異な官爵と、「東のかた毛人を征すること五十五国、西のかた衆夷を服すること六十六国、渡りて海北を平ぐること九十五国」と、征服したという国の数を列挙した勇ましい倭王武の上表文であるにちがいない。中国王朝の皇帝に冊封されてその権威を身に帯び、みずから甲冑を身にまとって国内各地を転戦し、ときには半島にまで出兵して宿敵高句麗との直接対決も辞さない軍事王というのが倭の五王の一般的なイメージではなかろうか。

しかしながら、このような歴史像には大きな問題がひそんでいる。倭王武の上表文は、高句麗並みの高い官爵を獲得するための強烈な自己主張にほかならず、五世紀の歴史的事実を客観的に述べたものでは決してない。倭の五王の官爵や倭王武の上表文からどのような歴史的事実をくみ取ることができるかは、さまざまな角度からの慎重な検討を重ねる必要があり、それをぬきにして倭の五王の実像にせまることはできないと思われる。

そこで小稿では、倭王武の上表文で語られている「高句麗征討計画」の史実性を、五世紀の朝鮮半島をめぐる国際関係をふまえながら考えてみることにしたい。

二　倭王武上表文と「高句麗征討計画」

倭王武の上表文は、中国古典の表現を駆使した堂々たる六朝期の駢儷体《べんれいたい》で書かれている。『魏書』百済国伝所載の百済王餘慶の上表文なども類似の表現がみられるところから、近年、二つの上表文は同一の百済官人によって起草されたのではないかという説も提起されたが、(註1) それはやはり行きすぎで、高句麗・百済・倭国の外交文書の起草者が共通の漢文的素養を基盤としていたと理解しておくべきであろう。(註2)

上表文の構成は、内容的にみて四段に分けられる。筆者のみるところ、この上表文の文脈はいたって明瞭である。まず第一段は、「昔より祖禰《そでい》（父祖）、躬《みずか》ら甲冑を擐《つらぬ》き、山川を跋渉し、寧処に遑《いとま》あらず。東は毛人を征すること五十五国…」というもっとも有名な文を含む箇所であるが、父祖の倭王たちが征服戦争によって列島ばかりでなく半島にまでおよぶ広い範囲を平定し、朝貢も欠かさなかったことをアピールする。つづく第二段では、それにひきかえ武の代には、無道な高句麗が百済侵略をくり返してじゃまをするため、なかなか宋へ朝貢できないできたと訴える。そして第三段で、父王の済はそのような仇敵高句麗を征討しようと準備を進めていたが、そのやさきに済とその後を継いだ兄の興が相ついで亡くなり、喪に服したために征討を実行できないできたとし、第四段で喪の明けたいま父兄の遺志を継いで高句麗征討を成功させるには開府儀同三司をはじめとする高句麗と同格の官爵がぜひとも必要なことを訴えるのである。

上表文の文脈をこのように理解すると、これまでも指摘されているように、最後の段落の官爵の要求こそがこの上表文の眼目であり、それ以前の一〜三段はすべて官爵要求の理由づけになっているとみることができると思われる。

「高句麗征討計画」の話が出てくるのはそのなかの第三段で、武の代に宋への朝貢が滞っているのは高句麗が百済の侵略をくり返し、宋への朝貢の道をふさいでいるためであることと訴えた第二段を受けて、そのような高句麗の行為は父王の済のときからあり、それに怒った済は百万の兵力で高句麗征討を敢行しようとしたが、済と兄の興が立て続けに亡くなった（「奄《にわ》かに父兄を喪《うしな》い」）ために、あと一歩というところで実現しなかった。武もその遺志を引き継いでいるのだが、父兄の喪に服していた（「居りて諒闇に在り」）ので軍兵を動かさずにきたというのである。

この征討計画の史実性は、五世紀の倭国の外交政策や東アジア世界における倭国の地位を考えるにあたってもきわめて重要な意味をもつと考えられる。上表文をみるかぎりは、鈴木英夫が述べているように[註3]、「『高句麗征討計画』は倭王権の運命を賭けた最重要政策だった」とも受け取れるのであるが、はたしてそれは事実であったのであろうか。

筆者は、第三段には事実とは考えがたい記述が含まれていると考える。それは「奄かに父兄を喪い、…居りて諒闇に在り、兵甲を動かさず」というくだりである。年表にあるように、済は四四三年と四五一年に宋に遣使しており、『宋書』孝武帝紀にみえる四六〇年の遣使も済とみてよいであろう。一方、興は四六二年に世子として朝貢している。そうすると、済と興が相ついで亡くなったというのが事実とすれば、四六二年前後の時期以外には考えがたいことになる。

そうなると、武は実に一六年近くにわたって喪に服していたことになる。これは、事実としては考えがたいであろう。つまり、倭王武が高句麗征討は亡考済以来の悲願だといっていることは、文字通りに事実とは受け取れないのである。

さらに関連して注意しておきたいのは、倭の五王の時代に直接高句麗と戦火を交えたことは一度もなかったとみられることである。もし一度でも高句麗と戦った実績があれば、高句麗征討計画が悲願であると訴えているのに、それにまったくふれないというのは考え

表1　倭の五王関係年表

413	倭王（讃ヵ）、晋に朝貢する。（『晋書』安帝紀、『南史』倭国伝など）
421	倭王讃、宋に朝貢し、官爵を授与される。（『宋書』倭国伝）
425	倭王讃、司馬の曹達を宋に遣わし、国書と方物を献ず。（『宋書』倭国伝）
430	倭国王、宋に朝貢する。（『宋書』文帝紀）
438	讃死して弟珍立つ。宋に朝貢し、自ら使持節、都督倭・百済・新羅・任那・秦韓・慕韓六国諸軍事・安東大将軍・倭国王と称し、その除正（正式な任命）を求む。文帝、安東将軍・倭国王に叙す。珍また倭隋等13人に平西・征虜・冠軍・輔国の将軍号の除正を求め、認められる。（『宋書』倭国伝）
443	倭国王済、宋に朝貢し、安東将軍・倭国王に叙される。（『宋書』倭国伝）
451	倭国王済、使持節、都督倭・新羅・任那・加羅・秦韓・慕韓六国諸軍事の称号を加えられ、安東大将軍に進号する。また倭王の臣下23人に将軍・郡太守号の授与を求め、認められる。（『宋書』文帝紀・倭国伝） ※文帝紀には「安東将軍倭王倭済、号を安東大将軍に進む」とあるが、倭国伝では「安東将軍故の如し」とあって矛盾する。倭国伝に誤脱あり（石井正敏説）。
460	倭国、宋に朝貢する。（『宋書』孝武帝紀）
462	済死し、世子興、宋に朝貢し、安東将軍・倭国王に叙される。（『宋書』倭国伝）
477	倭国、宋に遣使して方物を献ず。（『宋書』順帝紀） ※翌年の倭王武の上表・除正と同一の遣使の入朝記事（廣瀬憲雄説）。
478	興死して弟武立つ。武、宋に遣使して上表し、自ら使持節、都督倭・百済・新羅・任那・加羅・秦韓・慕韓七国諸軍事、安東大将軍・倭国王と称して除正を求め、使持節、都督倭・新羅・任那・加羅・秦韓・慕韓六国諸軍事、安東大将軍・倭王に叙される。（『宋書』順帝紀・倭国伝）
479	斉の高帝、新たに除した使持節、都督倭・新羅・任那・加羅・秦韓六国諸軍事、安東大将軍・倭王武の号を進めて鎮東大将軍と為す。（『南斉書』倭国伝）
502	梁の武帝、鎮東大将軍倭王武の号を征東大将軍に進める。（『梁書』武帝紀）

がたいことであろう。広開土王碑によれば、四〇〇年と四〇四年の二度、倭は高句麗軍と戦い、いずれも惨敗を喫しているが、それ以降、倭王武の時代まで、倭軍が高句麗軍と直接戦ったことは一度もなかったとみられるのである。

もう一つ、この上表文からわかる重要な事実がある。それは、武の代に宋朝への朝貢が滞っているのは高句麗のせいだと述べていることに関わる。武は即位して以来、なかなか宋に朝貢できないでいることを弁明しているのであるから、この四七八年の遣使は久しぶりの倭国からの遣使で、しかも倭王武としては最初の朝貢であったとみられるのである。

ところがそう考えると、別の問題が生じる。それは『宋書』順帝紀に、この前年にあたる昇明元年十一月己酉条に「倭国、使を遣わして方物を献ず」という記事があることである。この記事をめぐってはさまざまな議論があったが、最近になって廣瀬憲雄が元年を入朝、二年をその除正の記事と解している。(註4) この見解がもっとも妥当性が高いと思われる。

さて倭王武が即位以来、四七八年（または前年の四七七年）まで宋に使節を送らなかったという考えは、武の授爵がこのとき一回しか記録されていないこととも整合するし、通説で倭王武とともに雄略天皇に比定されるワカタケル大王がみえる稲荷山古墳出土の鉄剣銘の年紀が辛亥年（＝四七一年）であることとも矛盾しない。

以上の点から、廣瀬が重要視しているように、倭王武は四七一年以前に即位していたにもかかわらず、四七八年まで宋に遣使をしなかったのである。この事実は、倭王武の遣使の意味を考えるうえでも重要となろう。

この節の最後に、倭王武が四七八年の遣使でどのような官爵の除正を要求したかを確認しておきたい。『宋書』倭国伝には「興死して弟武立つ。自ら使持節、都督倭・百済・新羅・任那・加羅・秦韓・慕韓七国諸軍事、安東大将軍・倭国王と称す」とあり、また上表文の第四段には「開府儀同三司」を自称しているとあるので、武は両者を合わせたものの除正を要請したのであろう。このうち「開府儀同三司」は、「府」（役所）を開くことができる「三司」（ここでは太尉・司徒・司空の三公のこと）並みの地位という意味で、坂元義種によれば、宋代の諸国の王でこの官号を授けられたのは、四六三年に授与された高句麗など四ヵ国しかなかったという。(註5) したがって倭王がこれを望んだのは、明らかに高句麗を意識してのことであったとみられる。

武の要求に対して宋朝は「開府儀同三司」は認めず、さらに「百済」を除いて「六国諸軍事」として除正したのである。結果的には、父王の済が四五一年に二度目の朝貢で授与された官爵と同じである。(註6) 坂元がいうように、それを武は最初の朝貢で授与されたのであるから、それなりの成果はあったといってよいが、高句麗と同格の官爵を授かることを最大の目的にしていたことからすれば、大きな不満が残る結果であったと考えられる。

三　倭の五王をめぐる国際関係
―とくに「高句麗征討計画」の存否を中心に―

前節で倭王武の上表文の検討を行なった結果、「高句麗征討計画」の史実性には大きな疑問のあることが明らかになった。そこで本節では、倭の五王の時代の国際関係を概観し、視点を変えて「高句麗征討計画」の史実性を検証してみることにしたい。

倭の五王の中国王朝への遣使の始期と終期については議論があるので、簡単にふれておく。まず最初の四一三年の遣使については、『太平御覧』所引の『義熙起居注』の「倭国、貂皮・人参を献ず」という記述をめぐってはさまざまな議論があったが、これは『太平御覧』が高句麗の遣使を誤引したものとみられるので、(註7) 倭王讃による単独遣使とみておくのが妥当であろう。(註8)

一方、終期については、通説では四七九年の斉、および五〇二年の梁による倭王武への叙爵を新王朝樹立を祝う一方的な進号と解して、四七八年の倭王武の遣使・叙爵を最後の遣使とみてきた。ところが近年、『梁職貢図』の新出の模本によって倭国使の題記のなかに「斉建元中、表を奉じて貢献す」の一文があったことが判明し、これを南斉書の建元元年（四七九）の記事に相当するとみて、南朝斉の成立直後にも倭国が使者を派遣していたのではないかとする説がとなえられた。(註9) しかしながら四七九年は倭王武の宋朝への遣使の翌年にあたり、さきにとりあげた四七七年の例を除けば、倭の五王に連年遣使の例はない。しかも四七九年には河南王・宕昌王・羌王らがこの年に進号している。[註10] したがって南斉建国の際にも祝賀的な叙爵が広く行なわれたことは明らかであり、『南斉書』の記事を一方的な進号とみる説は簡単に否定できないと考える。

　さてそうすると、倭の五王の遣使は通説どおり四一三年から四七八年の間ということになる。ただしこのうち四一三年の東晋への遣使は、『晋書』安帝紀をはじめ『南史』『梁書』でも叙爵にはふれていない。しかも、四二〇年の宋朝樹立時には高句驪王・百済王を進号しているのに（『宋書』武帝紀下・高句驪伝）、倭王の進号はない。これは前王朝で叙爵されていたとすればきわめて不自然である。そこで四一三年には倭王の遣使はあったが、叙爵はなかったとみておきたい。そうすると倭の五王が遣使して叙爵、すなわち冊封されたのは南朝宋の四二一～四七八年の間にかぎられることになる。

　さて倭が高句麗と戦った広開土王代は、いまだ弱小国であった新羅は高句麗に軍事的に従属することで国土の防衛を図るという戦略をとった。一方の百済は、加耶諸国を介して倭国と同盟をむすび、高句麗と対決する道を選んだ。ここに百済―倭国―加耶諸国と高句麗―新羅という二つの勢力が対立する構図が生まれるのである。

　四〇〇年と四〇四年の二度にわたる倭と高句麗の戦闘は、このような両陣営の対立のなかで起こったものであった。すなわち広開土王碑によれば、四〇〇年には多数の倭兵が新羅領内に侵入し、「城池を潰破し、奴客を以て民と為す」という無法を行なったために、新羅は高句麗に帰順して救援を求めた。そこで広開土王は五万の兵を新羅に派遣して、侵入していた倭兵を掃討し、さらに逃げる倭兵を任那加羅（＝金官国）まで追撃する。それに対して任那加羅は高句麗に従抜城を明け渡して降伏したという。また安羅人の戍兵もこの戦闘に関わっていたようであるが、碑文が摩滅していて詳細は不明である。このような戦闘経過から、背後に倭と金官・安羅などの加耶南部諸国との緊密な連携が存在したことがうかがえよう。[註11] 一方、四〇四年の戦闘は、倭の水軍が「帯方界」まで侵入してきたので、王みずから兵を率いて平壌あたりから迎撃した。この戦闘によって倭軍は潰敗して戦死者が無数であったという。戦場が「帯方界」であったことからみて、この戦闘が百済との同盟関係にもとづくものであろうことは容易に推察される。

　このように広開土王代の倭と高句麗との直接対決は、倭軍の単独行動ではなく、あくまでも百済―倭国―加耶諸国と高句麗―新羅という二つの勢力の角逐のなかで生じたものであった。ところが倭の五王の時代には、このような対立の構図が大きく変わるのである。とすれば、倭国と高句麗の軍事衝突の可能性も、広開土王代と一律に論じることはできないことになる。これまでの研究は、この点の認識が十分でなかったように思われる。

　この時期に国際関係が大きく転換する最大の要因は、新羅の自立の動きにあった。新羅が高句麗の傘下から離脱していくことによって広開土王代のパワーバランスが崩れ、諸勢力がそれぞれの国益確保のために新たな国際関係をさかんに模索していたのが倭の五王の時代なのである。そのような動きを十分にふまえないかぎり、倭王武の上表文で語られている事柄の史実性を正当に評価することはできないであろう。

そこで新羅の「脱高句麗化」（後出の井上直樹の用語）の動きからみていくと、[註12]『三国史記』によれば、三九二年にはじめて王族を高句麗に入質させるが、四一八年に質が帰国した後は高句麗への入質はみられない。これが「脱高句麗化」の第一歩であろう。[註13]その動きにいち早く反応したのが百済で、四三三年に新羅に遣使して和を請うと、新羅はすぐさまそれに応じた。さらに翌年には両国が互いに使節を送って聘物を取り交わすのである。これは新羅が公然と高句麗の敵国である百済と講和したことを意味するもので、画期的な出来事といってよい。さらに四五〇年には高句麗の辺将が悉直（江原道三陟）で猟をしていたときに、新羅の何瑟羅（江原道江陵）城主三直に襲われて殺害されるという事件が起こった。このときは新羅王の謝罪でことなきをえたが、四五四年に高句麗軍は新羅の北辺を攻撃する。さらに翌四五五年に高句麗軍が百済に侵攻すると、新羅は救援軍を百済に派遣する。羅済両国が共同で高句麗と戦うのはこのときが最初である。韓国では、このときに「羅済同盟」が結成されたとみる説もあるが、[註14]これだけで同盟とまでいえるかどうかは疑問である。

一方で、新羅が高句麗への軍事的従属からなかなか完全に脱却できなかったことを示唆する史料も残されている。『日本書紀』雄略八年（四六四）二月条には、新羅の派兵要請に応じて派遣された高句麗兵一〇〇人が新羅の王都を守備していたとき、高句麗の新羅侵攻計画が露見したので新羅王が国内の高句麗人を皆殺しにさせたという話がみえる。これを重視して五世紀後半まで高句麗への軍事的従属が続いていたとみる説もあるが、全体として説話的な内容であるし、結局は高句麗と対立する話になっているので、高句麗への従属のみを示すものではない。また中原高句麗碑には、新羅領内に高句麗の幢主（軍司令官）を派遣していたことや高句麗を兄とし、新羅を弟とする高句麗優位の関係が示されているが、碑面の摩滅がはなはだしく、内容に不明なところが多い。立碑の時期についても、五世紀初頭説から六世紀初頭説にいたるまで、多くの説がとなえられている。したがってこの中原高句麗碑も、新羅の「脱高句麗化」の時期を見極める史料とはなりにくいであろう。

そこで再び『三国史記』にもどって、新羅の「脱高句麗化」と羅済関係の推移をさらにみていくことにしたい。四五五年に羅済両軍が共同して戦ったのち、四六八年に高句麗が新羅に侵攻すると、翌年、百済が高句麗の南辺を攻撃するということがあった。その後、四七五年には高句麗軍によって百済の王都漢城が攻め落とされ、百済がいったん滅亡するという大事件が起こる。しかしながら生き残りの王族・貴族が熊津（忠清南道公州）を新たな王都として百済を再興するのである。この出来事は、半島と列島をめぐる国際関係にも大きな影響をおよぼしたと考えられるが、詳しくは後文にゆずり、ここではその後の羅済関係を簡単にみておこう。

百済の熊津遷都直後にあたる五世紀第4四半期は、史上、百済と新羅の関係がもっとも緊密になる時期である。四八一年に高句麗と靺鞨が新羅を攻撃したときには、百済と加耶（大加耶）が新羅軍とともに防戦して撃退しているし、四八四年の高句麗が新羅を攻撃したときも、新羅・百済両軍が共同して高句麗軍と戦い、これを撃破している。さらに、四九四年には新羅の将軍実竹が高句麗戦で苦境に立つと、百済が軍隊を派遣して新羅軍を救出し、翌年、百済の山城が高句麗軍に包囲されたときには、新羅軍が高句麗軍を撃退して百済を救ったという。しかもこの間の四九三年には、百済の東城王が新羅から伊飡比智の娘を妻として迎え、羅済間に〝婚姻同盟〟が結成されるのである。このように四八〇〜四九〇年代は、羅済両国間の提携がもっとも強化された時期である。(註15)六世紀に入るとこのような両国の軍事的な連携はほとんどみられなくなるので、筆者は両国関係が「羅済同盟」の呼び名にふさわしい内実を備えるのは、百済南遷後のこの時期にかぎられるのではないかと考える。

羅済両国の提携や百済の南遷を引き起こしたのは、高句麗の南下政策であった。広開土王代にも高句麗は南下政策を重要な戦略としており、百済と軍事衝突をくり返していたが、他方で西方の遼東方面で国境を接する後燕ともしのぎを削っていた。ところが五世紀に入ると後燕が滅亡し、代わって建国された北燕の王高雲は高句麗人であったので、北燕との関係は良好となり、しばらくの間、西方戦線は安定する。そこで広開土王の後を継いだ長寿王は南下政策をいっそう本格化させていった。四二七年の平壌遷都はそのような戦略の端的な表われであり、百済領への領土拡大策は長寿王代（四一三—四九一年）の最重要戦略であった。

長寿王は南北両朝の対立を巧みに利用した両属外交を展開するが、そのあり方は時期によって大きく異なる。長寿王が最初に宋へ遣使する四二三年から、宋が滅亡する四七九年までに朝貢は二〇回を数え、二〜三年に一回のペースで遣使を続けた。一方、同じ時期の北魏への朝貢はそれを上回り、総計二五回に達する。(註16)ただし北魏への遣使は時期的な片寄りが顕著で、四三五年にはじめて北魏に朝貢した後、四三九年までは連年のように使節を送っているが、その後四六二年に朝貢を再開するまで通交が途絶える。これは四三六年に北燕の天王馮弘が高句麗へ亡命したことで、一時、両国関係が悪化したことによる。ところが四六二年の遣使後は、両国関係は一転して良好となり、四七八年までの一八年間に二一回もの朝貢を行なうのである。

このように高句麗の対北魏政策は、四六二年以降大きく転換するのである。その原因は、井上直樹が論じているように、新羅が「脱高句麗化」をすすめ、百済と提携して高句麗に対抗するようになったことが原因とみられる。すなわち北魏との友好関係を維持することによって〝後顧の憂い〟を断ち、共同歩調をとるようになった羅済両国に対抗する政策に転じたと考えられるのである。(註17)

高句麗が南下政策を最優先させるようになったことで、百済は高句麗の軍事的圧力をいっそうつよく受けるようになっていく。そのことを端的に物語るのが、四七二年に百済王余慶（蓋鹵王）が北魏の孝文帝に提出した上表文である。百済はそれまで南朝宋へは頻繁に遣使していたが、北魏へ通交したことはなかった。それがこのとき突如として北魏に朝貢して高句麗の不義と百済の窮状を訴え、救援軍の派遣を懇願するのである。それによれば、百済は三〇余年にわたって高句麗の激しい攻撃にさらされ続けたために、国内はすっかり疲弊してしまったという。このわずか三年後には王都漢城を高句麗に攻め落とされていることからみて、上表文はこのときの百済の窮状を吐露したものであろう。百済は四四〇年ごろから、高句麗の猛攻によってしだいに窮地に追い込まれていったと考えられる。

高句麗と良好な関係を保っていた北魏が、百済の突然の救援要請に応じるはずもなく、この遣使はあえなく失敗に終わるのであるが、百済はこの少し前、倭国にも遣使して関係の強化を図っていた。それが『日本書紀』雄略五年（四六一）四月条が伝える、百済蓋鹵王の弟軍君《こにしき》（昆支）の倭国への入質である。百済からの入質は、質として来倭していた腆支（直支）を四〇五年に本国に送還して以来、五〇数年ぶりのことである。

『日本書紀』同年七月条所引の『百済新撰』は、昆支の派遣目的を「先王の好《よしみ》を脩するを以てなり」(註18)と記している。この時期、百済は新羅との連携を強化していたが、既述のように、いまだ軍事同盟といいうるほど強固な関係を築くにはいたっていなかった。そこで軍事的な劣勢を挽回するために倭国に改めて軍事援助を求め、その保証として王弟を入質させたのではないかと考えられるのである。

ここで気になるのが「先王の好を脩する」という文言である。応神八年（一二〇年くり下げると三九七年）三月条所引『百済記』の王子直支の倭国への入質記事にも同じ表現がみられる。(註19)この直支の入質は広開土王碑に、いったん高句麗に帰服した百済が倭と和通したと記されている事実に相当するとみられる。したがって「先王の好を脩する」とは、疎遠になった両国関係を「先王」の時代の状態に復するという意味に解される。とすれば、四六一年の昆支入質以前、倭国と百済の関係は、いったん疎遠になっていたことになろう。

じつはそれを裏づけるように、四三〇～四五〇年代の倭国・百済間の通交を示す史料はほとんど残されていないのである。『日本書紀』の神功・応神紀の『百済記』にもとづいたと思われる記事が干支二運、すなわち一二〇年遡らせる操作を行なっていることは著名な事実であるので、年代の修正を行なってみると、応神三九年（一二〇年くり下げると四二八年）二月条の百済直支王の妹新《し》斉都《せつ》媛が来倭した記事（直支王は毗有王の誤りか）から、雄略五年（四六一）四月条の王弟軍君（昆支）の入質記事まで三〇余年にわたって両国の通交記事はみえなくなる。『三国史記』でも毗有王二年（四二八）の倭国使来訪の記事を最後に倭国との通交記事はとだえ、以後七世紀までまったくみられない。こちらは、直接的には『三国史記』編纂時における史料の残存のしかたに規定されたものと考えられるが、『日本書紀』でも同じ四二八年を最後に三〇年ほど通交記事がとだえるのは、単なる偶然とは考えがたい。

倭国と百済は、基本的には友好関係にあったことは確かであるが、通説はそれをあまりに固定的に考えすぎているのではないかと思う。独立国である倭国・百済両国の国益がつねに一致することはありえないはずである。広開土王代には新羅が高句麗の従属下にあったので、百済は高句麗と対抗するためには倭国との提携が唯一の選択枝であったとみてよい。ところがその後、新羅が「脱高句麗化」を進めると、状況は大きく変わる。百済はすぐさま新羅に接近策をとり、提携の道を探りはじめるのである。この段階で百済の同盟相手は倭国のみでなくなり、新羅も加わることになる。それが両国が講和をむすぶ四三三年のことである。以上のことから、このころから百済と倭国の関係に変化が生じることは十分に考えられるが、その少しまえから『日本書紀』にも『三国史記』にも両国の通交記事がなくなるのである。そして四六一年に「先王の好を脩する」ために昆支を倭に入質させるとあるので、筆者はこの間の三〇年ほどの倭国・百済関係は疎遠になっていたと考える。

それでは、昆支の入質によって倭国・百済関係は再び強化されたのかというと、筆者はほとんど変化しなかったのではないかと考える。その理由の第一は、前節で検討したように、倭王武が遣使した四七八年まで、倭の五王が高句麗と戦った形跡がないことである。すなわちこの間、倭国は百済から要請があったにもかかわらず、救援軍を送ることはなかったのである。さらに第二に、四七二年に百済は北魏に救援要請をするが、これは百済がさらに苦境に追い込まれたことを物語るとみてよいから、このころは倭国との提携ばかりでなく新羅との連携もうまくいっていなかったと考えられよう。

このようにみてくると、倭国は、高句麗の南下政策によって苦境に立った百済から質を送られて救援を要請されたにもかかわらず、救援軍を送って高句麗と対決することはしなかったと考えるしかないと思われる。したがって倭王武の上表文で力説している「高句麗征討計画」が実在したとは、当時の国際関係の推移からみても考えがたいのである。

四　むすびにかえて
―上表文提出のねらいとその後の百済関係―

倭の五王は、すでに四三八年の讃の遣使のときに使持節、都督倭・百済・新羅・任那・秦韓・慕韓六国諸軍事・安東大将軍・倭国王と自称して、その除正を求めている。この官爵については坂元が詳細に検討を行なっているが、「都督……諸軍事」とは簡単にいうと軍政権のおよぶ範囲を示す称号である。(註20)讃は、倭以外に百済・新羅・任那・秦韓・慕韓など、朝鮮半島の広汎な地域にわたる軍政権の承認を宋朝に求めたわけであるが、以前指摘したことがあるように、(註21)これらの地域をすべて合わせると高句麗の領域を除いた半島の全域に相当することになる。したがって、倭王は反高句麗勢力の盟主を標榜したかったとみてよい。高句麗並みの官爵を要求した倭王武の上表文では、そのような倭王の志向がさらに直截に表明されているのである。

しかしながら現実にはそれとは裏腹に、百済から救援要請を受けても、少なくとも漢城陥落後の四七八年まで倭国が高句麗と戦うことは一度もなかった。これをどう考えたらいいかは、五世紀の倭国の対外政策を考えるにあたって重要な問題となろう。

現在の筆者は、それに対する明確な答えを用意できているわけではないが、広開土王代の二度にわたる高句麗戦の手痛い敗北によって、高句麗との直接対決を避けるようになったのではないかと推測する。ところがそれにもかかわらず、もう一方で倭国は、外交政策では反高句麗勢力の盟主という地位に固執し、それを国際社会のなかで標榜しようとして百済を含む朝鮮半島の南半全域の都督諸軍事号を要求し続け、さらに高句麗が「開府儀同三司」を授与されると、倭王武は「開府儀同三司」を含めた官爵の除正を求めるのである。この中で筆者がとくに注目したいのは、「都督百済諸軍事」号を宋朝に執拗に求め続けたことである。そもそも倭王が宋朝に「都督百済諸軍事」を求めるというのは、百済の国益と真っ向から対立する行為のはずである。倭王はなぜそのようなことをくり返し行なったのかが問われなければならないであろう。

倭王が百済を含む朝鮮半島南半全域の都督諸軍事号を要求したのは、史料から確認できるところでは四三八年の讃が最初である。私見では、これは百済との関係が疎遠になった時期にあたっている。周知のように、宋朝は最後まで都督諸軍事号に百済を含めることを認めなかったが、これはやはり百済王が代々「都督百済諸軍事」号を授与されていたことに関係しよう。筆者は、この時期の倭王は、百済がしだいに新羅との連携をつよめ、反対に倭国とは疎遠になっていったことに焦燥感をつのらせ、対百済外交で主導権を回復しようとして、あえて都督諸軍事号に百済を含めて要求し続けたのではないかと考える。倭の五王は、高句麗との軍事衝突は避けながら、対百済外交では主導権を保持しようとするという、相矛盾した外交方針をとっていたのではないかというのが筆者の現在の考えである。

最後に、上記のような倭の五王の外交政策がどのような結果をもたらしたかを概観しておきたい。

倭王武が即位後しばらくたってから四七八年という年にはじめて宋に朝貢したのは、当然、四七五年に起こった百済南遷という事態を受けてのことと考えられる。この機をとらえて、倭国の国際的地位の向上と、対百済関係での主導権の回復をねらったのであろう。

『日本書紀』は百済南遷時の倭・百済関係について、雄略二一年（四七七）三月条には「天皇…久麻那利を以て汶洲王に賜いて、其の国を救い興す」と記し、倭国が主導して百済を復興したように記している。さらに同二三年（四七九）四月条によれば、百済の文斤王（『三国史記』の三斤王のことか）が薨じたので、天皇は昆支の第二子末多王を百済王に冊立して、五〇〇人の軍士を付けて本国まで衛送したことを述べ、これが東城王であるとする。このように『日本書紀』は、倭王権が南遷後の百済の再興に深く関与したことを強調している。このうち二一年条の記事はとても事実とはみなしがたいし、二三年条にしても、『三国史記』によれば、昆支は四七七年以前に帰国して内臣佐平に就任しているのに、『日本書紀』がその後も末多王らが倭国にとどまっていたとするのは不審である。（註22）

その後の事実経過は、『日本書紀』への疑念をさらに強めることになる。倭国に十数年にわたって滞在した百済の王族が、雄略天皇の特別な計らいで本国に帰還して百済王となったとすれば、百済に対する倭王権の影響力は増大して当然であるが、事実は正反対であった。さきにみたように、東城王代は羅済同盟がもっとも有効に機能した時期であり、両国軍は再三にわたって共同で高句麗軍と戦い、撃退している。つまり倭国に長期滞在したとされる東城王は、倭国に救援要請はいっさいせずに、新羅との同盟関係を強化して高句麗の南下政策に対抗する道を選んだのである。

このように百済南遷後の四半世紀は、『日本書紀』の主張とは相反して、倭国が百済を軍事援助したことはまったく確認できず、逆に百済と新羅の関係がもっとも緊密になる時期なのである。これがいわば倭の五王の外交の帰結点であって、この事実をぬきに倭の五王の外交政策を正当に評価することはできないのではないかと考える。

（註1）内田　清「百済・倭の上表文の原典について」『東アジアの古代文化』八六、一九九六

（註2）田中史生「武の上表文―もうひとつの東アジア―」『文字と古代日本2　文字による交流』吉川弘文館、二〇〇五

（註3）鈴木英夫「倭の五王時代の内外の危機と渡来人集団の進出―「高句征討計画」の意義―」『古代倭国と朝鮮諸国』青木書店、一九九六

（註4）廣瀬憲雄「倭の五王の冊封と劉宋遣使―倭王武を中心に―」『梁職貢図と東部ユーラシア世界』勉誠出版、二〇一四

（註5）坂元義種「倭の五王―その遣使と授爵をめぐって―」『古代東アジアの日本と朝鮮』吉川弘文館、一九七八

（註6）『宋書』文帝紀には「安東将軍倭王倭済、号を安東大将軍に進む」とあるが、倭国伝では「安東将軍故の如し」とあって矛盾する。倭国伝に誤脱があるとする石井正敏「5世紀の日韓関係—倭の五王と高句麗・百済—」（『日韓歴史共同研究委員会報告書　第一期　第一分科古代』二〇〇五）の説に従う。

（註7）前掲註6に同じ

（註8）田中史生「倭の五王と列島支配」『岩波講座　日本歴史　原始・古代1』岩波書店、二〇一三

（註9）氣賀澤保規「倭人がみた隋の風景」『遣隋使のみた風景—東アジアからの新視点—』八木書店、二〇一二

（註10）前掲註5に同じ。

（註11）田中俊明「高句麗の「任那加羅」侵攻をめぐる問題」『古代武器研究』二、二〇〇一

（註12）以下の記述は、拙稿「五世紀の倭・百済関係と羅済同盟」（『アジア文化史研究』七、二〇〇七、初出は二〇〇六）によった。ただし一部修正している。

（註13）木村　誠「新羅国家生成期の外交」『古代朝鮮の国家と社会』吉川弘文館、二〇〇四（初出は一九九二）

（註14）鄭雲龍「羅済同盟期の新羅と百済の関係」『白山學報』四六、一九九六

（註15）前掲註14に同じ

（註16）坂元義種「南北朝諸文献に見える朝鮮三国と倭国」『東アジア世界における日本古代史講座3　倭国の形成と古文献』学生社、一九八一

（註17）井上直樹「高句麗の対北魏外交と朝鮮半島情勢」『朝鮮史研究会論文集』三八、二〇〇〇

（註18）「先」は卜部兼右本によった。前田本・宮内庁本などには「兄王之好」とあるが、同書応神八年三月条所引の『百済記』にも「先王之好」とあり、こちらの表現の方が意味が明瞭である。

（註19）これに相当する記事は、『三国史記』百済本紀阿莘王六年（三九七）五月条に太子腆支（『日本書紀』の直支のこと）が倭国へ入質したとしてみえる。

（註20）坂元義種『倭の五王—空白の五世紀—』教育社、一九八一

（註21）拙著『大王から天皇へ』〈日本の歴史03〉講談社、二〇〇一

（註22）田中俊明「百済文周王系の登場と武寧王」『有光教一先生白寿記念論叢』（高麗美術館紀要五）、二〇〇六

〔付記〕小稿で取り上げた問題については、別に「倭王武の上表文と五世紀の東アジア情勢」（『歴史と文化』五三、二〇一五年三月刊行予定）で詳論したので、参照されたい。

「治天下大王」の支配観

仁藤敦史

一　王権の天下観と東アジア秩序
―非対称的な関係の主張と相克―

古代においては国家的な成熟にともなって、どの国においても世界の中心に位置するという小中華的な観念や支配の正統性、国家の由来など自己中心的な世界秩序を構想するようになるのが一般的である。[註1]こうした傾向は中国だけでなく、朝鮮半島諸国や倭国も例外ではない。あくまで理念的で現実の客観的な状況とは異なる場合が多く、強引な実体化は他国との摩擦や緊張関係をしばしばもたらした。倭国（日本）の場合における、世界観の意識形成には、とりわけ中国という大国の存在が強烈であり、思想的な影響が大きかったといえる。ただし、完全な模倣は不可能であり、矮小化した構造に留まらざるを得なかったことも事実である。

他国と非対称的な関係を指向する帝国構造について、ここでは前提として倭国以外の東アジアの事例を検討する。[註2]

まず中国については、正史における東夷伝の記述を一読すれば、自己の中華思想を前提に記述がなされていることは明らかである。たとえば、倭王に対して「高祖永初二年、詔曰、万里修レ貢、遠誠宜レ甄、可レ賜二叙授一」（『宋書』夷蕃伝倭国条）などとあるように、中国は、高句麗・百済・新羅・加耶・倭国を中華に対する東夷として位置付け、「天子」（天命により自国だけでなく周辺諸国を徳の高さにより教化・支配する使命を帯びた君主）と近隣諸国の首長とが取り結ぶ名目的な君臣関係により、朝貢や冊封を強制したのである。「金印」のような印綬の下賜や中国的な官職体系に依拠した府官制の導入などは、こうした関係を前提とする。

また高句麗は、新羅・百済・倭国などに対して自己優位な立場を主張している。五世紀前半の「牟頭婁墓誌」と「中原碑」には「天下四方」と「東夷」の表現がそれぞれあり、高句麗を「天下」の中心たる中華とする一方で、新羅を「東夷」に位置付ける高句麗独自の天下観を示している。さらに「広開土王碑文」（四一四）には、朝貢国の外縁に位置付けられて不安定な隷属関係を結ぶ「跪王」「奴客」「帰王」「属民」などの表現があり、新羅・百済・倭国に対する優越的な主張がみえる。こうした、早熟的な中華意識の形成には、先行する五胡諸族における中華意識の形成や騒乱を避けて流入した人々による影響が想定される。[註3]

さらに百済には、新羅・加耶・耽羅などに対する自己優位な主張が確認される。『隋書』百済伝の「有㆓躭牟羅国㆒……附㆓庸於百済㆒」、同新羅伝の「其先附㆓庸於百済㆒……襲㆓百済附庸諸迦羅国㆒」との記載からは、百済が新羅および耽羅と加耶に対して優越的な立場を主張していたことが確認される。さらに「梁職貢図」百済国条題記〈南京本〉にみえる「傍小国有㆓叛波・卓・多羅・前羅・斯羅・止迷・麻連・上巳〈己〉文・下枕羅等㆒、附㆑之〈百済〉」[註4]、さらには『日本書紀』欽明一四年八月条の加耶諸国を百済の「蕃」に位置付ける記載、同神功四九年三月条において枕羅を「南蛮忱弥多礼」とするのも百済系史料を原典とする百済中心の同様な主張である。一方、『梁書』新羅伝〈「梁職貢図」斯羅国条も同様〉には、新羅は小国なので中国に直接使者を派遣して貢献することができないため、五二一年には百済使に従って方物を献上し、百済の通訳を介して言葉を通じたとある。ここからは、新羅〈斯羅〉に対する百済優位の主張を読み取ることが可能である。

新羅は、加耶・旧高句麗領・百済に対して自己中心的な主張がみられる。「蔚珍鳳坪碑」〈五二四〉には、旧高句麗領に新羅が侵入した際に、旧高句麗民に対して「天」に対して誓約をさせている。これは新羅独自の「天」に対する従属を強制したものである。さらに国境地域の各地に立てた「管境巡狩碑」〈五六八頃〉には、王の徳化が十分浸透していないことが謙譲的表現により述べられている。これらの置かれた場所と内容からは、加耶・旧高句麗領・旧百済領に対する新羅の優越的な自己主張が読み取れる。

反対に加耶・耽羅などの地域は、国家的な成熟が遅れたため、絶えず近隣諸国から非対称な外交関係が強制された地域であった。とりわけ『日本書紀』に「任那〈安羅〉日本府」と表現された実態は、百済系史料が百済による加耶侵攻に対して、安羅王とともに独立を維持するため親新羅・高句麗的活動をした倭系の諸集団を一括して表現したものと考えられる。[註5]

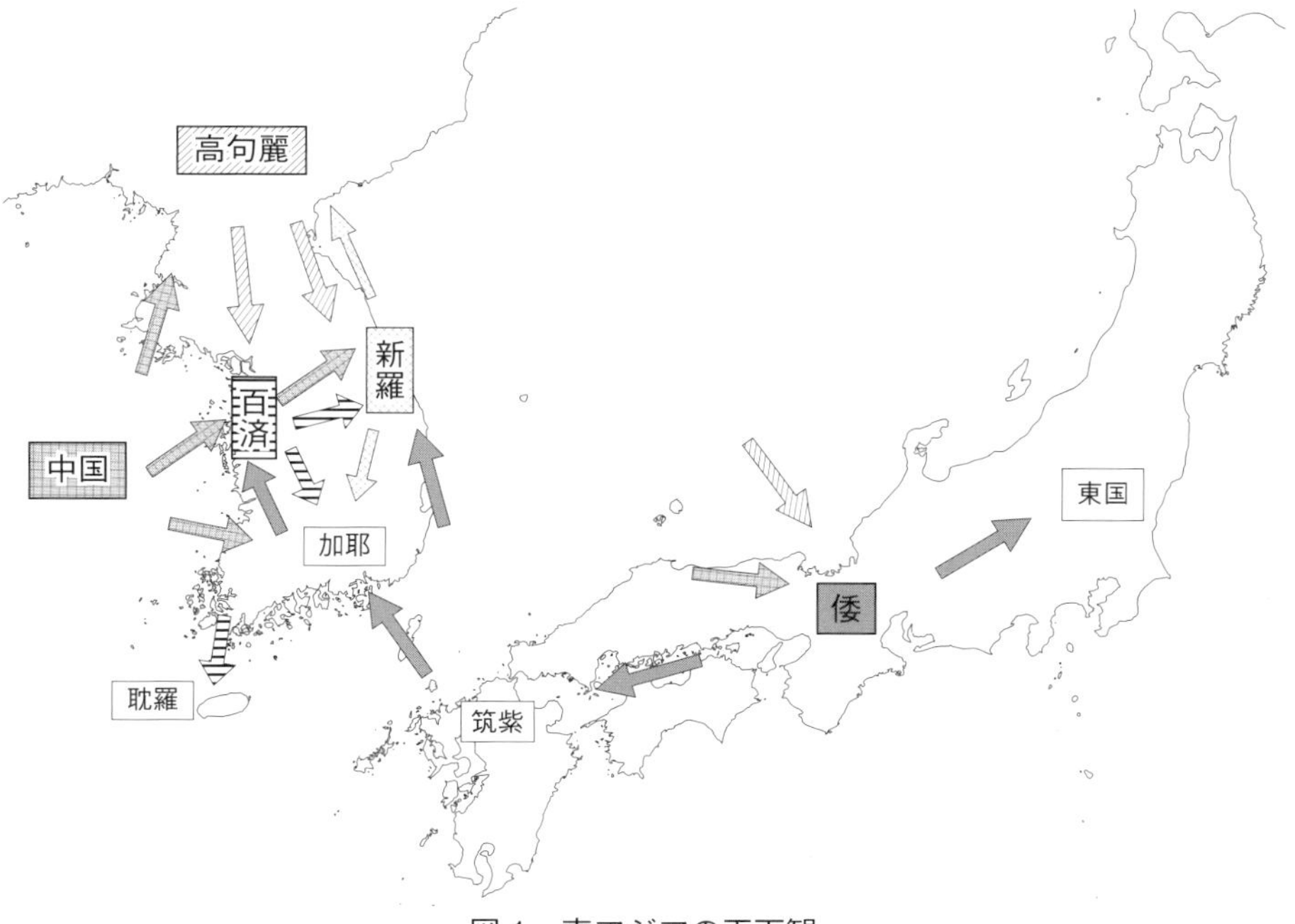

図１　東アジアの天下観

以上によれば、朝鮮半島諸国は、中国の天下に対して、地域的に限定された小世界観を主張している点が特色であり、必ずしも北魏のように漢民族を夷狄視して中国の天下と拮抗あるいは、排斥する関係にはなく、その小世界観を将軍号などにより間接的に中国に承認してもらうことに努めていたと考えられる。反対に中国の立場においても、蕃夷による独自の秩序形成を承認し、実質的に自己の天下を拡大した側面も指摘できる。[註6] しかしながら、自己中心的な秩序意識は、周辺諸国のそれと抵触し、しばしば軋轢・相克を生じたことも事実である。

二　倭の五王の朝貢

五世紀になると、新羅の高句麗への従属の深まりや高句麗・百済の中国南北朝への朝貢にともない、倭の五王も遣使により南朝と直接の交渉をもつことにより状況を打開しようとした。倭の五王を『日本書紀』のどの大王に比定するかについては、通説では済・興・武が允恭・安康・雄略の各大王に比定されるが、讃・珍については諸説がある。従来、『日本書紀』の記載に、『宋書』の記載を整合させようという研究が一般的であったが、同時代史料としての外国史料を中心に考えることを優先すべきであり、記紀の紀年や皇統譜に無理に整合させようとするのは本末転倒である。『宋書』の遣使年代と「記紀」の天皇在位期間が必ずしも一致しないのは、こうした方法論上の問題を露呈している（たとえば、雄略は四五六年に即位したと伝承されるが、四六二年に雄略に比定される武の兄である興が遣使している）。

倭の五王と同じく中国に朝貢した百済王の系譜については、中国に対して朝貢し、その爵号を受けた王を中心として取り上げ、これを単純に父子継承の形で系譜化したこと、血縁関係を期していない二王間にあっては、系譜上の断絶が裏付けられるとの指摘がなされている。[註7] さらに「中国王朝が、外国君主の王位継承において、新王が前王の子か孫かあるいは簒奪者かに、さしてこだわらなかった」のは、中国史書がみずからの意志でつくりあげたものではなく、相手国からの情報に依拠したものとの想定がある。[註8]

百済王の場合、蓋鹵王から武寧王に至る五王の系譜が史記・遺事・書紀において混乱しているように、系譜上の断絶が明らかにもかかわらず「余」姓を対外的には使用し続けていることを重視するならば、「倭」姓の使用も対外的に王権の連続性を主張する局面に限定されるもので、実際の血縁による世襲を示す証拠にはならない。

少なくとも『宋書』倭国伝には、讃珍と済興武の間には続柄記載がなく、この点から男系上のつながりを否定し、二つの血縁集団を想定する議論が重視される。[註9] これに対して、世襲王権説の最大根拠は、『宋書』文帝紀にある「安東将軍倭王倭済」の表記や、将軍号の叙正を求めた中に「倭隋」の名前があることなどから、倭国王の姓として倭姓を想定する点であり、続柄記載がないのは、編纂過程における単純なミスとする。[註10]

これまで讃珍と済興武の間に続柄記載がないことだけが注目されてきたが、中国史書の記載に父子継承の記載があっても、朝貢の前後関係を示すだけで、血縁系譜上の連続を証明するものではなく、朝貢しない王は記載されなかった可能性が指摘できる。

中国史料は、朝貢により爵号を受けた王を単純に父系継承で系譜化したもので実際の血縁とは異なる場合があり、朝貢しない王の欠落なども想定するのが生産的な議論である。対外的に用いられた

「倭」姓も氏姓制度が一般に成立する以前に用いられている特殊なもので、異なる王系に対しても対中国外交における「名乗り」として統一的に用いられていたと考えられる。

結論としては、すでにヤマト王権内部で、倭姓を対外的に主張できる集団は限定されつつあったが、その内部は複数の血縁集団から構成されており、(註11)継体即位のような王系の交替は必ずしも不自然でなかったと考えられる。このように男王による世襲王権が形成されていたとする見解は自明なことではなく、対外的な外交・軍事活動の失敗により、新たに卓越した指導者を求めて王や王系を交替をさせうるという不安定性を絶えず内包していたと考えられる。(註12)

三　倭王武の上表文と天下

中国南朝への遣使の記載は、互いの代替わりの時期を中心として義熙九年（四一三）から天監元年（五〇二）までの間、中国の正史『宋書』および『晋書』『南史』『南斉書』『梁書』などに合計一三回記録されている。(註13)

ただし、通説では最初の義熙九年（四一三）の朝貢については、正式な朝貢ではないとされ、(註14)最後の二回に相当する建元元年（四七九）と天監元年（五〇二）の事例については、斉と梁という新王朝の樹立にともなう記念祝賀的除授であり倭国から実際の遣使朝貢がなかった可能性が高いとされる。(註15)実質的には、昇明二年（四七八）における遣使朝貢が南朝との最後の交渉であったと考えられている。(註16)

この派遣の目的は、倭国内における自己の地位と朝鮮半島での軍事活動を中国王朝から承認されることにあった。ただし、倭国王は倭国以外に百済以下の朝鮮南部地域の軍政権を要請したが、宋は北魏との対抗上、百済を含む称号は一度も許さなかった。冊封関係は対外的な意味だけではなく、公認された将軍号・国王号により臣下に対する将軍・郡太守号の仮授権を行使し、一方では国内における軍事活動を秩序化することを意味した。こうした努力にもかかわらず、高句麗は勢力を拡大し、四七五年には百済の首都漢城が陥落、南の熊津へ遷都したことは、倭国にとっても大きな打撃となった。

『宋書』夷蕃伝倭国条にみえる昇明二年（四七八）の「倭王武上表文」以降、中国南朝との交通は中断する。(註17)その理由は、さまざまに考えられるが、西嶋定生によれば倭国における国家意識の変化がその背景にあるとする。「倭王武上表文」の「封国は偏遠にして、藩を外に作す。昔自り祖禰、躬ら甲冑を擐らし、山川を跋渉し、寧処に遑あらず。東は毛人五十五国を征し、西は衆夷六十六国を服し、渡りて海北九十五国を平らぐ。王道融泰し、土を遐畿に廓す」との文章からは、倭王の努力によって、中国皇帝の版図を拡大したとの意識が明確に確認される。一方で「珍又た倭の隋等十三人に平西・征虜・冠軍・輔国将軍の号を除正せられんことを求む」とあるように元嘉一五年（四三八）に倭王珍は宋に自らの除正要求とともに、倭隋ら一三人に将軍号の除正を求めて許されている。さらに、「并びに上せられし所の二十三人を軍・郡に除す」とあるように、済は宋から自らの称号のほかに、二三人に及ぶ将軍と郡太守の称号を与えられている。このように国内支配においても「軍郡」と呼ばれる、将軍・郡太守号を国内の豪族に与えており、倭国の身分秩序が未熟なために中国の身分秩序に補完的に依拠する体制であった。(註18)「封国は偏遠にして、藩を外に作す」とあるように倭国は自己を中華とは認識せず、宋王朝の世界秩序に倭王は臣下として参加し、倭国の国内秩序をその延長線上におくことによって、その支配を維持していたことになる。

四　ワカタケル大王の天下

ところが、埼玉県稲荷山古墳出土鉄剣銘にみえる「左治天下」、江田船山古墳出土の鉄刀銘にみえる「治天下」の語は、中国固有の「天下」とは異なる天下を示している。

埼玉県稲荷山古墳出土鉄剣銘（註19）

辛亥年七月中記乎獲居臣上祖名意富比垝其児多加利足尼其児名弖已加利獲居其児名多加披次獲居其児名多沙鬼獲居其児名半弖比（表）

其児名加差披余其児名乎獲居臣世々為杖刀人首奉事来至今獲加多支鹵大王寺在斯鬼宮時**吾左治天下**令作此百練利刀記吾奉事根原也（裏）

江田船山古墳出土鉄刀銘（註20）

台（治）**天下獲□□□鹵大王世**、奉事典曹人名无□（利カ）弖、八月中、用大鉄釜、并四尺廷刀、八十練、□（九カ）十振、三寸上好□（刊カ）刀、服此刀者、長寿、子孫洋々、得□恩也、不失其所統、作刀者名伊太□（和カ）、書者張安也

こうした国内的な「治天下大王」の意識の拡大にともない、中国への遣使朝貢の停止、さらには冊封体制からの離脱が進められることとなる。倭国の領域をワカタケル大王＝倭王武＝雄略が統治するということを前提に、小中華世界が構想されることとなる。この場合、中国の「天下」観を矮小化して借用していることは明らかである。

すでに、武の上表文には、間接的ではあるが、安東大将軍に対する「平西将軍」の号に象徴されるように、「東征」「西服」「渡平海北」という、中国皇帝を中心とする方位観とは異質の倭王の宮を中心とする四方観念が示されていることも無視できない（註21）。倭王みずからの根拠による「自称」や「仮授」はこうした意識の反映である。これは中国皇帝の「天下」の中に、入れ子のように組み込まれているもので、中国に承認してもらう「小天下」秩序ともいうべきもので、中国の忠実な外藩である限りは、否定されない構造であったと考えられる。朝鮮半島諸国の天下観と同じく、中国の天下に対して、地域的に限定された小世界観を主張している点が特色であり、必ずしも中国の天下と拮抗あるいは、排他的な関係にはなく、その小世界観を「百済」「新羅」を含む「七国諸軍事・安東大将軍」号などにより間接的に中国に承認してもらうことに努めていたと考えられる。『隋書』倭国伝に「新羅・百済皆以ㇾ倭為三大国多二珍物一、並敬二仰之一、恆通ㇾ使往来」と明記された、倭国の百済・新羅に対する礼的上位のような中国を基準とする文化的達成度に基づく「大国」意識も、こうした延長線上にあると考えられる。最終的には、七世紀末の倭王による百済王に対する冊封行為に帰結する（『日本書紀』天智元年五月条）。

しかしながら、こうした関係は、「小天下」世界への中国による不干渉が前提であるとともに、反対に「帝徳の覆載」と表現された中国による庇護・承認が叶わないと判断されれば、「前功を替える」措置、すなわち積極的に中国の天下から離脱する可能性もあり、矛盾を内包した不安定な秩序であったといえる（註22）。

武王が斉に対しても爵号を求めた可能性については否定しないが、[註23]倭王武の上表文の翌年であり、すでに国内に対する天下意識はこれより以前の四七一年に明示されているように、中国の天下とは、緊張感を持ちつつ併存しうるかたちで、推移したと考えるのが妥当である。[註24]長期的には、中国の冊封から離脱し、推古期の「大国」意識や斉明朝のような独自の天下観を確立したことも明らかであるから、大局的には離脱の方向に向いていたことは否定しにくい。しかも、国内秩序を中国からの府官制に依存している状況、すなわち中国化と、離脱という脱中国の動きの拮抗のなかで、倭王武の時期には、府官制を自らの権威により「自称」「仮授」という形で運用できるようになり、臣下の将軍号も要請していない。さらに、もう一つの支配制度である人制から発展した部民制度の充実化が進められることで、離脱の方向に傾いたと考えられる。

なお、天下の語義については、民族・国家を超えた世界秩序とする立場と実効的な支配領域に限定する立場があり、四夷は天下に含まれないとして前者の立場を支持する議論もある。[註25]しかし、天下を中国に限定する意識は、四方→夷狄→四夷という華夷意識の発達と表裏の関係にあり、あくまで自己と異質な四夷の存在が前提となり、[註26]唐太宗期のようにその包摂、取り込みを意識する時には、中国と四夷を含めた全体が天下と意識される場合もあった（『冊府元亀』帝王部来遠条）。天下を中国の実効的な支配領域に限定するならば、論理的には東夷に属し、冊封されていない倭国＝不臣が独自の「天下」を構想しても中国の「天下」とは直接には抵触しないこととなる。「魏志倭人伝」に概数ながらも倭人諸国の戸口記載があることや、「漢委奴国王」や「親魏倭王」の印文によれば、冊封による中国王朝への包摂、すなわち中国の「天下」への取り込みを意図していたことが想定され、天下を中国の実効的な支配領域に基本的に限定する立場をとっても、倭国独自の天下構想を純化すれば、中国への遣使朝貢の停止と冊封体制からの離脱が必要となる。後に倭国から日本への国号改変にあたっても、冊封されていない絶域に属する不臣の客であることが、唐の干渉を受けなかった大きな理由と考えられる。[註27]

五世紀後半において、倭国は未熟ながらも朝鮮半島南部地域に対する軍政権および、対高句麗多国籍軍の司令官としての諸軍事・将軍号を中国に要求し、「毛人」「衆夷」などの疑似民族集団を設定し支配する国家段階に対応した独自の世界観を構想したと考えられる。[註28]当然ながら、倭王武の上表文の意識では、倭国自体が中華から隔たった藩として位置付けられており、自己を明瞭に中華として位置付けているわけではなく、四夷の区別も明瞭ではない。[註29]しかし、すでに蕃国＝藩国が観念的には「外夷」ではなく「中華」に属するとの指摘に従うならば、[註30]間接的にしろ海北＝朝鮮半島南部も毛人や衆夷と同じ「国」として扱われ、すでに倭王により「征」「服」「平」され、服属の対象（大王に対して君臣関係を結び、貢納奉仕の義務を負う）とされていることからすれば倭国の「藩屏」であり、未服属の夷狄とは異なってワカタケル大王＝倭王武の「治天下」（中華）に包含されていたとすることができる。[註31]ここでは倭国と百済・新羅の間ではなく、高句麗と百済の境界が上表文には中華と夷狄とが接する「辺隷」と表現されていることは重要であり、[註32]そこに中華と夷狄とが接する「辺要」としての位置付けがなされている。[註33]あえていうならば、対立的な存在としての夷狄は高句麗であったと考えられる。藩国が他国から攻撃を受けたとき、宗主国はそれを助ける義務を負うのが一般的であった。つまり、現実の外交関係とは異なるが、「無道」な夷狄たる高句麗により、倭国の辺境に位置する隷属国に位置付けられた百済が侵略されたことにより、宗主国たる倭国が高句麗を征討する大義名分が生じるという認識が想定される。

　少なくとも理念的には、実効的な支配が及ぶ範囲が狭義の天下であるとするならば、(註34)まさに百済・新羅はすでに倭国内部の「国郡之首長」と同質な意味で倭国の天下に含まれるのであり、倭国に加えて並列的に海北諸国たる「百済新羅任那加羅秦韓慕韓」の諸軍事・安東大将軍号を請求する前提となっており、上表文では毛人・衆夷と海北をことさらに区別していないことは重要である。(註35)

（註1）酒寄雅志「華夷思想の諸相」『渤海と古代の日本』校倉書房、二〇〇一（初出一九九三）、川本芳昭「漢唐間における「新」中華意識の形成」『九州大学東洋史論集』三〇、二〇〇二、鈴木靖民「東アジア世界史と東部ユーラシア世界史―梁の国際関係・国際秩序・国際意識を中心に―」『専修大学東アジア世界史研究センター年報』六、二〇一二

（註2）以下の記述は、拙稿「王権の天下観―自己主張する世界―」（第七十五回歴博フォーラム『アジアの境界を越えて』二〇一〇）を前提としている。

（註3）前掲註1川本芳昭論文に同じ

（註4）李鎔賢「『梁職貢図』百済国使条の「旁小国」」『朝鮮史研究会論文集』三七、一九九九。「附庸」とは天子に直属せず、「大国」に附属する小国を意味し、「旁小国」は「大国」に随伴して中国に入朝した国と解され、新羅が五二一年に百済の導きで梁に入朝したことと対応する。

（註5）拙稿「『日本書紀』の「任那」観」『国立歴史民俗博物館研究報告』一七九、二〇一三

（註6）前掲註1鈴木靖民論文では、梁代における中国―大国―旁の小国という、秩序を指摘する。ただし、冊封国である朝鮮三国は、臣下として宗主国たる中国の方形都城を許容されなかったが、逆に冊封から離脱した外臣の倭国にはそれが可能となった側面も考慮すべきである。つまり、冊封と独自の天下（大国）の関係も、中国の外縁地域であるからこそ強制力が及びにくいために承認されたとも考えられる。

（註7）笠井倭人「中国史書における百済王統譜」『古代の日朝関係と日本書紀』塙書房、二〇〇〇（初出一九七五）

（註8）坂元義種「中国史書からみた百済王とその系譜」「中国史書における百済王関係記事の検討」『百済史の研究』塙書房、一九七八

（註9）藤間生大『倭の五王』岩波書店、一九六八、原島礼二『倭の五王とその前後』塙書房、一九七〇、川口勝康「五世紀の大王と王統譜を探る」、拙稿「王統譜の形成過程」広瀬和雄・小路田泰直編『王統譜』青木書店、二〇〇五　など

（註10）武田幸男「平西将軍倭隋の解釈」『朝鮮学報』七七、一九七五、吉村武彦『古代天皇の誕生』角川選書二九七、一九九八　など

（註11）ちなみに、「倭王武上表文」にみえる先祖を示す「祖禰」は、この前後の文言を含めて『周礼』など中国古典に多く依拠しており、男系世襲を示す根拠にはならない（志水正司「倭の五王の基礎的考察」『史学』三九―二、一九六六）。

（註12）拙稿「帝紀・旧辞と王統譜の成立」新川登亀男・早川万年『史料としての『日本書紀』―津田左右吉を読みなおす』勉誠出版、二〇一一、拙稿「アジア史のなかでのヤマト王権」『HUMAN』04、平凡社、二〇一三

（註13）以下の記述は、拙稿「古代日本の世界観―天下・国・都城―」『国立歴史民俗博物館研究報告』一一九、二〇〇四、報告は二〇〇〇）を前提としている。

（註14）坂元義種『倭の五王』教育社、一九八一

（註15）藤間生大『倭の五王』岩波書店、一九六八、坂元義種『古代東アジアの日本と朝鮮』吉川弘文館、一九七八。少なくとも、倭王武を雄略に比定する説によれば、天監元年（五〇二）の段階では雄略は死去している。

（註16）ただし、石井正敏「五世紀の日韓関係―倭の五王と高句麗・百済」（『日韓歴史共同委員会報告書』第一期第一文科（古代）、二〇〇五）は、『義熙起居注』にみえる「倭国」は、高句麗の間違いであり、単独入貢であったとする。また、田中史生「倭の五王と列島支配」（『岩波講座日本歴史』一　原始・古代、岩波書店、二〇一三）は、「清張庚諸蕃職貢図巻」の「倭国使」の部分に「斉建元中、奉表貢献」とあることから、武王が爵号を求めた可能性を指摘し、通説は再検討の余地があるとする。

義熙九年（四一三）における倭国の入貢は『宋書』夷蕃伝倭国条に永初二年（四二一）の朝貢の前提として「世修二貢職一」とあり、さらに『梁書』倭伝に「其後復立二男王一。並受二中国爵命一」とあることからすれば、まちがいないと思われる。しかし、高句麗と無関係であったとするには、「応神紀」にみえる阿知使主らが高句麗に道を請い、高句麗の人久礼波らとともに呉（南朝）に至ったとの伝承は、高句麗経由での呉との交通記載であって、やはり無視できず、義熙九年（四一三）の朝貢の翌年に造碑された「広開土王碑文」によれば、倭国は四〇〇年と四〇四年に高句麗に敗北し、三九六年と四〇七年には百済が敗北して「奴客」とされたとあるように高句麗を中心とした東アジア秩序であったことを軽視しており、高句麗との対抗関係が時期により変化しないとの前提は、議論の余地がある。ちなみに、倭国だけでなく百済においても高句麗に南朝への路を塞がれれば交渉が困難であったことも考慮すべきである（『宋書』夷蕃伝倭国条「倭王武上表文」、『三国史記』百済本紀文周王二年三月条）。大国と小国の同時入貢（同伴入貢）が、中国に対してその「大国」的秩序を示すとすれば、百済に主導された倭王による宋への同時入貢と同じく、「倭国は高驪の東南海中に在り」と表現されるように「大国」高句麗主導により「旁の小国」倭国との晋への同時入貢があったと考えることもできる。

（註17）西嶋定生「四～六世紀の東アジアと倭国」『日本歴史の国際環境』東京大学出版会、一九八五（初出一九八〇）

（註18）鈴木靖民「東アジア諸民族の国家形成と大和王権」『講座日本歴史』一　原始・古代一、東京大学出版会、一九八四、同「倭の五王の外交と内政」林陸朗先生還暦記念会編『日本古代の政治と制度』続群書類従完成会、一九八五

（註19）埼玉県教育委員会『稲荷山古墳出土鉄剣金象嵌銘概報』一九七九

（註20）東野治之「銘文の釈読」東京国立博物館編『江田船山古墳出土国宝銀象嵌銘大刀』吉川弘文館、一九九三

（註21）川口勝康「中国史書にみる一世紀から五世紀の「倭人」「倭国」の記録」『歴史読本』八九四、二〇一三

（註22）熊谷公男『大王から天皇へ』講談社学術文庫、二〇〇八（初出二〇〇一）、七七・七八頁

（註23）前掲註16田中史生論文に同じ

（註24）前掲註17西嶋定生論文においても、「倭王武の上表文」の段階においては、まだ対外的には中国王朝を中心とする「天下」からは離脱することはできなかったとされるが、対内的には倭王武はワカタケル大王として独自の「天下」を領有していたのであり、

そこに大「天下」からの離脱の契機は熟成していたと表現する。

（註25）渡辺信一郎「「天下」のイデオロギー構造」『日本史研究』四四〇、一九九九

（註26）山田　統「天下という観念と国家の形成」『山田統著作集』一、明治書院、一九八一（初出一九四八）、小倉芳彦「裔夷の俘」『中国古代政治思想研究』青木書店、一九七〇（初出一九六五）

（註27）吉田　孝「八世紀の日本」『岩波講座日本通史』四、岩波書店、一九九四

（註28）石上英一「古代東アジア地域と日本」『日本の社会史』一、岩波書店、一九八七

（註29）古代日本では東西の区別が先行し、南北を含めた夷狄としての四夷の確立は、四至畿内や四方国の表記を基準するならば、早くとも孝徳朝以降と考えられる。さらに、確実な北陸道の表記や、北の蝦夷を示す「蝦狄」の表記が文武朝まで遅れることは、四夷観念の確立を国土の方位による区分たる畿内七道制の成立と関連させることが可能である（熊田亮介「蝦狄と北の城柵」小林昌二編『越と古代の北陸』古代王権と交流三、名著出版、一九九六）。律令制以前における畿内を中心とする放射状の地域区分は確立しておらず、崇神紀の「畿内」と対応させた「四道将軍」、崇峻紀の「東海道」「東山道」「北陸道」の表記は『日本書紀』編者による潤色と考えられる（拙稿「ヤマトタケル東征伝承と焼津」『焼津市史研究』二、二〇〇一）。

（註30）西嶋定生「「日本国」の出現」（『邪馬台国と倭国』吉川弘文館、一九九四、初出一九八一）によれば、毎年定期的に遣使朝貢し、中国皇帝と君臣関係を結んだ外藩国の存在は、外夷に対する中国皇帝の徳化がもっともよく実現されたことの表現であり、もはやその地域は観念的には「外夷」ではなく「中華」に含まれるとする。

（註31）今泉隆雄「律令における化外人・外蕃人と夷狄」（羽下徳彦編『中世の政治と宗教』吉川弘文館、一九九四）は、外蕃と夷狄は法理念的に区別されていたと位置付ける。ちなみに、『日本書紀』雄略七・八年条などにも、新羅が中国＝倭国に仕えず、貢納物を送らないことが非難され、一方では百済が才技を倭国に献上することが記載されている。倭国を中国に位置付ける中華意識を前提に、大王に対して君臣関係を結び、貢納奉仕の義務を負うことが当然視されている。一方、『日本書紀』成務四年二月丙寅条には「普天率土」のうちに「中区之蕃屏」と位置付けられた「国郡之首長」がみえるように、支配関係が及んでいない未服属の夷狄とは扱いが異なり、内国の首長らと新羅・百済の扱いが同じである点は重要である（河内春人「日本古代における礼的秩序の成立」『日本古代君主号の研究』八木書店、二〇一五、初出一九九七）。

（註32）西嶋定生「四～六世紀の東アジアと倭国」（『日本歴史の国際環境』東京大学出版会、一九八五、初出一九八〇）では、「わが辺境の隷属国である百済」と解釈する。すなわち、高句麗が「無道」なのは、倭国の天下の「辺隷」である百済を侵したからである。

（註33）中村明蔵「古代における辺要国と辺要」『隼人と律令国家』名著出版、一九九三（初出一九八九）

（註34）前掲註25渡辺信一郎論文に同じ

（註35）「治天下大王」という君主観は、倭国内部においてのみ意味をもつとする西嶋説に対して、吉村武彦「大和王権と古代東国」（『千葉史学』一五、一九八九）は、蕃国にあたる朝鮮支配へのイデオロギー的側面の問題が軽視されていると批判するが、夷狄と蕃国との区別が明瞭でない。なお、川本芳昭註1前掲論文も、同じく「天下」には「海北」が含まれていたと解する。

倭王権の渡来人政策

田中史生

一　はじめに

奈良時代以降に編纂された『古事記』『日本書紀』（以下、記紀と略す）などの史料は、五世紀前後の渡来人について様々なことを伝えている。しかし周知のように、後世の潤色は著しく、それらを剥ぎ取って史実を浮かび上がらせることが容易ではない。そこで本稿では、記紀からいったん離れて、中国史書や古墳出土の有銘刀剣から五世紀の倭王権と渡来人の関係について確認した上で、近年の考古学の成果も参照しつつ、あらためて記紀伝承を捉え直し、五世紀における倭王権の渡来人政策の実態を探ってみたいと思う。

二　中国系人士層の文化継承

『宋書』は、宋滅亡から間もない四八七年（永明五）、南斉武帝の勅命によって撰修が始まり、その一年後には本紀列伝七〇巻が完成した。内容は宋朝の公的記録を集め綴り合わせたようなものだが、史料的価値は極めて高く、日本史でも讃・珍・済・興・武の五人の倭国王と宋朝との交流の記録があまりに有名である。そしてここに、倭国で活躍した渡来系の名もみえる。『宋書』倭国伝に「太祖の元嘉二年、讃、また司馬曹達を遣わし、表を奉りて方物を献ず」とあるのがそれである。四二五年（元嘉二）、倭国王の讃は、司馬の曹達を派遣して宋に朝貢した。曹達は、「曹」という一字姓から、中国系の渡来人、もしくはその子孫とみられる。ここで注目されるのは、曹達の冠した司馬という中国的な官職である。

魏晋以後の中国では、方面軍を指揮する征・鎮・安・平を冠した諸将軍に府を開くことが認められ、将軍府には長史・司馬・主簿・功曹・参軍などの僚属がおかれた。これを府官というが、讃は朝貢した宋から「安東将軍、倭国王」を除授されたとみられていて[註1]、曹達の司馬も、讃を府主とする安東将軍府の府官としての司馬のことである。つまり讃は、中国王朝から与えられた「安東将軍」を根拠に開府し、その府官に中国系の人々を任用して対中外交などに従事させていたのである。

これと類似のことは、倭国と同盟関係にあった百済でもみられた。四世紀後半以降、南進する高句麗に対抗した百済は、連携勢力を南に求め、加耶南部諸国や倭国とも関係強化をはかった。その百済における府官の初見は、四二四年に百済王の余映が長史の張威を宋に派遣したとする『宋書』百済国伝の記事である。ここでもやはり、「張」という中国的単姓者がその任にあたっている。映は東晋から「鎮東将軍」、成立直後の宋から「鎮東大将軍」を受けており、これ以前から府官を置いたとみられるが、『宋書』『南斉書』によれば、この張威に限らず、五世紀の百済の府官はいずれも対中外交とかかわって登場し、そのほとんどが高・楊・王・陳など中国系の単姓を称している。同盟関係にある倭国と百済は、王のもとに中国系の人々を置き、彼らを使って対宋外交を繰り広げながら、中国的な府官を整えるという共通の戦略をとっていたことが窺える。

以上の中国系の人々は、五胡十六国の分立興亡時代を生み出した華北の争乱と楽浪郡・帯方郡滅亡を契機に、朝鮮半島に亡命・流入した中国系の人士やその子孫たちであったと考えられる。彼ら中国系人士層は、墓誌・墓塼銘などに東晋の年号・称号を用いるなど、晋回帰志向が強い。[註2] 奈良県天理市石上神宮所蔵の七支刀銘文冒頭にも「泰和四年」（太和四年）という東晋のものとみられる年号が用いられ、これが百済の東晋入朝以前の年号であることから、そこにも晋回帰志向を持つ中国系人士層の関与が想定されている。[註3] つまり百済の初期の対倭戦略にも、彼らの影響が及んでいたとみられるのである。

これと関連して注目されるのは、『宋書』倭国伝が収載する、四七八年の倭国王武の宋への上表文と、『魏書』百済国伝が収載する、四七二年の百済王慶の北魏への上表文の共通性である。両上表文は、高句麗南下に対する百済・倭国の連携状況がよく反映されているが、それだけでなく、中国史書・経書の知識を広く用いながら、とくに晋代の語句用例を意識・参照して起草されていることまで共通する。その漢字文化の特徴は、華北の争乱を逃れて東へと移動した中国系人士層の文化と一致し、中国系人士層が、同盟国百済を介して倭国へも渡来し、外交文書の作成にかかわっていたことを反映するものとなっている。[註4]

そうであるならば、武の上表文を半世紀遡る四二五年の讃の遣宋使において、『宋書』倭国伝に、曹達が「表を奉りて」とあることが留意されてよい。中国系人士層の曹達がこの時奉呈した上表文の作成に、上表文に基づき宋と直接交渉にあたった彼自身の関与があった可能性は極めて高いとすべきだからである。すなわち、倭の五王の時代、同盟国百済から渡来した中国系人士層は、外交文書の起草から宋朝との直接交渉まで、倭王権の対中外交実務の中核を担い、王が中国から得られた官爵を根拠に開府すると、その府官に名を連ねて、王権の外交戦略にさらなる影響力を発揮していったとみられる。そしておそらくそれは、同盟国百済においても同様であったろう。

したがって、華北の争乱を契機に中国から東へと移動した中国系人士の姓と漢字文化は、その移動先において、彼らの子孫たちに色濃く受け継がれていたとみなければならない。晋が江南に追われ約一世紀以上を経てもなお、倭・百済両国において対中外交などで活躍する中国的単姓者たちの多くは、実際に中国で活躍した経歴を持たなかったはずだからである。そして例えば、西晋に尚書郎などとして仕え、後に五胡十六国の前涼を創建した漢族の張軌を、『晋書』巻八六・張軌伝が「家世は孝廉、儒学を以て顕わす」と記すように、あるいは『晋書』巻九六・韋逞母宋氏伝にも「吾が家世『周官』を学び、業を伝えて相継ぐ」とあるように、中国系人士層の、子孫たちへの姓と漢字文化の継承は、基本的には中国系の人々の「家」の文化の継承として行なわれていた可能性が高い。中国では秦漢代以降、姓が「族」の冠称ではなく「家」の冠称として機能し、[註5]君と諸臣は、「私」の場たる各自の「家」を基盤に、そこから出身して、君臣之礼を以て秩序づけられる「公」の場に登場すると観念されていた。[註6]つまり彼らが、特定の漢字文化を継承して様々な王権に仕えることができたのは、「公」の場に仕える基盤としての「私」的な「家」と、それを継承する様式文化を持っていたからだと考えられる。

　以上のようにみるとき、『日本書紀』（以下、『書紀』と略す）の雄略紀において、雄略天皇が唯一寵愛した史部（フミヒト）の身狭村主青・檜隈民使博徳らが、呉に派遣されたと伝えられていることがあらためて注目されるだろう。この伝承については、以前から、武の上表文作者との関連が疑われてきた。ただし「身狭村主」「檜隈民使」の氏姓の成立は六世紀に入ってからとみられるから、実在性が高いとされる彼らのフミヒト的な職務も、家職として特定諸氏に世襲されるような状況にはなかったといわれる。[註7]けれども、寵愛を受けて天皇に近侍し、文章作成技能者のフミヒトとして南朝外交にかかわったとする渡来系の伝承は、王の府官として外交文書の作成や宋との交渉にあたった先の中国系人士層の実態とほぼ一致する。すなわち、『書紀』の青・博徳伝承は、中国系人士層の活躍を基礎としたものであって、それが後世に身狭村主・檜隈民使の氏族伝承に取り込まれたとしても、王権のフミヒトとなりうる彼らの文化や職能自体は、後の王権への仕奉を軸とした氏族制的な職能継承とは異なる、中国的な「家世」の「伝業」として継承されていた可能性が高い。

三　渡来系技術の複合と人制

そして、以下に掲げる熊本県江田船山古墳出土大刀銘にも、中国系人士層につらなる系譜を持つとみられる人物が登場する。

台（治）天下獲□□□鹵大王世、奉事典曹人名无利弖、八月中、用大鐵釜、并四尺廷刀、八十練、□十振、三寸上好□刀、服此刀者、長壽、子孫洋々、得□恩也、不失其所統、作刀者名伊太□、書者張安也

右によればこの大刀は、ワカタケル大王の治世、すなわち記紀の雄略天皇に比定される武王の時代に、「奉事典曹人」の「无利弖」が、長寿と子孫繁栄、統治権の安泰を願って製作させたもので、このうち、銘文の作文を担当した「書者」の「張安」は、「張」という中国的単姓からみて、先の中国系人士層を出身とする者であったとみてよいだろう。それは銘文の「八月中」といった用法が、秦・漢代の記録体に起源し、楽浪以下四郡の設置によって朝鮮半島へもたらされて、楽浪郡滅亡後は高句麗へ引き継がれていったとする指摘[註8]からも傍証されよう。この「○○中」という表記法は、やはりワカタケル大王期の埼玉県稲荷山古墳出土鉄剣銘に「七月中」としてみえ、文字作成技術を持つ中国系人士層の活躍の場は、倭国内の首長層のために製作される物品にまで及んでいたことがわかる。

　さて、この江田船山古墳や稲荷山古墳から出土した有銘刀剣は、これまで、五世紀の倭王権に、いわゆる人制と呼びうる制度が存在したことを示す一級資料とされてきた。すなわち、編纂史料には酒人・倉人・舎人など「△△人」と表記して職務をあらわすものが散

見されるが、部民制の成立を示す確実な初見史料が六世紀後半の島根県岡田山一号墳出土鉄剣銘の「額田ア（部）臣」である一方、江田船山古墳出土大刀銘の「奉事典曹人」や稲荷山古墳出土鉄剣銘の「杖刀人首」は五世紀に遡ることから、人制が部民制に先行するとみられるようになったのである。さらに某人の表記は『周礼』のなどの中国の用例とも一致し、これが中国に由来することも確実視されるようになった。こうして近年では、「△△人」として職務を示す在り方が五世紀の対宋外交によってもたらされ、これが王権と仕奉関係を結ぶ各地の在地首長の上番制度として全国的に展開したと考えられるようになっている。[註9]

けれども筆者は、こうした理解には一部修正が必要だと考えている。[註10]その一つは、人制が対宋外交によってもたらされたとすることについてである。そもそも「△△人」は、四一四年の高句麗広開土王碑の「守墓人」や、五〇三年の新羅迎日冷水里碑の「典事人」など、高句麗・新羅でも六世紀以前の石刻で確認されるもので、高句麗ではその初見史料が宋の成立を遡っている。しかも、『書紀』雄略八年二月条から、部民制の馬飼（馬養）部の前身とみられている典馬（人）は、その用例が北朝系史書にみられるが、南朝系史書には見当たらない。これは、東北アジアの装飾騎馬文化を華北に求める近年の考古学の知見とも一致する。つまり、倭国の人制も、華北の争乱を契機とする朝鮮半島を経由し流入した中国系人士層、もしくはその文化に基づく可能性が高いと考えるのである。

二つ目は、いわゆる人制は、「△△」＋「人」という定型句としてではなく、漢語の「△△」にあらわされる、王権に仕奉する「人」「者」の職務分掌を示すものとしてあったということである。すなわち、江田船山古墳出土大刀銘の場合、人制の存在は、「奉事典曹人」だけでなく「作刀者」「書者」にも示されているとすべきであって、それは、例えば高句麗広開土王碑において「守墓人」を「守墓者」とも、『書紀』において渡来の技能者「テヒト」を「才伎」「手人部」（雄略紀七年是歳条）だけでなく「巧手者」（仁賢紀六年九月壬子条）とも表記していることと同じである。ならば「書者」の張安も「書人」、すなわち青や博徳伝承に通じるフミヒトであったということになるだろう。

以上のようにみると、江田船山古墳出土大刀銘から浮かび上がる人制とは、「奉事典曹人」が「書者」や「作刀者」ら専門技能者を動員する作刀組織としてのものである。一方、稲荷山古墳出土鉄剣銘の「杖刀人首」は、大王宮に上番した北武蔵の有力首長の子弟とすべきだから、人制とは、首長層を含む各地からの上番者や渡来系技能者を含みながら、複数の専門職務者を複合する組織として機能していたと考えられる。考古学の成果を参照しても、人制が列島規模で整序されるのは五世紀中葉以降で、そこでは、在地首長に率いられた上番者が、複数の技術に触れ、それらを地域に持ち帰る状況もみられたと想定される。[註11]

ところで、二〇一三年九月、石川県能美市和田山二三号墳出土の五世紀末頃の須恵器に、「二年」「未」と判読できる刻書が確認され、文字文化の広がりを示すものとして新聞等で話題となった。その産地は不明だが、これも上記の人制組織の在り方と関連する可能性がある。「二年」や「未」は時を示したものとみられ、それを同年の年号と理解すると、梁の天監二年（五〇三）が癸未年にあたるが、いずれにしても、稲荷山古墳出土鉄剣銘に「辛亥年七月中」、江田船山古墳出土大刀銘に「八月中」とあるように、暦の使用につながる時の表記は、フミヒトたちが刀剣製作においても用いていたものである。大阪湾岸の陶邑では、渡来系技術の影響が濃厚な須恵器生産を、渡来系技術者だけでなく前述のように各地からの上番者も担っており、彼らはそこで「陶人」[註12]、もしくは「神人」[註13]として編成されていたとみられるが、中央の人制組織では、須恵器生産にかかわる者でも、フミヒトの文化、つまり文字文化に触れる機会はあったとみるべきである。

こうして、人制に組み込まれていった渡来系の人々は、文字技術者や須恵器生産技術者だけでない。考古学上も、渡来系の人々の関与は、鍛冶、木工、玉造りなど、様々な手工業生産に及んだことが知られるが、『書紀』神代下第九段一書第二には人制の呼称の名残とみられる「作笠者」「作盾者」「作金者」「作玉者」「作木綿者」などがみえる。また、『元興寺縁起』所引「塔覆盤銘」には、「作金人」として意奴彌（忍海）首辰星、阿沙都麻（朝妻）首未沙乃、鞍部（鞍作）首加羅爾、山西（河内）首都鬼の名があがる。この作金人も人制からの呼称に基づくものとみるべきで、これに実際に編成された人々も渡来系である。

さらに、後に馬飼（馬養）部となる典馬（人）も、渡来系の人々を中心としたとみられる。文献上、馬飼系諸氏の出自は不明とせざるを得ないが、河内を中心とするその本拠地には古墳時代中期の馬の飼育具や犠牲馬などの痕跡とともに韓式系土器などが多く出土し、[註14]彼らが渡来系であることが確実視されている。

この問題とかかわり、『書紀』応神一五年条において百済の使者として良馬を献上した阿直岐が、そのまま馬の飼育を担当し、諸典籍にも通じて、王子教育にかかわったとあることが注目される。『古事記』応神段によれば、献上された良馬は「牡馬壱疋・牝馬壱疋」で、これは『三国史記』新羅本紀奈勿尼師今一三年（三六八）条、訥祇麻立干一八年（四三四）において、百済が新羅へ「良馬二匹」を贈与したとすることとも共通する。阿直岐伝承の基礎には、つがいの良馬を贈与して外交を展開した四・五世紀の百済の実態が反映されているのである。しかもこの伝承は、前述の四七二年に百済王慶が魏へ送った上表文に、魏の援助が得られれば「子弟を遣わし外廐の牧宰とす」とあること、つまりは百済が王族子弟に伝授されている馬飼育技術を中華王朝に誇ったこととも つながってくる。要するに阿直岐伝承は、考古学が東北アジアの装飾騎馬文化の起点を中国東北部に求め、その東漸に華北の争乱との関連性を想定することともかかわり、中国系人士層の移動によって漢字文化とともに東方へ伝えられた馬匹文化が、同盟国百済を介して倭国においても、王族子弟に伝授されていたことを反映したものとみられるのである。[註15]典馬人も、こうした馬匹文化を持つ朝鮮半島からの渡来人を中心に編成されていたとみられる。

そして、牧想定地における大量の製塩土器の出土や、五世紀における塩生産の近畿周辺へのシフトに、新たに開始された馬の飼育との関係が想定されているように、[註16]渡来の馬匹文化を身にまとう典馬人たちは、馬飼育における塩の必要性から、塩生産者との接近も必要としていた。また装飾騎馬文化は、そもそも様々な生産の複合として成り立つとみなければならないが、最近では、王権の工房としての専業性が強調されてきた河内において、馬匹生産とかかわる遺跡に、鍛冶工房や玉造り、漆工芸など、各種手工業の痕跡が認められることも注目されるようになっている。[註17] 王権の装飾騎馬文化を支えるために、典馬人、作金人、作玉者などの連携もあったのだろう。つまり馬匹生産には、そのほかの生産との接近・接合が求められていて、それは王権の所在する近畿、とくに河内において極めて大規模に、組織的に行なわれていたと考えられる。

以上のように、特定の職務によって王権に仕奉する人制は、渡来系の人々や各地からの上番者も加わった各種職能の連携・接合・複合が求められており、それらが五世紀半ば以降、王権主導のもとで大規模にすすめられていたとみられる。

四　王権に編成される渡来系の人々

ところで、フミヒトに登用された中国系人士層については、五世紀前半以前に遡り、フミヒトたりうる職能を代々継承していた可能性をすでにみた。しかしそれは、中国系の人々が元来保持していた「家」の様式と観念に基づくもので、王権への仕奉を軸に形成される後の氏族制的な職能継承とは異質なものであったと考えられる。けれども五世紀後半になって広域的に展開するようになった人制は、氏族の成立に向けた動きにもつながっていったとみるべきである。

すなわち、稲荷山古墳出土鉄剣銘に刻まれた「杖刀人の首」のヲワケ臣の八代の系譜は、自らの三代の系譜に、ほかの多くの一族も共有する、王権の進展に寄与したと伝承されるオオヒコ以下五代の英雄の系譜を加上したものである。[註18] ここには、ウジ名が未成立ではあるものの、王権につらなる活動を媒介とした中央と地方の首長層の結びつきを背景に、王権への仕奉伝承を持つ英雄を始祖とし、これらを中央と地方の首長層が系譜によって共有する動きが広がっていたことが示されている。[註19] こうした王権の仕奉伝承を軸とした首長間の系譜共有の在り方と広がりは、王権への組織的な仕奉体制を列島規模で整えた人制の在り方と適合的である。

同じ頃、氏族形成の動きは、人制に組み込まれた渡来系の人々にも起こっていたであろう。大王宮が磐余地方に固定される雄略期、その近傍の檜前・今来の地では、加耶南部の安羅出身者などを中心に東漢氏が組織された可能性が指摘されている。[註20] 秦氏が拠点とした山背国葛野郡域についても、和泉式部町遺跡や古墳群の様相から、考古学では五世紀後半をその起点に求める見方が有力である。[註21] 秦氏が建設したと伝えられる葛野大堰の時期も、京都府松室遺跡の水路遺構や周辺の古墳の時期などから、五世紀後半に求められている。[註22] 五世紀後半以降に顕著となる、渡来系技術の定着と倭様式化も、技能者を内部で再生産する渡来系氏族の形成と関係しているであろう。[註23] 王権を結集核とした氏族形成の動きは、人制の編成がすすむ五世紀後半には広がりつつあったとすべきである。

こうした王権による五世紀後半の渡来系の編成は、王権外交の成果として、王権が技能者を直接朝鮮半島などから確保してなされる場合と、首長層の家産に組み込まれている渡来系技能者を王権のもとに再編してなされる場合があったとみられる。

このうち、王権外交による渡来系技能者の確保と編成は、百済との同盟関係のなかで流入した中国系人士層の活躍がそうであったように、それ以前からあった。『書紀』は、先の阿直伎伝承をはじめ、応神紀から雄略紀にかけて、氏族伝承に基づき、百済、新羅、呉などから天皇に様々な技能者の献上があったとする記事を数多く掲げている。王権の工房であった陶邑の須恵器生産の変化についても、王権外交との連動性が注目される。加耶南部の工人を迎えてはじまったとされる陶邑の須恵器生産には、五世紀中葉前後から百済と関係を持つ朝鮮半島南西部栄山江流域の工人が加わったことが指摘されているが、(註24)これは倭国王武や百済王慶の上表文に示される、五世紀半ば以降の対高句麗を意識した倭国・百済の連携とも対応している。実際、四六一年には、百済の蓋鹵王弟の昆支君も「質」として来倭し、倭国王と百済王の関係が一層強化されたし、五世紀末から六世紀前半に栄山江流域で展開する北部九州の影響を受けた前方後円墳についても、百済支援とかかわり、『書紀』雄略二三年条が、昆支の子末多王を護送する「筑紫国の軍士五百人」の派遣を記すこととの関係が注目される。(註25)陶邑の須恵器生産の変化には、倭国と百済の王権間交流が反映されている可能性がある。

一方、首長層の保有する渡来系技能者の王権による再編についても、『書紀』にはこれとかかわる氏族伝承がある。『書紀』雄略一五年条は、有力な「臣連等」に私的に駆使されていた秦の民を雄略天皇が集めとり、秦造である秦酒公に与えたと伝える。これによって、酒公は「百八十種勝」を率いて租税の絹を朝廷に山積みにしたという。また同一六年一〇月条にも、雄略天皇が漢部を集めてその伴造の者を定めよと命じたとある。いずれも氏族伝承をもととした記事で、このままでは信憑性に問題があるが、すでにみたように、この時期と重なり、後の東漢氏や秦氏につながるような氏族形成の動きがあった可能性は高い。実際、大和の葛城勢力が本拠地で家産に組み込んでいた渡来系技能者については、葛城の首長層が大王との対立を深め五世紀末前後に没落すると、王権によって東漢氏や秦氏などに編成されていったとみられる。(註26)

こうして王権のもとに編成された渡来系の伝承は、『書紀』雄略二年一〇月条が「唯愛寵みたまふ所は、史部の身狭村主青・檜隈民使博徳等のみ」、同七年是歳条が「西漢才伎歓因知利、側に在り」、同一一年十月条が「時に秦酒公、侍に坐り」、同二三年八月条が「大伴室屋大連と東漢掬直とに遺詔して曰はく」とあるように、大王への直接的な仕奉が強調されている。それは、稲荷山古墳出土鉄剣銘の杖刀人の首のヲワケ臣が、大王宮で活躍し「吾れ天下を左治し」と記したことにも通じ、人制が大王の府官のもとに組織されていたことと関連するだろう。(註27)古墳時代中期の渡来系技術を用いた王権の生産拠点が大和盆地や河内に集約されていく状況を踏まえても、(註28)彼らの実際の仕奉の場が、大和盆地や河内に配置された、王宮やその周辺の王権管轄の工房を中心としていたことは間違いない。

けれども一方で、こうした王権への直接的な仕奉体制を前提とした中央の様相とは別に、考古学が最近、五世紀後半に顕在化する東国における広範な渡来系の考古学的痕跡に関し、在地首長だけでなく、王権も関与した馬匹生産体制の存在を想定する説を提起していることには留意が必要である。(註29)ここには、渡来系技術の中央から地方への拡散が、王権の編成による各地からの上番者の帰郷といった問題からだけではなく、王権が直接、地方に渡来系特殊技能者を分配することによっても起こった可能性が示唆されるからである。

しかしそれは、これまでみてきた中央の王権施設を中心に展開した、王権への直接的な仕奉が強調される人制とは、基本的に区別されるべきはなかろうか。古墳時代中期、各地の首長たちは、王権外交に実務者として参加することを通し、自ら本拠地に渡来人を独自に呼び寄せる機会を得ていた（註30）。けれども『書紀』応神四一年二月是月条が、東漢氏の祖阿知使主が天皇に献上するために呉から連れ帰った工女の一部を胸形大神の求めに応じて奉ったと伝えるように、王権は自らの外交活動で直接得られた渡来技能者を、地域に分配することもあったとみられる。ところが東漢氏系氏族伝承として整えられているとみられるこの伝承には、王権外交における宗像の重要性が反映されているにもかかわらず、それが「今筑紫国に在る、御使君の祖」と在地首長の系譜に取り込まれながら、王権との関係や王権仕奉の側面が表出しない。この観点から注目されるのは、『書紀』雄略九年五月条が、吉備上道の蚊嶋田邑の家人部について、吉備上道采女大海が天皇に自らの願いを取り次ぎ実現させた大伴室屋大連への感謝として献上した韓奴六名を起源とすると伝えることである。これは、在地首長の配下にあって各地に居住する渡来系の人々が、王権仕奉を介した首長間の結びつきのなかで、中央首長とも関係を結ぶ場合があったことを示唆するものだが、この場合、彼らは首長の家産に取り込まれた、いわゆるカキ（部曲）として認識されたようである。

以上のことから、人制が、大王との直接的な関係が強調される大王宮や王権の工房といった王権施設で展開する分業的・複合的な仕奉体制として機能したのに対し、地方在地首長のもとにあって、王権の関与により分配された、あるいは中央との結びつきを強めた渡来系技能者は、王権を中心とする首長間の連携を基礎としつつ、基本的には首長家産の中で機能するものとしてあったと考えるべきではなかろうか。

五　おわりに

以上をまとめると次のようになるだろう。五世紀の倭国は、百済との同盟関係などを基礎に、華北の争乱によって移動する中国系人士層を受容すると、中国的な様式文化を継承する彼らの技能と知識を活用し、対中外交を積極的に展開するとともに、府官制や人制を整えていった。その過程で、王権のもとに直接的に取り込まれるようになった渡来系技能者らは、王権への仕奉観念を軸に技能者再生産組織としての氏族を形成していった。一方、こうした体制の展開とともに、大王を頂点とする中央・地方の首長間連携が強化され、在地首長の家産のもとに活動する各地の渡来系の人々も、王権や中央有力首長とのつながりを持つようになっていったのである。

（註1）坂元義種『倭の五王—空白の五世紀—』教育社、一九八一

（註2）武田幸男「旧領域の支配形態」『高句麗史と東アジア』岩波書店、一九八九

（註3）鈴木靖民「石上神宮七支刀銘と倭国をめぐる国際関係」『倭国史の展開と東アジア』岩波書店、二〇一二

（註4）田中史生「武の上表文—もうひとつの東アジア—」『文字による交流』文字と古代日本2、吉川弘文館、二〇〇五

（註5）尾形　勇「古代姓氏制の展開と「家」の成立」『中国古代の「家」と国家』岩波書店、一九七九

（註6）尾形　勇「「家」と君臣関係」前掲註5書

（註7）加藤謙吉「史姓の成立とフミヒト制」『大和政権とフミヒト制』吉川弘文館、二〇〇二

（註8）藤本幸夫「『中』字攷」『論集　日本語研究（二）歴史編』明治

書院、一九八六

（註9）吉村武彦「倭国と大和王権」『岩波講座　日本通史』二、一九九三

（註10）田中史生「倭の五王と列島支配」『岩波講座　日本通史』一、岩波書店、二〇一三

（註11）前掲註10に同じ

（註12）前掲註9に同じ

（註13）溝口優樹「「神人」と陶邑古窯跡群」『日本古代の地域と社会統合』吉川弘文館、二〇一五

（註14）田中清美「河内湖周辺の韓式系土器と渡来人」『ヤマト王権と渡来人』サンライズ出版、二〇〇五

（註15）前掲註4に同じ

（註16）菱田哲郎「古墳時代の社会と豪族」前掲註10書

（註17）中久保辰夫「渡来人がもたらした新技術」『内外の交流と時代の潮流』古墳時代の考古学7、同成社、二〇一二

（註18）溝口睦子「氏族系譜からみた稲荷山鉄剣銘文」『日本古代氏族系譜の成立』学習院、一九八二

（註19）前掲註10に同じ

（註20）加藤謙吉『大和の豪族と渡来人』吉川弘文館、二〇〇二

（註21）丸川義広「山城の渡来人―秦氏の場合を中心に―」前掲註14書

（註22）前掲註16に同じ

（註23）田中史生『倭国と渡来人』吉川弘文館、二〇〇五

（註24）酒井清治「須恵器生産の開始」『古代関東の須恵器と瓦』同成社、二〇〇二

（註25）前掲註23に同じ

（註26）平林章仁『蘇我氏の実像と葛城氏』白水社、一九九五

（註27）前掲註10に同じ

（註28）菱田哲朗『古代日本　国家形成の考古学』京都大学学術出版会、二〇〇七

（註29）諫早直人「馬匹生産の開始と交通網の再編」前掲註17書、土生田純之「東国における渡来人の位相と多胡郡建郡」『多胡碑が語る古代日本と渡来人』吉川弘文館、二〇一二

（註30）前掲註23に同じ

編著者略歴

広瀬《ひろせ》　和雄《かずお》

国立歴史民俗博物館名誉教授

1947 年京都市生まれ。大阪府教育委員会、大阪府立弥生文化博物館勤務ののち、奈良女子大学大学院教授。
主な著書に、『古墳時代像を再考する』（同成社）、『カミ観念と古代国家』（角川叢書）、『前方後円墳の世界』（岩波新書）などがある。

執筆者紹介（執筆順）

重藤《しげふじ》　輝行《てるゆき》
佐賀大学教授

朴《パク》　天秀《チョンスー》
慶北大学校教授

熊谷《くまがい》　公男《きみお》
東北学院大学教授

大久保《おおくぼ》徹也《てつや》
徳島文理大学教授

上野《うえの》　祥史《よしふみ》
国立歴史民俗博物館准教授

仁藤《にとう》　敦史《あつし》
国立歴史民俗博物館教授

細川《ほそかわ》　修平《しゅうへい》
滋賀県立安土城考古博物館

橋本《はしもと》　達也《たつや》
鹿児島大学総合研究博物館准教授

田中《たなか》　史生《ふみお》
関東学院大学教授

中井《なかい》　正幸《まさゆき》
岐阜県大垣市教育委員会

笹生《さそう》　衛《まもる》
國學院大學教授

東《あずま》　潮《うしお》
徳島大学名誉教授

松木《まつぎ》　武彦《たけひこ》
国立歴史民俗博物館教授

季刊考古学・別冊22
中期古墳とその時代
―5世紀の倭王権を考える―

定価　二、六〇〇円＋税
発行　二〇一五年四月二五日
編者　広瀬和雄
発行者　宮田哲男
印刷・製本　株式会社ティーケー出版印刷
発行所　株式会社　雄山閣
〒102―0071東京都千代田区富士見二―六―九
電話　〇三―三二六二―三二三一
振替　〇〇一三〇―五―一六八五
URL　http://www.yuzankaku.co.jp
e-mail　info@yuzankaku.co.jp

ISBN 978-4-639-02357-9 C0321

Printed in Japan　N.D.C.205　159p　26cm